**복 있는 사람**

오직 여호와의 율법을 즐거워하여 그 율법을 주야로 묵상하는 자로다.
저는 시냇가에 심은 나무가 시절을 좇아 과실을 맺으며 그 잎사귀가 마르지 아니함 같으니
그 행사가 다 형통하리로다. (시편 1:2-3)

인생

Os Guinness

# LONG JOURNEY HOME

: A Guide to Your Search for the Meaning of Life

인
생

오스 기니스 지음 · 박지은 옮김

복 있는 사람

인생

2016년 5월 17일 초판 1쇄 발행
2016년 10월 10일 초판 2쇄 발행

지은이 오스 기니스
옮긴이 박지은
펴낸이 박종현

도서출판 복 있는 사람
주소 서울특별시 마포구 연남동 246-21(성미산로23길 26-6)
전화 02-723-7183, 7734(영업·마케팅)
팩스 02-723-7184
이메일 blesspjh@hanmail.net
등록 1998년 1월 19일 제1-2280호

ISBN 978-89-6360-182-3 03230
ISBN 978-89-6360-178-6 04230(세트)

이 도서의 국립중앙도서관 출판시도서목록(CIP)은
서지정보유통지원시스템 홈페이지(http://seoji.nl.go.kr)와 국가자료공동목록시스템
(http://www.nl.go.kr/kolisnet)에서 이용하실 수 있습니다. (CIP 제어번호 : 2016011010)

# 차례

## 01. 인생의 여정에 눈뜨다

"나는 인생에 다른 무언가가 있다는 사실을 깨닫고 있는 중입니다."

말쑥하게 차려입은 한 남자가 내게 다가와 이렇게 말했다. 샌프란시스코에서 '현대 세계의 의미에 대한 탐구'라는 주제로 강연을 마치고, 그 부근에서 저녁 식사를 한 후의 일이었다. 그는 거두절미하고 자신의 마음을 숨김없이 이야기했다. 그의 목소리에는 주위의 잡담과는 분명히 구별되는 강렬함이 실려 있었다.

그는 말을 이었다. "여기에 있는 수많은 제 친구들처럼, 저 역시 오늘 진작 알았더라면 좋았을 교훈을 얻었습니다. 모든 것을 갖는다는 게 전부가 아니라는 사실을 말입니다. 계산할 가치가 있는 성공도, 쌓아 놓을 가치가 있는 물건들도 다 한계가 있기 마련이지요. 경영대학원에서 인생의 더 심오한 것들을 평가하는 계산법은 배우지 못했습니다."

저녁 식사에 참여한 손님들 대부분은 그 도시의 대형 금융거래 분야와 남부의 실리콘 밸리 첨단 기술 분야에서 꽤 이름 있는 사람들이었다. 그들은 20세기의 마지막 20년 동안 이룩한 성공에 관해 이야기꽃을 피웠다. 그 기간에 역사상 가장 두드러진 적법한 부의 창출이 이루어졌으며, 그 대부분이 바로 이 지역에서 일어났기 때문이다.

나는 강연 중에 '다른 무언가'라는 표현은 쓰지 않았다. 하지만 그 후에 이어진 개별 대화 가운데 네 명이나 되는 사람들이 자신의 갈망을 표현할 때 바로 그 단어를 사용했다(물론 그들의 이야기는 서로 매우 다르긴 했다). 인생에서 흔히 볼 수 있듯, 그들이 성취하려고 애쓰던 바로 그 일은 한번 성취되고 나면 결과적으로 만족을 주지 못한다는 사실이 밝혀지곤 했던 것이다.

나는 세계 곳곳의 거실, 교실, 카페, 술집, 비행기, 기차 안에서 이와 비슷한 대화들을 나누게 되었다. G. K. 체스터턴 Chesterton은 이렇게 말했다. "가르쳐 준 사람은 아무도 없지만, 우리는 모두 세상의 수수께끼를 의식하고 있다. 삶의 신비는 그 수수께끼 가운데서 가장 흔하게 볼 수 있는 것이다." 온갖 배경을 지닌 모든 이들에게, 삶의 신비를 풀고자 하는 소망보다 더 인간적인 것은 없다.

만족스러운 삶에는 흔히 세 가지 요건이 필요하다고 한다. 정체성에 대한 분명한 인식, 사명과 목적에 대한 강한 인식 그리고 삶의 의미에 대한 깊은 인식이 바로 그것인데, 처음의 두 가지 요건은 마지막 요건에 깊이 뿌리 내리고 있다. 특히 우리 시대는 많은 사람들이 삶의 의미를 찾아야 한다는 도전을 받고 있다. 삶의 소유는 풍족하지만 삶의 목적이 결여되어 있다는 생각이 머릿속에서 떠나지 않기 때문이다. 하지만 이 외의 다른 도전들도 무수히 많다.

이 책은, 어떤 도전을 통해 '다른 무언가'를 갈망하게 된 사람들, 삶의 수수께끼를 풀기 원하는 사람들, 중요한 것들로 채워진 삶을 추구하는 사람들, 의미를 추구하는 구도자를 위한 안내 지도를 원하는 사람들을 위한 책이다.

당신 역시 이런 사람들에 속하는가?

**집을 향해, 사랑을 향해**　　　록스타 재니스 조플린Janis Joplin

은 어린 시절 어느 날 밤, 집 밖으로 나가고 있었다. 그녀의 엄마가 그 모습을 목격했다. 몽유

병이었다.

"재니스, 뭐하는 거니?" 엄마는 계속 걷고 있는 딸을 향해 소리쳤다.

아무 대답이 없었다.

"어딜 가는 거야?" 엄마가 다급히 물었다.

"집이요." 더 멀리까지 걸어간 재니스는 이렇게 말했다. "난 집에 가는 중이에요."

어린 나이였지만 재니스 조플린은 부모님의 집이나 자신과 가족이 살고 있던 지저분한 정유 공장 마을, 곧 이렇게 '아무도 알아주지 않는 곳'이 결코 자신의 진정한 집이 될 수 없음을 깨달았던 것 같다.

재니스는 언제나 불안을 느꼈다. 그리고 훗날에는 음악적 성공이나 수많은 친구들로도 채울 수 없는 극심한 외로움에 사로잡혔다. 그녀는 사회적 관습들을 날려 버렸고, 로큰롤의 정상을 향해 거침없이 열정을 불태웠다. 하지만 정상에 오른 순간에도, 그녀는 고독하게 웅크리고 있는 것 같은 느낌을 지울 수 없었다. 미국을 종횡무진하면서, 재니스와 그녀를 따르는 수천 명의 사람들은 마치 이방 세계의 유목민처럼 살았다. 탐 울프$^{Tom Wolfe}$의 말을 빌리면, 그들은 미국 전역의 "자동차 정비소 주변의 집시들처럼 여행"했다.

재니스 조플린이 스물일곱의 나이에 헤로인 과다복용으로

사망한 후, 한 가까운 친구는 그녀를 "60년대에 가장 잘 알려진 노숙자"라고 묘사했다.

같은 해인 1970년에 사망한 버트런드 러셀<sup>Bertrand Russell</sup>은 다른 누구보다도 재니스 조플린과 비슷한 점이 없어 보이는 인물이었다. 재니스의 27년이라는 짧은 생애보다 훨씬 긴 세월을 살았던 러셀 경—영국의 볼테르로 불리는 그는 특권층의 자녀로 태어나 케임브리지 대학에서 공부했고, 철학자 및 수학자로 명성을 얻었다—은 아흔여덟의 나이로 세상을 떠났으며, 독수리 같은 인상의 귀족적인 모습과 다이아몬드처럼 빛나는 날카로운 지성으로 유명했다. 러셀은 이성의 명령에 따르는 매우 합리적인 사람이었고, 그 누구보다 침착하고 반듯한 삶을 살았다.

그는 이렇게 쓴 적이 있었다. "나는 수학을 좋아한다. 왜냐하면 수학은 인간적이지 않기 때문이다. 또한 수학은 이 행성이나 우연적인 우주와 전혀 특별한 관련을 맺고 있지 않기 때문이며, 스피노자의 신<sup>神</sup>처럼 우리에게 답례로 사랑을 베풀지도 않을 것이기 때문이다." 러셀의 탁월한 분석 능력 때문에 그를 '최후 심판의 날'이라 부르는 친구도 있었다. 러셀은 어떤 이에게 이런 편지를 썼다. "나는 내가 너무 난폭하고 인정머리 없는 인간이라는 느낌이 드네. 삶의 모든 미적 측면이 내게서 제거된 것 같기도 하다네. 견고하지 못한 생각은 어떤 것이든 파괴해도 좋다고 생각하는 일종의 논리 기계라고나 할까."

이것이 러셀에 대한 진실의 전부였을까? 그렇지 않다. 부모의 죽음으로 세 살에 고아가 되고, 무신론으로 열여섯 살에 철학적 고아가 된 그는 결코 논리 기계가 아니었다. 러셀은 집, 사랑, 자녀들에 대해, 말 그대로 굶주려 있었다. 그는 평생을 갈팡질팡하며 살았다. 부모와 조부모 사이에서, 무신론과 신비주의 사이에서, 네 명의 아내와 수많은 연인들 사이에서, 학자로서의 삶과 운동가로서의 삶 사이에서, 그리고 무엇보다도, 날카로운 분석적인 정신과 미친 듯이 열정적인 마음 사이에서 늘 망설였던 것이다.

한 연인은 그에 대해 이렇게 말했다. "그는 생각과 몸이 분리되어 있는 사람 같았다. 하지만 지옥의 온갖 광포함이 그의 눈 속에서 사납게 날뛰고 있었다." 러셀은 가장 깊이 사랑했던 연인 오토라인 모렐$^{Ottoline Morrell}$에게 이런 편지를 썼다. "모든 것의 뿌리는 외로움입니다. 나는 일종의 육체적 외로움을 지니고 있는데, 그 외로움을 어느 정도 덜어 줄 수 있는 사람은 얼마든지 있습니다. 하지만 거기서 완전히 해방시켜 줄 수 있는 존재는 오직 아내와 아이들뿐입니다. 그 외에도, 나는 내면 깊은 곳으로부터 끔찍한 영적 외로움을 느끼고 있습니다.……나는 영적 교제와 육체적 교제가 결합된 관계를 꿈꾸어 왔습니다. 만일 내게 그런 관계를 발견할 수 있는 멋진 행운이 있었더라면, 나는 언젠가 이루게 될 모습보다 훨씬 더 나은 모습의 사람이 될 수 있었을 것입니다."

재니스 조플린과 버트런드 러셀은 교제, 사랑, 집, 목적, 삶의 실현에 대한 추구 등 모든 면에서 서로 달랐지만, 그럼에도 불구하고 그들은 우리 모두를 대변하고 있다. 우리의 가장 깊은 인간적 열망에 대해서 말이다. 우리의 열망은 바로 삶이라는 이 여정에서 의미와 소속감을 느끼는 것이다.

당신은 그러한 열망을 느껴 본 적이 있는가?


**여정으로서의 삶**　　　이야기는 인간이 처음 존재했을 때부터 함께 존재했다. 모닥불 가에서 마술적 언어들을 엮어 내던 켈트족의 음유 시인이나, 대저택에서 노래를 부르던 중세 유럽의 음유 시인, 그리고 신화 영화를 만들어 내는 최고의 할리우드 신화 작가들을 보면, 이야기 혹은 이야기하는 행위만큼 인간적인 것은 없는 듯하다. '인간적인 것은 무엇인가'라는 질문을 간직한 깊은 내면을 건드리는 이야기는 우리에게 큰 울림을 준다. 그런 이야기들에는 한 가지 보편적 주제가 있다. 바로 여정으로서의 인생이다.

단테의 유명한 형이상학적 모험담인 『신곡』은 이렇게 시작된다. "인생 여정의 중간쯤에서 나는 어두운 숲속에 들어와 있었다." 히브리 성경의 「출애굽기」, 호메로스의 『오디세이아』, 베르길리우스의 『아이네이스』, 제프리 초서의 『캔터베리 이야기』, 미구엘 드 세르반테스의 『돈키호테』, 존 버니언의 『천로역정』, 마크 트웨인의 『허클베리 핀의 모험』, 조셉 콘래드의 『암흑의 핵심』, 헤르만 헤세의 『싯다르타』, 잭 케루악의 『길 위에서』 등 이 주제는 끝없이 되풀이된다. 그나마 이것은 서구의 예에 지나지 않으며, 이러한 이야기는 어느 시대, 어느 지역에나 존재해 왔다. 인생은 여정, 항해, 원정, 순례, 모험의 여행이다. 우리는 모두 시작과 끝 사이의 어디쯤에서 미답의 지점을 지나는 중이다.

'오디세이'$^{odyssey}$의 사전적 정의는 '수많은 운명의 변화가 있는 긴 방랑'이다. 물론 이 단어는 호메로스와 그리스의 서사 시대에서 유래한 것이다. 하지만 그것은 인간 경험의 진퇴와 우여곡절과 성쇠를 암시하는 말이기도 하다. 플루타르코스는 플라톤의 영향을 받아 "인간은 망명자이며 방랑자다"라고 표현한 바 있다.

단테는 "인생 여정의 한가운데서"라고 말했다. 그는 당시 서른다섯 살이었고, 성경에서 말하는 '칠십'(시편 90:10의 "우리의 연수가 칠십이요"라는 말씀에 근거한다—옮긴이)이라는 연수의 정확히 절반 지점에 있는 나이였다. 우리 인간의 운명이 그처럼 긴 시간을 여행해야 하는 것이라면—사람마다 몇 년 정도의 차이는 있겠지만—언젠가 우리는 이렇게 묻게 될 것이다. '이 모든 일의 결국은 무엇인가?', '우리는 어디에서 왔으며 어디로 가는가?'라고 말이다.

보통 우리는 청춘의 이상론에 입각해서 이러한 질문들을 던진다. 하지만 중년이 되면 이내 그 질문들은 바쁘게 돌아가는 중요한 일들에 의해 옆으로 밀려나고, 죽음의 운명이라는 종—깊어지는 주름들, 희어지는 머리카락, 밭아지는 호흡, 두꺼워지는 허리선, 그리고 "내가 한창 젊었을 때는"으로 시작하는 문장들—이 울려오면 침묵을 강요당한다.

물론 전쟁, 질병, 사고, 혹은 자연 재해가 좀 더 일찍 우리의 인생에 끼어들 수도 있다. 하지만 이것이 다수의 사람들에게 일어나는 일은 아니다. 대다수의 사람들은 십대와 이십대를 보낼 때는 영원히 살 것처럼 느끼고, 삼십대와 사십대가 되면 삶이 너무 빠르게 지나가 버려서 여정에 대한 시각을 잃고 자신의 출세에 대해서만 생각하게 된다. 오십대에 이르러서도 인생의 강을 따라 구부러지는 급류의 굉음들을 거의 듣지 못한다.

현대인들의 자만 중 하나는 과학과 기술로 시간의 흐름을 잡을 수 있다는 것이다. 하지만 우리는 여전히 시간과 죽음을 막을 수 없다. 어떤 이들은 미처 생각하기도 전에 죽음을 맞이하고, 어떤 이들은 깨달음의 충격으로 인해 적절한 순간에 정신을 차리게 된다. 리 아이아코카<sup>Lee Iacocca</sup>라는 전설적인 자동차 제조업자는 자서전에 이렇게 기록하고 있다. "나는 내 인생의 황혼기를 보내고 있는 중이다. 그리고 여전히 인생이 무엇을 위한 것인지를 궁금해하고 있다.……내가 말할 수 있는 것은, 명성과 행운이 하찮다는 사실뿐이다."

## 짧은 머묾

21세기를 사는 우리들에게 여정과 이동이란 그 어떤 것보다 큰 주제들이다. 현대 사회에서는 여행이 너무도 중요한 역할을 하기 때문에 우리가 살고 있는 세상은 말 그대로 이동 중인 세상이다. 이주자와 망명자, 사업가와 여행가와 같은 현대 유목민들의 멈추지 않는 이동으로 인해 과거의 순례자, 탐험가, 정복자, 개척자들의 끊임없는 여정이 무색해졌다. 여러 가지 이유로 점점 더 많은 사람들이 이동을 계속해 왔고, 그들은 어느 곳도 자신의 집이라고 느끼지 못했다. 하지만 여정의 의미 중 가장 심원한 것은 역시 가장 오래된 것이다. 여정이야말로 삶에 관한 최고의 은유라는 것 말이다.

조지 산타야나<sup>George Santayana</sup>는 이렇게 질문했다. "낯선 세상을 향한 이동과 여정이라는 형식을 제외하면, 인생이란 과연 무엇인가?"

아인슈타인은 1932년 베를린에서 한 '나의 신조'라는 유명한 연설에서 다음과 같이 말했다. "이 지구상에 놓여 있는 우리의 상황은 다소 낯섭니다. 우리 모두는 본의 아니게, 이곳에 잠시 머무는 불청객으로 태어납니다. 그 이유나 목적도 모른 채 말입니다."

기자인 맬컴 머거리지<sup>Malcolm Muggeridge</sup>에게는 이러한 주제가 전 생애의 동기가 되었다. "이 세상에 대해 생각할 때 처음으로 떠오르는 것은—하지만 가장 떠올리고 싶지 않은 것은—내가 이곳에서 이방인이라는 사실이다. 모두가 어느 정도 동의할 뿐 아니라 '호모 사피엔스'<sup>homo sapiens</sup>의 영광이자 슬픔인 이 느낌은, 인생에서 유일하게 일관된 줄거리를 제공한다."

배우인 제시카 랭<sup>Jessica Lange</sup>도 동일한 것을 느꼈다. "내가 유년 시절에 주로 느꼈던 것은, 결코 만족되지 않는 불가피한 그리움이었다. 지금도 나는 때로 피할 수 없는 외로움과 고립감을 경험한다.……아, 나는 그 느낌을 정말 잊을 수가 없다. 여름 밤 집 앞 계단에 앉아 있는 것, 먼 곳에서 들려오는 잔디 깎는 기계 소리에 귀 기울이는 것, 어딘가에서 문이 쾅 하고 닫히는 것. 이러한 것들은 실제로 내 마음을 **시리게** 만들곤 했다."

몇 년 전 어느 날 갑자기, 나는 인생이 여정이라는 사실을 다시 한 번 생생하게 깨달았다. 뇌종양이 의심되어 워싱턴 DC 지역의 한 병원에서 컴퓨터 단층촬영으로 뇌사진을 찍으려고 기다리고 있는데, 간호사가 기운차게 병실 안으로 들어와 물었다. "실례지만, 혹시 폐소공포증이 있나요?"

"아니요." 내가 대답했다.

"잘됐네요. 이 촬영기 안에 들어가지 못하는 분들도 있거든요. 저희는 이것을 '관棺 기계'라고 부른답니다." 그녀가 대답했다.

"예, 고맙습니다." 그때는 가볍게 대답했으나, 5분이 지나자 그녀의 말이 머릿속에서 떠나질 않았다. 두 번의 방문에 걸쳐 진행된 뇌검사는 뜻밖에도 내 삶을 돌아보는 시간이 되었다. 물에 빠진 사람의 눈앞에 그간의 삶이 휙 지나가듯이, '관'에 누워 있는 동안 내 인생 전체가 뇌리 속에 주마등처럼 스쳐갔다.

나는 제2차 세계대전 중에 중국에서 태어났고, 내 두 형제를 포함하여 수백만 명의 목숨을 앗아간 끔찍한 기근과 전염병이 창궐하던 시절에 자라났으며, 마오쩌둥毛澤東의 혁명이 절정에 달했던 공포정치를 목격하며 살았다. 그때부터 나는 세 개의 대륙과 수많은 도시를 전전하며 살았다. 이동과 방랑은 내 인생의 주요한 주제가 되었다. '관 기계' 속에서 그러한 삶의 기억들이 오래된 흑백 다큐멘터리가 아닌 현실처럼 나에게 다가왔다. 각각의 기억은 여러 가지 장면과 소리와 냄새들로 가득했다. 또한 나는 아직 실현되지 않은 희망, 꿈, 두려움 등의 잠재성에 전율했다.

그 별난 인생 회고 가운데, 나는 이십대에 처음 느꼈던 것을 다시 한 번 느꼈다. 그것은 바로, 이 짧지만 영광스러운 삶의 여정에 대한 경이로움이었다. 윈스턴 처칠은 인생의 마지막을 보내며 이렇게 말했다. "인생은 한번 경험해 볼 만한 가치가 있는 원대한 여정이었다." 나 역시, 젊은 시절 내내 이 여정에 대해 품었던 느낌을 그날 생생히 경험했다. 그리고 인생의 의미를 여정으로 이해하려 노력하고 있는 나의 수많은 지인들에 대해 생각했다.

이 책은 그러한 경험에서 나온 것이다. 인생의 여정에 관심을 갖는 이들과 열려 있는 이들을 위해 쓰인 이 책은 의미를 찾는 구도자들의 안내 지도가 될 것이다. 또한 오랜 세월 동안 무수한 구도자들이 깊은 사색 가운데 의미를 향해 걸었던 길을 우리 눈앞에 그려 줄 것이며, 오늘날 그 길이 어떻게 발견될 수 있는지를 보여줄 것이다.

나는 분명 어떤 선택에는 찬성하고 어떤 선택에는 반대할 것이며, 어느 것에나 열려 있는 목적 없는 길보다는 명확한 길을 선택하도록 독자들을 도전할 것이다. 하지만 그 길, 그 선택, 그 생각들을 편견 없이 제시할 것이다. 이 책은 "와서 보라"고 초대한다. 이 초대는 독자들의 신앙을 요구하지 않는다.

다만 인생의 여정이, 이해하고 스스로 결단하려 노력할 만큼
가치 있게 여겨야 할 무엇이라는 인식을 요구할 뿐이다.

인생을 여정이라고 생각해 본 적이 있습니까?
아니면 세월의 흐름에 휘말려 정처 없이 흘러가는 이들 가운데
있습니까? 자신의 계획이나 목표에 몰두한 나머지,
시간의 흐름을 외면하고 있지는 않습니까?
인생의 참된 의미에 대해 진지하게 고민해 볼 의향이 있습니까?
당신의 생각과 마음을 집중하십시오.
이제 집으로 향하는 구도자의 긴 여정에 들어설 것입니다.

## 02. 성찰 없는 시대의 성찰하는 인생

몇 년 전 런던 부근에서 열린 집회에 강연을 하러 간 적이 있
다. 다른 강연자로는 『작은 것이 아름답다』*Small is Beatiful*의 저자
이자 경제학자인 E. F. 슈마허*Schumacher*가 초대되었다. 슈마허는
최근 러시아의 상트페테르부르크에 방문했던 이야기로 말문
을 열었다. 그곳은 소비에트 당시 레닌그라드라는 이름으로,
공산당의 음험한 통제 아래에 있던 지역이었다.

슈마허는 지도를 들고 하나씩 짚어 가며 어렵게 이동하고
있었지만, 문득 길을 잃었다는 느낌이 들었다. 눈앞에 보이는
것은 둥근 금색 지붕이 달린 거대한 러시아 정교회 교회들이
었는데, 지도에서 본 것과 일치하지 않았던 것이다. 그 건물들

이 지도에 나와 있지는 않았지만, 자신이 있는 거리가 어딘지는 분명한 것 같았다.

어느 여행사 직원이 그에게 도움을 주었다. "아, 헤매셨군요. 저희는 지도에 교회를 표시하지 않습니다."

슈마허는 다음과 같이 말했다(그리고 후에 『당혹한 이들을 위한 안내서』*Guide for the Perplexed*에도 이 말을 옮겨 쓴 바 있다). "바로 눈앞에서 볼 수 있는 것들이 표시되지 않은 지도를 그때 처음 받은 것이 아니라는 생각이 들었습니다. 중고등학교나 대학교를 다니는 동안 내가 받았던 인생의 지도와 지식들에는, 내가 가장 관심을 갖는 것들의 자취가 거의 없었던 것입니다. 그뿐 아니라 인생을 살아 나가는 데 있어서 나에게 가장 중요하다고 생각되는 것들도 찾아볼 수 없었습니다." 간단히 말해, 그가 유럽의 지식인으로서 공급받았던 정신적 지도 속에는 그에게 매우 중요한 신앙의 자리가 전혀 없었다.


**지도 제작자의 착오**　　　　소크라테스는 재판 중에 "성찰 없는 인생은 살 가치가 없다"는 말을 남겼다. 이것은 고대 그리스 로마 세계를 통틀어 가장 중요한 말이라 해도 과언이 아니지만, 그 의미를 이해하는 사람은 별로 없는 것 같다. 오늘날의 어려움이 있다면, 성찰 없는 시대에 성찰하는 인생을 사는 것이다. 그 이유는 부분적으로 우리의 정신없는 분주함에 있다. 과연 우리는 잠시 멈춰 서서 인생이 무엇이며 우리가 어디로 달려가고 있는지 질문할 시간이 있을까? 하지만 진짜 문제는 다른 데 있다. 따라가야 할 상세한 정신적 '지도'들, 특히 신앙과 영혼의 표지들이 너무 빈약한 나머지, 우리가 성찰하는 인생을 **어떻게** 추구해야 할지 알지 못한다는 점이다. 우리가 보는 것은 우리가 듣는 것에 잘 부응하지 않는다. 우리는 모든 것을 듣지는 못하고 있는 것일까?

올더스 헉슬리Aldous Huxley가 『멋진 신세계』Brave New World에서 묘사했던 것처럼, 우리는 특정한 예술 및 과학의 걸작들과 함께 성경 사본들과 서구 신앙의 몇몇 고전들이 격리 보관되어 있는 세계에 살고 있는 것 같다. 이 책의 한 등장인물은 이러한 것들이 "외설적인 낡은 책"일 뿐이라고 지적하면서, "신은 기계적·과학적인 의학과 보편적인 행복과는 양립할 수 없다"고 말한다.

1940년대 프랑스의 시몬느 베이유Simone Weil는 "영원한 것을 위한 예산은 우리 시대의 정신에 포함되어 있지 않다"며 한탄했다. 그로부터 10년 후 미국의 허먼 오크Herman Wouk는 "종교적 신념이 소등된 현대 사회" 가운데 신앙을 지닌 유대인들이 더 들어 헤매는 현실에 대해 썼다.

훗날 작가 앤 라모트$^{Anne \ Lamott}$는 샌프란시스코 부근에서 성장하던 시절을 회상하며 이렇게 말했다. "우리 마을 어른들 중 그 누구도 신앙을 가진 자가 없었다. 믿는다는 것은 어리석음을 의미했다. 무식하고 별난 사람들만이 신앙을 가졌지만, 우리는 대단히 고상한 사람들이었다." 작가 애니 딜라드$^{Annie \ Dillard}$는 일종의 의무감을 느끼며 『뉴욕 타임스 매거진』에서 다음과 같이 변호했다. "내가 종교적이라고 해서 그것이 내가 정신 이상임을 뜻하지는 않는다."

중요한 사실은 서구 역사 가운데 위대한 사상가, 작가, 예술가, 음악가, 과학자, 발명가, 시인, 개혁가의 상당수가 깊이 있고 진정한 신앙을 지닌 사람들이었다는 것이다. 아우구스티누스, 단테, 구텐베르크, 파스칼, 렘브란트, 뉴턴, 바흐, 헨델, 윌리엄 윌버포스, 도스토예프스키, T. S. 엘리엇 등이 바로 그들이다. 하지만 다수의 교육받고 교양을 갖춘 사람들은 신앙이 교육받지도 못하고 교양도 없는 사람들만을 위한 것이라고 매도해 버렸다.

또 다른 중요한 사실은, 서구 역사상 거의 모든 위대한 개혁—유아 살해 금지, 노예 제도 폐지, 여성 운동 출현, 시민권 발전 등—이 신앙으로 인해 활기를 띠게 되었으며, 그 주도적 위치에 믿음의 사람들이 있었다는 것이다.

그 밖에 기억해야 할 사실은, 지난 세기의 홀로코스트, 강제

노동 수용소, 킬링 필드의 책임 소재가 종교와 관련 없는 세속 이론들에 있다는 사실이 밝혀졌다는 것이다. 그리고 지난 수십 년 동안 자유와 민주주의를 위한 전 세계적 흐름을 자극하는 데 영향을 끼친 것이, 세속 철학들이 아닌 종교라는 것도 밝혀졌다.

그러나 서구 문화에서 인정받는 지도자들과 영향력 있는 사람들은, 여전히 신앙과 영성을 무시한 '지도'들을 제작하고 사용하기를 고집한다. 수많은 공적 삶의 영역에서 신앙에 대해 진지하게 언급하는 행위는 주제넘고, 비민주적이며, 매우 부적절한 것으로 여겨진다. 심지어 대다수의 사람들이 공적으로나 사적으로 자신과 자신의 삶을 신앙적 관점에서 이해하고 있다 할지라도 말이다. 사회과학자 피터 버거<sup>Peter L. Berger</sup>가 "스웨덴 사람들에 의해 통치되는 인디언들의 나라"로 묘사했던 미국의 경우가 특히 그렇다. 미국인들은 세계에서 가장 종교적인 민족인 인디언들만큼이나 종교적이지만, 미국 리더십의 중요한 영역들에서는 가장 세속화된 사회 중 하나인 스웨덴의 특색을 보인다.

어느 역사학자는 맨해튼에서 일하는 한 변호사의 말을 우연히 듣고 부조리함을 느꼈다. 그 변호사는 미국인들의 종교성에 대해 이렇게 투덜댔다. "수백만 명이나 되는 사람들이 이젠 아무도 안 믿는 것을 믿고 있지요."

## 음치와 색맹

우리 문화의 최전방에서 신앙을 경시하는 태도는 부분적으로 신앙에 대한 공공연한 적대감에서 비롯된다. 종교를 멸시하면서 "혐오스러운 것을 무너뜨리라!"고 했던 볼테르의 유명한 말은 모든 세대 가운데서 되풀이될지도 모른다. 미디어의 거물 테드 터너$^{Ted\ Turner}$도 기독교 신앙에 대해 "실패자들의 종교"라고 딱 잘라 말한 바 있다.

하지만 그러한 적개심보다는 음치라 불리는 장애가 좀 더 크고 근원적인 문제다. 막스 베버$^{Max\ Weber}$는 오늘날 이성적인 사람들의 절대 다수가 "음악적 소질이 없다"고 설명했다. 그들은 인생의 오케스트라를 함께 구성하고 있는 다른 사람들의 악보를 듣지도, 이해하지도 못한다. 하지만 프리드리히 니체는 그것이 "아무것도 들리지 않는 곳에는 아무것도 없다는 청각적 착각"임을 깨달았다. 정통파 유대교도인 소설가 허먼 오크가 불가지론에 대해 주장했듯이 "그것이 귀를 틀어막는 독단이 된다면, 미신만큼이나 해로운 정신적 장애가 될 수도 있다."

또한 시각적 장애에 대해서도 생각해 볼 수 있다. 1930년대 독일에서 아인슈타인은 종교적 신비감에 대해 "한 사람이 가질 수 있는 가장 아름답고 가장 깊이 있는 경험"이라고 하면서 이렇게 덧붙였다. "이런 경험을 해본 적이 없는 사람은, 죽었다고까지는 할 수 없지만 최소한 눈이 먼 것처럼 느껴진다."
색맹이라고 한다면 적절한 비유가 될 수도 있겠다. 그들은 인
생의 영적 비전이 뿜어내는 풍부하고 찬란한 빛깔을 놓치고,
차갑고 단조로운 흑백의 세상만을 본다.

찰스 다윈은 젊은 시절 처음 브라질 열대 우림에 갔을 때,
'놀라움과 감탄, 몰입의 감정'에 사로잡혔다. 그러나 훗날 자
연주의 철학에 점차 더 깊이 빠져들면서 그는 자신이 경험적
데이터 이외의 것들을 이해하는 능력을 상실했음을 인정했다.
"이제 그 어떤 훌륭한 장면들도 내 마음속에서 그러한 확신과
감정들을 일으키지 못한다. 한마디로 색맹이 되었다고 해도
무방할 것이다."

자연주의는 예술에 대한 다윈의 인식에도 영향을 주었다.
그는 한 친구에게 다음과 같은 편지를 썼다. "자네가 「메시아」
연주회에 갔었다니 기쁘군. 내가 다시 듣고 싶은 유일한 곡이
지. 하지만 옛날처럼 그 곡을 음미하기에는 내 영혼이 너무 말
라 버린 것 같다는 생각이 든다네. 내가 늘 느끼는 것이라곤
진저리 나는 지루함뿐이라서 어쩐지 속상하군. 나는 과학을
제외한 모든 면에서 바싹 마른 나뭇잎 같다네."

다윈은 자서전에서 자신이 시, 연극, 예술, 음악을 모두 좋아
했었노라고 고백했다. "하지만 벌써 수년째 나는 시 한 줄 읽
는 것도 견딜 수 없다. 최근 셰익스피어를 읽어 보려고 했지

만, 너무 재미가 없어서 불쾌감마저 들었다. 나는 그림이나 음악에 대한 안목을 거의 잃어버렸다.……내 정신은 온갖 사실들을 모아 놓고 거기서 일반 법칙들을 뽑아내는 일종의 기계가 되어 버린 것 같다."

## 여행으로의 초대

그럼에도 불구하고 신앙에 대한 이해와 깨달음이 없는 이러한 환경들 가운데서 새로운 사고가 싹트고 있다. 영국 시인 매튜 아놀드Matthew Arnold가 「도버 해안」에서 퇴조하는 바다에 비유한 "신앙의 바다"는 이제 다시금 만조를 앞두고 있다. 니체가 "고인 웅덩이들로 빠져나가고 있다"고 생각했던 "종교의 홍수"는 생명력 넘치는 힘과 함께 다시 밀려들고 있다. 영원한 질문과 동경은, 아직 세속적 마법에 붙들려 있는 이 세상의 균열 사이를 밀어제치며 나아가는 중이다.

우리는 어떻게 삶의 신비를 풀어내고 이를 잘 설명할 수 있을까? 광활한 우주에서 회전하는 작고 푸른 지구 위에서 우리가 손님일 뿐임을 발견한다는 것은 무엇을 의미하는가? 우리 개인이 각각 고유한 존재임은 확실한가? 아니면 우리는 그저 바람에 흩날리는 먼지일 뿐인가? 낮에는 동족을 학살하고 밤에는 클래식 음악을 듣는 인간의 기괴한 능력은 어떻게 설명할 수 있는가? 호텔에서 난동을 부리는 술 취한 록스타처럼 우리가 이 지구를 고의적으로 파괴했을 때 전화할 비상연락처가 있는가? 왜 사람은 태어나면서 자동적으로 죽음의 운명에 놓이는가? 모두가 자신의 삶을 죽음에 빚지고 있다는 것, 자신을 구하기 위해 아무런 일도 할 수 없다는 것을 안다면, 우리는 어떻게 살아야 하는가? 세상이 지금과는 다른 것이었어야 한다고 결론을 내린다면, 우리는 무엇을 의지해야 하는가?

이 책은 이런 질문들을 계속해서 던지는 이들을 위해 쓰였다. 이 책은 사색하는 이들이 의미를 추구하며 가야 할 길을 지도로 보여준다. 특히 수많은 사람들이 여러 세기에 걸쳐 지나온 네 단계의 여정을 집중적으로 조명하고자 한다. 하지만 출발하기 전에, 불필요한 두려움과 과장된 기대를 갖지 않도록 몇 가지 분명히 해두고 싶은 것들이 있다.

첫째, 이 책의 접근법은 독창적인 체하지 않는다. 마크 트웨인Mark Twain이 지적한 것처럼, 자신이 새로운 것을 말하고 있으며 예전에 그 누구도 말한 적 없는 것을 안다고 주장할 수 있는 사람은 아담뿐이다. 아담을 제외한 나머지 사람들은 반복하거나 고쳐 말할 수 있을 뿐이다. 삶의 여정에 관한 문제에서 전통은 장애가 아니라 도움이 된다. 아직도 가야 할 오늘의 길은 이전에 그 길을 가 본 사람들이 잘 밟아 다져 놓은, 안심할 수 있는 어제의 길이기 때문이다. T. S. 엘리엇은 이렇게 표현했다. "누군가가 이렇게 말한 적이 있다. '죽은 작가들은 우리와 상당히 멀리 떨어져 있다. 왜냐하면 우리는 그들보다 훨씬 더 많은 것을 알고 있기 때문이다.' 정확한 이야기다. 그리고 우리가 알고 있는 것이란 바로 그들 자신이다."

둘째, 이 책의 접근법은 사색하는 구도자들의 여정에서 유일한 방법이 아니며 필수적인 방법도 아니다. 의미를 추구하는 방법은 이에 참여하는 사람들의 숫자만큼이나 다양하다. 그 때문에 사색하는 구도자들은 종종 자신이 유달리 고립되어 있음을 발견한다. 사색하는 사람들의 무리 가운데서 그들은 뚜렷이 구별된다. 왜냐하면 그들은 구도자들이기 때문이다. 다른 사람들 가운데서도 그들은 역시 뚜렷이 구별된다. 왜냐하면 그들은 사색하는 사람들이기 때문이다. 구도와 사색, 이 두 가지의 결합이 그들을 보기 드문 존재로 만드는 것이다(내가 말하는 사색하는 구도자는 흔히 조소의 대상이 되는 '지성인'과 혼동되어서는 안 된다. 지성인은 정상적인 삶과 동떨어진 생각의 세계에 사로잡혀 있는 사람이다. 마고 애스퀴스Margot Asquith는 지성인들이 "매우 영리한 사람들이지만, 때로 그들은 머리에만 의존한다"고 말했다. 또한 드와이트 아이젠하워Dwight Eisenhower가 빈정댄 것처럼, 지성인이란 "필요 이상의 많은 말들을 자신이 아는 범위 이상으로 말하는 사람"이다).

셋째, 이 책의 접근법은 '증거'들을 늘어놓는 것이 아니라, 분명한 확신으로 이끌 방법과 단서들을 보여주는 것이다. 증거라는 개념은 우리 시대에서 과장된 위치를 차지하고 있다. 우리는 과학의 전승자와 수혜자들로서 증명과 정확성에 깊은 존경을 표하지만, 해가 지는 것, 사랑에 빠지는 것, 하나님을 믿게 되는 것을 음미하기 위해 잠시 멈추어 설 때의 마음은 수학이나 과학과 가장 동떨어진 것이다.

그 이유는, 수학적이고 과학적인 엄격한 증거들은 인생에서 낮은 차원의 영역들과 연관되어 있는 반면, 사랑에 빠지는 것이나 믿음을 갖는 것은 더 높고 더 중요한 문제들이기 때문이다. 덜 이성적이기 때문이 아니라, 더 인격적이기 때문에 중요하다. 그것은 정신만이 아닌 존재 전체와 관련되어 있다. 약간은 과장되었지만 G. K. 체스터턴의 말대로, 우리는 "관심 없는 주제들에 대해서는 매우 정확하고 과학적이다." 철학자 피터 크리프트Peter Kreeft가 우리에게 상기시키는 바와 같이, 의미를 향한 탐구는 수학자의 증거라기보다는 오히려 중매자의 주선에 가깝다.

주선을 받아들이게 하려면, 중매자는 상대를 신뢰하면서 간결하고 깊이 있는 말로 접근하는 것이 좋다. 그 말의 깊이는 아이가 들어가서 물장난을 할 수 있을 만큼 얕거나, 코끼리가 수영할 수 있을 만큼 깊거나, 혹은 그 중간 정도일 수도 있다. 어떤 이에게는 굳이 긴 설명이 필요 없다. 어느 경영 전문가가 피터 드러커Peter Drucker에게 왜 신앙을 갖게 되었냐고 묻자, 그는

"그게 최고로 수지맞는 일이었거든요!"라고 대답했다. 하지만 어떤 이들에게는, 원숙한 확신을 갖기 위해 노력하도록 자극할 만한 더 많은 것들이 필요하다.

넷째, 이 책의 접근법은 구경꾼을 위한 논증이 아니라, 참여자를 위한 초대다. 구도라는 것이 현실에서 유리된 정신 이상의 것을 뜻한다면, 그리고 탐색이 정확한 증거 이상의 것을 뜻한다면, 여정은 단순히 '무언가에 대한 사고'에 그쳐서는 안 된다. 여정은 실제로 길을 떠나는 노력으로 시작되어야 한다. 여행 안내 책자를 읽거나 목적지에 대해 공상하는 것이 아니라, 모든 고생과 위험을 수반하는 진짜 여행을 해야 한다.

구경하는 것만으로는 충분하지 않다. 이 여정에 필요한 것은, 신중하면서도 역동적인 삶을 통해 앞으로 나아가는 것이다. 특히 가장 길고 가장 중요한 여정, 곧 우리의 머리에서 가슴으로, 우리의 마음에서 의지로 나아가는 여정에서는 더욱 그렇다. 만약 그 여정이 인생이라면, 자칫 재미없는 진부한 것으로 끝날 수도 있는 진리는 오직 삶을 통해서만 그 힘을 발휘하게 될 것이다.

바로 이 점이 추구가 그토록 매력적인 이유, 또한 이 책의 주제가 본질적으로 불완전한 이유다. 각 구도자들은 그것을 혼자서 완성해야 한다. 결국 인생의 여정이란 보편적인 인류나 우리의 이웃에 대한 것이 아니기 때문이다. 그것은 당신과 나에 대한 것이다. 이 여정의 초점은 개개인의 인생이며, 그것은 출생과 죽음이라는 액자에 끼워져 있는 그림이다. 우리 각 사람의 목표와 원칙들은 정밀검사 중에 있고, 우리 각 사람의 성공이나 실패는 아직 결정되지 않은 상태에 있다.

이 과정에서 우리에게 가장 도움이 되는 답들은 예전에 몰랐던(그리고 지금은 필요하지 않은) 새로운 것이 아니라, 이미 우리 내면에 있고 우리가 일상 속에서 이해하려고 애쓰는 진리를 표현한 것이다. 니체는 이렇게 말했다. "결국, 책이나 여러 환경에서 자신이 이미 알고 있는 것보다 더 많은 것을 얻어낼 수 있는 사람은 없다. 경험을 통해 접근할 수 없는 것은 이해할 수도 없다."

**책을 넘어서**　　　　　"그리스도도 부처도 소크라테스도 책을 쓰지 않았다. 책을 쓰는 것은 삶을 논리적인 공정과 맞바꾸는 것이기 때문이다." 아일랜드 시인 W. B. 예이츠$^{Yeats}$의 말이다. 당신이 지금 읽고 있는 것은 책이지만, 이것은 책을 넘어서는 길, 그리고 건강한 사고와 삶의 길을 보여주는 책이다.

부처는 자신의 주위에 모여든 사람들에게 "나를 보는 사람은 가르침을 보는 것이다"라고 말했다.

선을 수행하는 사람들은 "우리는 자신을 가르친다. 선禪은 단지 길을 가리킬 뿐이다"라고 말한다.

히브리의 시편 기자는 청자들에게 "맛보아 알지어다"라고 외쳤다.

나사렛 예수는 제자들에게 "나를 따르라"고 말했다.

위대한 신앙을 지닌 세상의 지도자들은 모두 한 가지 사실에 동의했다. 의미를 향한 구도자들의 추구는 결코 독서와 묵상만으로는 완성되지 않는다는 것이다. **길을 떠나야 한다.** 그것이 내가 권면하는 바다.

성찰하는 인생을 살고 있습니까?

아니면 남들의 생각을 좇아 살고 있습니까?

지금 이곳을 넘어 다른 차원에서 들려오는

음악을 듣고 있습니까?

아니면 아직 그것을 이해하지 못하는 이들 가운데 있습니까?

당신의 생각과 마음을 집중하십시오.

이제 집으로 향하는 구도자의 긴 여정에 들어설 것입니다.

## 03. 차이의 세계

누구와도 견줄 수 없는 화법을 자랑했던 맬컴 머거리지는, 말을 시작하기 전에 마음에 드는 단어들을 반복해서 말해 보는 것으로 유명했다. 마치 미식가가 음식을 한 입 베어 물고 음미하는 것처럼 말이다. 그의 풍성한 전달력 뒤에는 언어에 대한 사랑뿐 아니라 자신이 말하는 바에 대한 선<sup>先</sup>경험이 있었다. 그래서 그는 증명된 확실한 것들만을 진지하게 받아들였다. 사람들이 확실하다고 여기는 많은 것들이 그에게는 이미 검토가 끝난 허점투성이의 자료들일 뿐이었다. 머거리지가 추구하는 바위처럼 단단한 진실들에 비추어 볼 때, 그러한 것들은 어리석고 터무니없으며 막연했다.

자살 시도는 머거리지의 인생에서 가장 중요한 경험 중 하나였다. 1943년에 아프리카에서 벌어진 이 사건은 그의 자서전 『낭비된 시간의 연대기』*Chronicles of Wasted Time*에 자세히 나와 있다. 당시 그의 나이 마흔이었고, 그에게 40년이라는 시간은 연속되는 환멸 속에서의 수양과 같았다. 그는 케임브리지 대학 시절 4년을 "내 전 생애에서 가장 헛되고 형편없는 시간"이었다고 고백했다. 전 세계에서 가장 종교적인 나라라고 할 수 있는 인도에서의 3년은, 이제 막 생겨난 그의 신앙을 온통 박살 내 버렸다. 열렬한 이상적 사회주의자로서 찾아갔던 스탈린<sup></sup> Joseph Stalin 휘하의 러시아에서 보낸 2년은, 그의 이상적인 유물론을 포기하게 만들었다(머거리지는 1932-1933년 스탈린이 초래한 400만 명 이상의 대기근 참사를 처음으로 보도했다). 그는 1930년대 전체를 "눈물 없는 진보의 망상에서 시작하여 진보 없는 눈물의 현실로 끝나 버린 10년"이라고 요약했다.

희생과 영웅적 행위를 요구했던 제2차 세계대전에서조차도 머거리지는 구원의 기회를 얻지 못했다. 입대를 거절당하고 영국 비밀정보국 정보원을 꿈꾸던 노력마저 좌절되자, 그는 자신이 탐정 소설 속에 나오는 매력적인 활동가와는 거리가 먼 사람임을 깨달았다. 그는 독일군의 연합국 전함 파괴 시도를 감시하며 로렌소 마르케스 지역에 붙박여 있게 되었다. 1943년 3월, 지루하고 무기력하고 쓸쓸한 마음을 견디면서 그는 집에 있는 아내 키티에게 편지를 썼다. "나는 죽기를 바라면서 시간을 보낸다오. 이 단조로운 시간에 희미한 노력을 쏟으면서, 그리고 이 일을 내가 왜 해야 하는지 궁금해하면서 말이오."

어느 날 밤 "불합리와 헛됨, 타락"이 그의 생각을 강하게 사로잡았다. "나는 김빠진 술에 취하고 절망에 취해 침대에 누워 있었다. 혼자 집에 있으니 마치 절대적으로 혼자인 것 같은 느낌이었다. 단순히 로렌소 마르케스에서, 아프리카에서, 세상에서가 아니라, 이 온 우주에서, 그리고 영원 속에서 홀로 남겨진 것 같았다. 꽉 찬 어둠 속에는 미광조차 없었다. 그 누구의 목소리도 들을 수 없고, 그 누구의 마음과도 나눌 수 없었다. 내가 돌아설 수 있는 신도, 내 손을 잡아 줄 구원자도 없었다." 그는 전쟁의 유일한 위안은 죽음뿐이라는 생각에 넘어가고 말았다. "마침내 아직 시도할 수 있는 일이 남아 있다는 생각이 문득 떠올랐다. 나 자신의 죽음. 그 순간 나는 자살을 결심했다."

물에 빠져 죽기로 하고, 머거리지는 도시를 떠나 6킬로미터를 운전했다. 해변에 옷을 벗어 두고 거의 아무것도 걸치지 않은 채, 차갑고 짙은 물속으로 들어가 헤엄치기 시작했다. 죽음이 무척 쉽게 느껴졌다. 그것은 이미 정해진 일이었다.

그는 빠른 속도로 해변으로부터 멀어졌고, 이제는 저 멀리

도시의 불빛만이 보일 뿐이었다. 그런데 갑자기 그는 겁이 났다. 그는 아무 생각도 결심도 없이, 다시 해변 쪽을 향해 헤엄치기 시작했다. 카페와 레스토랑에서 흘러나오는 네온사인에 시선을 고정한 채 물살을 가르며 나아갔다. "그것은 세상의 불빛이었다. 그리고 내가 살던 집과 동네의 불빛이었다. 나는 그 빛에 도달해야 했다. 과거에는 전혀 경험해 보지 못했던 압도적인 기쁨이 나를 감쌌다. 그것은 황홀경이었다."

그것은 회심의 경험이었을까? 모잠비크 앞바다에서 다메섹 도상의 경험을 한 것일까? 그렇지 않다. 하지만 훗날 그는 이 사건이 커다란 전환점이었으며, 기나긴 추구의 여정으로 나아가게 하는 추진력이었음을 알게 되었다. "그 순간에는 깨닫지 못했다. 그러나 그 후 서서히 알게 된 것은, 이 사건이 우리 삶에서 일어나는 깊은 변화를 상징한다는 것이었다.……그때부터 내 모든 가치와 추구와 소망은 완전히 달라졌다." 머거리지는 플라톤의 '동굴의 비유'를 흉내 내어 이렇게 기록했다. "자아의 작은 지하 감옥에서 사슬과 족쇄에 묶여 있던 나는, 저 높은 창문의 쇠창살을 통해 들어오는 희미한 빛을 감지했다." 그러한 빛을 보았기 때문에 그는 이제 그 빛을 이해하기 위한 탐구에 착념하게 되었다. 머거리지가 갑작스럽게 직관적으로 따랐던 그것, 곧 인생과 목적을 향해 노력할 이유를 찾아야 했다.

## 구도자가 탄생하는 순간

맬컴 머거리지보다 비관습적이고 예측 불가능한 사람은 없을 것이다. 하지만 그의 경험은 모든 구도자의 여정에서 첫 번째 단계인 질문의 단계의 좋은 예다. 우리는 자신이 삶의 어디쯤에 있는지를 자문하게 만드는 감각을 인식하게 된다. 우리는 우리 자신이 알고 있는 의미 너머에서 의미를 찾아야 한다.

'구도자'라는 말은 오늘날 인기 있는 용어이지만 너무 분별없이 사용되는 경향이 있다. 대개 단순히 종교적으로 소속되지 않은 사람들의 동의어로서 이 용어를 사용한다. 구도자들이란 스스로를 그리스도인이나 유대교도, 무슬림, 불교도, 무신론자 등으로 인정하지 않고, 그 어떤 교회나 유대교 예배당, 회교 사원, 집회장에 참여하거나 소속되지 않는 이들이라는 것이다.

그런 이들은 특별히 어떤 것을 찾지 않는다. 그들은 대개 표류하고 있으며, 인터넷을 서핑하며 돌아다니거나 쇼핑센터를 전전하는 쇼핑객과 별반 다르지 않다. 그들은 열의가 없고, 뜻이 분명하지 않으며, 항상 열려 있되 철저히 검토된 것에만 관심을 갖고, 언제든 회심할 준비가 되어 있고 또 싫증나도록 언제든 그것을 번복할 준비가 되어 있는 사람들이다. 그들의 삶은 애니타 브루크너<sup>Anita Brookner</sup>가 『변성 상태』<sup>Altered States</sup>라는 소설에서 묘사한 인물처럼 "뿌리도 없고 약속도 없고 보증도 없는 즉흥적인 것"이다.

진정한 구도자들은 이와 달리 진지하며 부단히 움직인다는 느낌을 준다. 그들은 인생의 무언가가 제기한 질문을 품고 있다. 그 질문은 아름다움 앞에서의 경외감 같은 긍정적인 것일 수도 있고, 위기나 무너진 확신과 같은 부정적인 것일 수도 있다. 그들은 다시 생각해야만 한다. 그들은 현재의 주어진 답들 밖에서 답을 찾아야 한다.

구도자들은 인생 자체가 또는 그 일부가 경이, 질문, 문제, 혹은 성가심이 된 이들이다. 이러한 일들이 너무도 강렬하고 끊임없이 일어나, 결국 필요성을 통감하고 추구의 길을 나선 것이다.

주의해야 할 것은, 필요성을 느끼는 것만으로 새로운 신념이 정당화되거나 보장받지 못한다는 것이다. 사람들은 필요 때문에 자신이 찾는 답을 믿게 되지는 않는다. 필요 때문에 믿는 것은 비합리적이며, 믿음이 투사投射일 뿐이라는 비난을 면할 수 없다. 오히려 구도자들은 이전의 신념이 답할 수 없었던 새로운 질문들 때문에 이전에 믿었던 것을 **버린다**. 상상컨대, 그들이 끊임없이 구해도 새로운 신념을 발견하지 못한다면, 그들은 절망하거나 아니면 추구 자체가 보상이라는 결론에 이를 것이다. 어느 전기 작가가 말했던 것처럼, 머거리지는 "그가 무엇을 믿는지 알기 훨씬 이전에 무엇을 믿지 않는지 알고 있었다."

이처럼 첫 번째 단계의 구도자들이 지닌 질문들은 종종 극적이고 강렬하다. 『참회록』에서 톨스토이는 맏형인 니콜라이의 죽음과 단두대의 광경을 목격하고 나서 이중의 충격을 받고는 의미를 더듬는 탐구를 시작했다. 도스토예프스키 역시 공적인 사형 집행과 형의 죽음이라는 똑같은 상황을 겪었고, 이 사건은 그의 인식을 일깨우는 수단이 되었다.

십수 세기 전, 아우구스티누스도 『고백록』에서 고통스러운 의문을 매우 강렬하게 표현했다. "나는 피 흘리며 상처 입은 내 영혼을 이끌고 돌아다녔습니다. 하지만 내 영혼은 나에게 끌려다니는 것을 원치 않았습니다. 그래서 영혼의 안식처를 찾아 거기서 쉬게 하려 해도, 나는 그곳을 찾을 수 없었습니다. 즐거운 숲속에서도, 놀이와 노래 속에서도, 달콤한 향기가 감도는 정원에서도, 저녁 만찬에서도, 또 침상의 쾌락 속에서도, 심지어는 독서나 시작詩作 속에서도 끝내 안식과 평안을 찾을 수 없었습니다.……영혼은 허공 속에서 맴돌다가 다시 내게로 떨어졌습니다. 나는 도망칠 수 없는 끝없는 괴로움 가운데 있었고, 결코 쉬지 못했습니다. 내 영혼이 내 영혼을 떠나서 어디로 도피할 수 있겠습니까? 내가 나 자신을 떠나서 어디로 도피할 수 있겠습니까? 내 발자국을 따라다니지 않아도 되는 곳을 어디서 찾을 수 있겠습니까?"

어떤 이들에게는 이런 질문들이 좀 더 조용하게 찾아올지도 모른다. 경영 컨설턴트 찰스 핸디<sup>Charles Handy</sup>는 아버지의 장례식에서 갑작스럽게 무언가를 깨달았다. 그것은 아버지의 겸손했던 삶이, 상상하지 못했던 방식으로 수많은 사람들에게 영향을 주었다는 사실이었다. "나는 삶과 삶의 목적에 대해 믿음을 갖는 것이 중요하다는 사실을 깨달았다. 나는 그때까지만 해도 성공, 돈, 그리고 가족 순으로 가치를 두었다. 그리고 순서가 거꾸로 되기는 했지만, 아직도 그러한 것들이 중요하다고 생각한다. 그러나 이제 나는 그것들을 끼워 넣을 수 있는 좀 더 큰 틀을 찾으려고 애쓰고 있다."

잔잔하든 극적이든, 질문이 생긴다는 것은 매우 중요한 일이다. 선불교는 내면의 성장으로 가는 열쇠가 "목구멍에 걸린 뜨겁게 달궈진 석탄"이라고 가르친다. 너무 고통스러우면 삼킬 수도 없고 토해 낼 수도 없다. 진주 속의 모래알 하나, 말안장 밑의 돌기, 끊임없이 생각나는 꿈, 분명 '다른 무언가'가 존재한다는 조용한 직관 등, 그 이미지들은 가지각색이지만 이 경험들은 같은 방향을 가리킨다. 갑자기 삶이 더 이상 당연하게 여겨지지 않게 된다. 공격적인 질문이 안이한 자기만족에 구멍을 내고, 과거에 믿었던 의미의 근원에 대한 타당성을 무너뜨린 것이다.

구도자는 이렇게 탄생한다.

**탐구하는 인간**                필연적으로, 진정한 구도자의
                             질문들은 우리 존재의 본질을
꿰뚫는다.

생명이 있는 종種 가운데서 독특하게도 인간만이 스스로 깨닫는다. 하지만 우리는 스스로 해명하지 못하는 세상에 속해 있음을 발견한다. 그래서 세상이 왜 이렇게 돌아가는지, 그리고 우리가 여기에 어떻게 적응해야 하는지를 질문할 수밖에 없다. 무엇이 인생에 인생을 걸게 하는가? 왜 무의미가 아닌 의미가 존재하는가? 내면 깊은 곳에서, 우리는 보이는 사실이 전부가 아님을 알고 있다. 그래서 궁극적인 설명, 할 수 있는 한 가장 멀리 거슬러 올라간 의미의 근원, 모든 질문을 멈추기 전의 결정적인 답을 찾아 나선다.

의미를 찾고자 하는 이러한 의지는 근본적인 것이다. 정신과 의사 빅터 프랭클Viktor Frankl은 이것을 "인간에게 있는 가장 중요한 동기 부여의 힘"이라고 설명한다. 철학자 달라스 윌라드Dallas Willard는 "의미는 우리에게 사치품이 아니다. 그것은 우리의 영혼을 살아 있게 하는 영적 산소와 같은 것이다"라고 말한다. 아브라함 헤셸Abraham Heschel은 이를 유대적 관점에서 이렇게 표현했다. "'나는 존재한다'I am라고 말할 수 있는 것만으로는 내게 충분치 않다. 나는 **내가 누구인지,**who I am 내가 누구와의 관계 가운데 살고 있는지 알기 원한다. 질문을 하는 것만

으로는 내게 충분하지 않다. 나는 내가 직면한 모든 것을 포함하는 하나의 질문에 어떻게 대답해야 할지 알고 싶다. 그 질문은 바로 '나는 무엇을 위해 여기 있는가?'이다."

가장 위대한 계몽주의 철학자 중 한 사람인 임마누엘 칸트는 우리를 둘러싼 인생의 커다란 질문들을 다음과 같이 네 가지로 요약했다. '우리는 무엇을 알 수 있는가? 우리는 무엇을 해야 하는가? 우리는 무엇을 희망할 수 있는가? 인간이란 무엇인가?' 문학평론가 조지 슈타이너$^{George Steiner}$는 말하기를, "우리는 '호모 사피엔스'일 뿐 아니라, 탐구하는 인간인 '호모 쿠아에렌스'$^{homo\ quaerens}$다"라고 했다.

그러한 질문들을 다룰 수 있도록, 우리 각자에게는 철학 또는 '세계관'이라는 삶의 시각이 있다. 세계관은 삶의 모든 경험들을 해석하는 줄거리나 안내 지도, 혹은 렌즈라고 할 수 있다. 그것은 현실과 자신의 정체성을 이해하는 방식, 그리고 도덕성의 문제를 해결하는 방식을 정하기도 한다.

대체로 세계관은 무의식 속에 있다. 그러나 우리가 세계관을 볼 수는 없을지라도, 우리는 세계관에 **의해서** 본다. 달라스윌라드는 이렇게 지적한다. "진정으로 강한 개념들은 스스로를 세밀하게 정당화할 필요가 없는 것들이다." 그래서 세계관은 마르크스주의나 실존주의와 같은 자의식적인 철학들보다 훨씬 깊이가 있다.

우리는 부모, 교육, 문화적 배경, 경험, 발견 등의 다양한 원천에서 세계관을 이끌어 낸다. 예를 들어 인본주의자 같은 이들은 너무 솔직한 나머지, 그들 스스로 이러한 신념들을 고안해 낸다. 유대인, 그리스도인, 무슬림 같은 이들은 세계관이 계시의 형식을 통해 인간의 경험 외부에서 찾아온다고 주장한다.

하지만 이런 모든 차이점들에도 불구하고, 인생을 보는 방식이 우리 모두에게 근본적이고 필수적인 이유는 그것이 의미와 소속감을 주기 때문이다. 그것을 통해 우리는 삶을 이해하고 이 세상 속에서 안정감을 찾게 된다. 세계관은 세상 속에 있는 세상이다. 그리고 세계관은 세상을 변화시킨다.

**말이 아닌 행함에 주목하라**　　　구도자들은 의미를 찾는다. 그러나 최근 교육받은 사람들 사이에서는 그러한 추구를 비웃는 것이 일종의 유행이 되었다. 심지어 그러한 추구가 성공한다는 가정조차 경멸당하고 있다. 그들은 마치 의미란 기만일 뿐이고, 의미를 얻는다는 것은 정신을 마비시키는 환각일 뿐이라고 여기는 듯하다. "평범한 사람에게서 그 평생의 거짓을 빼앗는 것은 그의 행복을 빼앗는 것이나 마찬가지다"라고 노르웨이의 극작가 헨리크 입센<sup>Henrik</sup>

Ibsen 은 말했다.

하지만 그러한 냉소가들도 구도자를 단념시킬 수는 없다. 삶이 무의미하다는 주장조차 의미에 대한 단언이기 때문에, 우리는 그들의 말이 아닌 행함에 주목해야 한다. 이 여정을 관찰하면서 여러 차례 확인할 수 있는 사실은, 어떤 주장이든 논증 가능하다는 것이다. 논증할 수 없는 주장이란 존재하지 않는다. 그러나 생각은 가능한데 실천되지 않는 생각들이 분명 존재한다. 더욱이 우리는 삶의 의미에 대해 냉소적인 사람들이 본질과 의미들로 가득한 삶을 사는 경우를 종종 보게 된다.

소설가 커트 보네거트Kurt Vonnegut는 "우리가 지구에 존재하는 것은 여기저기 돌아다니며 냄새를 피우기 위해서다. 누군가 다른 이유를 대면 콧방귀를 뀌어라"고 말했다. 하지만 그의 수많은 책들, 그리고 부조리에 대해 설명하는 강한 열정은 이와 전혀 다른 사실을 보여준다.

알프레드 노벨은 자신에 대해 '경찰 사건 기록'식의 글을 썼던 것으로 유명하다. "비참한 피조물인 알프레드 노벨은 인생사에 쓸쓸히 등장했을 때 인정 많은 의사에 의해 질식사했어야 했다.……그의 인생에서 중요한 사건들: 전혀 없음." 임종이 가까워지면서 그는 이런 글을 남겼다. "지구라는 회전 발사체 위를 애처롭게 배회하는 두 다리의 꼬리 없는 원숭이들로 뒤죽박죽된 14억 군중 가운데서, 중요한 사람 혹은 중요한 무언가가 되려고 애쓴다는 것은 얼마나 비참한 일인가!" 하지만 노벨의 삶과 그의 이름을 딴 유명한 상들은 그가 중요한 사람이 되려고 했었다는 점을 보여준다. 그는 자신의 진정한 관점을 더 확실하게 나타내는 글을 쓴 바 있는데, 이 글은 노벨의 장례식에서 그의 친구에 의해 낭독되었다. "죽음의 제단 앞에 서 있는 너는 얼마나 조용한가! 이생에서의 삶과 사후의 삶은 영원한 수수께끼를 만들어 낸다. 하지만 그것이 내뿜는 불꽃은 우리로 하여금 거룩한 헌신에 눈뜨게 하고, 종교 이외의 다른 모든 목소리를 잠재운다. 영원성은 이제 발언권을 얻는다."

## 수고할 가치가 있는가

플라톤은 각 개인이 가장 훌륭한 이론을 받아들여 "그것을 인생을 항해하는 뗏목으로 삼아야 한다"고 충고했다. 그리고 다음과 같이 덧붙였다. "자신을 더 확실하고 안전하게 인도해 줄 신의 조언을 얻지 못한다면, 위험의 가능성이 있음을 인정한다." 그러한 항해는 위험을 무릅쓸 가치가 있는가?

알베르 카뮈Albert Camus는 『시지프의 신화』에서 다음과 같이 말했다. "참으로 진지한 철학적 문제는 오직 하나뿐이다. 그것은 바로 자살이다. 인생이 살 만한 가치가 있느냐 없느냐를 판단하는 것이야말로 철학의 근본 문제에 답하는 것이다."

모잠비크 앞바다의 검은 밤을 뚫고 헤엄치면서, 머거리지는
자신이 그 순간까지 신뢰했던 모든 것에 환멸을 느끼고 있음
을 알았다. 하지만 몸을 떨면서 방향을 바꾸어 돌아 나오면서,
먼 해변과 아득한 불빛을 향해 헤엄치면서, 그는 그러한 절망
을 부정했다. 수없이 비틀거리며 우회로를 거쳐 왔지만, 그때
부터 그의 인생은 왜 인생이 수고할 만한 가치가 있는가를 발
견하기 위한 탐구가 되었다.

인생의 모든 질문에 마음이 열려 있습니까?
아니면 지금껏 아무 의심 없이 믿어 온 것들이 있다는 이유로
그러한 탐구에 닫혀 있습니까?
경험하는 일들을 되짚어 보면서,
그것이 지닌 한계와 자극들이 지시하는 방향을 따라
용기 있게 나아가고 있습니까?
당신의 생각과 마음을 집중하십시오.
그리고 집으로 향하는 구도자의 긴 여정을 따라
발걸음을 내딛으십시오.

## 04. 우리의 내일을 팔다

1975년 봄, 데스밸리에 밤이 내려앉았다. 하지만 절벽 끝에 앉아 있는 세 남자에게는 어두움이 고요함이나 활동의 정지를 뜻하지 않았다. 그들은 칼하인츠 슈톡하우젠Karlheinz Stockhausen의 전자음악인 "콘탁테"Kontakte를 들으며 기대감으로 가득 찬 밤을 맞이하고 있었다.

곧 그들은 마약에 취해 각기 다른 방식으로 황홀한 환각에 빠져들었다. 그중 젊은 두 명의 미국인은 이미 마약을 흡입해 본 경험이 있었다. 하지만 다른 한 명인 사십대 후반의 프랑스인에게는 이 경험이 새롭고 매우 강렬했다. 두 시간 후, 그는 별이 빛나는 하늘을 향해 손짓을 하며 외쳤다. "하늘이 폭발했다. 별들이 내게로 쏟아져 내린다. 나는 이것이 사실<sup>true</sup>이 아니라는 것을 알지만, 이것은 진실<sup>Truth</sup>이다."

이 여행은 이 두 명의 미국인들에게 큰 모험이었다. 그들이 여행 아이디어를 냈는데, 하마터면 '우리 시대의 가장 훌륭한 사상가'로 여겨지는 존재를 이 땅에서 사라지게 할 뻔했다. 세계적인 철학자이자 투사이며, 콜레주 드 프랑스<sup>Collège de France</sup>의 교수인 미셸 푸코<sup>Michel Foucault</sup>에게는 이 여행이 훨씬 더 큰 모험이었지만, 그 자신이 간절히 원했던 일이기도 하다.

푸코가 젊은 시절부터 탐구해 온 것은 니체 철학에서 말하는 '너 자신이 되는 것'이었다. 니체는 이를 다음과 같은 말로 표현했다. "나는 왜 살아 있는가? 나는 삶에서 어떤 교훈을 얻어야 하는가? 나는 어떻게 나 자신이 되었으며, 왜 나 자신이 되는 것으로 인해 고통을 받는가?" 푸코는 '한계 체험'(창조적 힘과 강렬한 기쁨을 발산하기 위해 극단적 상태를 경험하는 것)을 경험함으로써, 그리고 그의 인격 안에 있는 '디오니소스적 요소'(내면의 길들여지지 않은 야생적 에너지)를 재발견함으로써 자신의 탐구를 완성하려 했다.

프랑스의 1968년 혁명 당시, 소르본 대학에서는 잘 알려진 대로 "금지하는 것을 금지한다"라는 슬로건을 내걸었다. 이는 푸코의 사상을 반영한 것이었다. 데스밸리에서의 그날 밤, 푸코는 그의 전 일생에 걸친 내기의 판돈을 늘렸다. 그는 언제나 광기, 폭력, 도착, 자살, 죽음에 매혹되어 있었지만, 이제 모든 경계를 벗어나 자기 자신을 더욱 해방시키기를 원했다.

강한 바람이 불어 닥칠 때, 이 세 사람은 절벽 위에서 서로 꼭 붙어 있었다. 푸코는 눈물을 흘리며 이렇게 말했다. "나는 아주 행복하다. 오늘 밤 나는 나 자신에 대한 새로운 시각을 얻었다. 이제 나는 나의 성sexuality을 이해한다. 우리는 다시 고향으로 돌아가야만 한다."

데스밸리에서의 그 특별한 밤에 일어난 자세한 일은 푸코의 동행자들만이 알 수 있겠지만, 그 사건이 푸코를—특히 성에 대한 그의 생각을—변하게 했다는 것만은 의심의 여지가 없다. 그것은 앞뒤 가리지 않고 제멋대로 행동하던 그를 70년대 중반의 어두운 샌프란시스코로 이끌었다. 샌프란시스코는 프리 섹스, 강력한 환각제, 의식의 환각 상태, 에이즈로 인한 죽음이 만연한 곳이었다. 동성애자들의 거리인 카스트로, 폴크, 폴섬 거리는, 반항적 개방성과 앞뒤 가리지 않는 유흥 속에서 역사상 가장 광적이고 억제되지 않은 성적sexual 공동체 중 하나가 되었다. 미셸 푸코는 그 매력에 저항할 수 없었다. 이곳은 육체와 정신의 '한계 체험'이 넘쳐나는 연속적 실험장이었던 것이다.

사실 에이즈라는 끔찍한 용어는 70년대에는 그리 잘 알려져 있지 않았다. 푸코가 사망하기 두 달 전인 1984년 8월에 영화 배우 록 허드슨이 에이즈로 세상을 떠났을 당시만 해도 이 질병에 대해 아는 사람은 거의 없었다. 하지만 이 '동성애자 암'의 특징과 그 결과는 서서히 명백해졌고, 푸코는 공개적으로 이 도박에 직면했다.

"인생에서 꼭 모험을 해야 하나요?" 어느 날 한 캘리포니아 학생이 푸코에게 질문했다.

"물론이지! 위험을 무릅쓰고 아슬아슬한 줄타기에 도전해보게." 푸코는 대답했다.

"하지만 저는 해결책을 얻고 싶습니다."

"해결책은 없다네." 그는 대답했다.

"그러면 최소한 정답이라도 듣고 싶은데요."

"정답 따위는 없단 말일세!" 철학자는 소리치며 말했다.

**내기에 지다**  푸코는 점차 죽음과 기꺼이 하나가 되어 갔다. 특히 파리에 있는 그의 집으로 돌아와 죽음과의 작은 싸움에서 살아남은 후에는 더욱 그랬다. 그는 1982년의 한 인터뷰에서 "어떤 종류든 간에 쾌락의 남용으로 죽게 되기를 바란다"고 말했다. 설명을 부탁하자 그는 이렇게 덧붙였다. "진정한 쾌락이란 극도로 깊고 강렬하고 압도적이어서 내가 도저히 견뎌낼 수 없는 것이라고 믿기 때문이다. 나는 죽게 될 것이다." 그는 니체가 쓴 『선악의 저편』의 한 글귀를 인용하면서 "그것[선악]을 아는 사람들이 완전히 멸망한다는 점은 존재의 기본적 특성일지도 모른다"고 말하곤 했다.

푸코는 『성의 역사』에서 이렇게 썼다. "성이 전개되면서 우리의 내면으로 서서히 스며드는 파우스트의 계약은 다음과 같다. 생명 전체를 섹스와 맞바꾸는 것, 곧 생명을 섹스의 진실 및 섹스의 절대적 힘과 맞바꾸는 것이다. 섹스는 목숨을 버릴 만한 가치가 있는 것이다."

결국 파우스트의 계약의 특징이란 명백했다. 그는 "소년들의 사랑을 위해 죽는다면, 이보다 더 아름다운 것이 어디 있겠는가?"라고 말했다. 푸코는 자신의 최고의 과업이, 아름다운 죽음을 자유롭게 용인하는 것이라고 믿었다. 그는 에이즈를 자초하여 자살을 택한 것인가? 그의 친구들은 그렇지 않다고 대답했다. 어두운 재앙이 밝은 대낮에 밀어닥치기 전 마지막 몇 달 동안, 푸코와 그의 파트너들은 생명을 걸고 내기를 했지만 그 내기에 완전히 졌다.

푸코는 한 인터뷰에서 의미심장한 말을 남겼다. "진리를 알았더라면, 나는 변화되고 구원받았을 것입니다. 아니 어쩌면 죽었을지도 모르지요. 하지만 어쨌든 나는 그 모든 것이 똑같다고 생각합니다."

**이성으로 진리를 곡해하는 사람**  미셸 푸코가 쾌락을 위한 죽음
에 내기를 걸었던 사건은 의미
를 탐구하는 사람들에게 중요한 질문을 제기한다. 세계관, 삶
의 철학, 지배적 신념들을 갖는 것이 그처럼 중요하다면, 왜
우리는 그것을 좀 더 자주 의식하지 못하는가? 왜 사람들은
그것에 더 많은 관심을 갖지 않는가? 왜 대부분의 사람들은
소크라테스가 살 가치가 없는 인생이라고 생각했던 '성찰 없
는 인생'에 별로 신경 쓰지 않는 듯 보이는가?

한 가지 명백한 답은, 신뢰할 만한 세계관은 건강과 비슷하
다는 것이다. 보통은 가장 건강할 때 건강에 대한 이야기를 가
장 적게 한다. 마찬가지로, 제대로 실천되는 삶의 철학들은 우
리가 거의 의식하지 못하는 것들이다. 마치 더러워지거나 긁
히기 전까지는 의식하지 못하는 안경처럼 말이다. 우리는 세
계관에 대해서가 아니라, 세계관으로 생각하는 것이다.

또 다른 명백한 답은, 다른 이들에게 이 질문들을 맡겨 버리
려는 사람들이 많다는 것이다. 특히 성직자, 학자, 혹은 심리학
자와 같이 사회에서 전문가로 지명된 사람들에게 이 문제들을
떠넘기고 싶어 하는 이들이 많다.

하지만 중요한 답이 한 가지 더 있다. 오랜 세월 동안 수많
은 사상가들이 말했던 것처럼, 인간은 의미와 소속감의 근원
을 필요로 하면서도, 인간의 조건을 너무 깊이 생각하거나 관

심을 갖는 것에 대해서는, 특히 우리 모두가 죽게 된다는 것에 대해서는 철저히 방어 자세를 취한다.

에밀리 디킨슨<sup>Emily Dickinson</sup>은 "죽음 이외의 모든 것은 조정 가능하다"고 쓴 적이 있다. 또 윈스턴 처칠은 "죽음이 두렵지 않다고 말하는 사람들은 누구나 거짓말쟁이다"라고 말했다. 그 이유는 분명하다. 죽음은 다른 모든 두려움 뒤에 있는 두려움이며, 그 너머에 시작이 없는 최종적 결말이다. 관념의 범위는 끝이 없지만, 우리의 정신과 상상력은 유한하고 일시적인 육체 안에 갇혀 있다. 우리는 어느 한 순간 구름 한 점 없는 영원을 바라보고, 그다음 순간에는 삐걱거리는 죽음의 소리를 듣는다. 우리는 인간됨이 무엇인지 알고 있지만, 우리가 인간됨을 위해 할 수 있는 일은 아무것도 없다.

스위스 조각가인 알베르토 자코메티<sup>Alberto Giacometti</sup>는 시간과 죽음의 절대적 요구를 잘 아는 사람이었다. 그는 서른 살이 되었을 때 「더 이상 연극은 없다」라는 조각상을 만들었는데, 이것은 묘지와 죽음에 관한 명상을 형상화한 작품이다. 사람들이 그에게 조각을 하는 이유를 물으면, 그는 종종 "죽지 않기 위해서"라고 대답하곤 했다. 하지만 죽음이 가까워오자 그는 이렇게 말했다. "나는 이 세상에서 자신이 죽게 될 거라는 사실을 믿는 사람은 없다고 확신한다. 인간은 죽음 직전의 순간에도 이 사실을 믿지 않는다. 어떻게 이것이 가능한가? 살아 있다는 것이 사실이며, 자신 안에 있는 모든 것이 여전히 생명을 유지하고 있기 때문에, 죽음을 1초도 채 안 남긴 순간까지도 여전히 살아 있기 때문에, 인간은 죽음에 대해 전혀 의식할 수 없는 것이다."

그렇다. 우리는 '진정한 구도자'이지만, 그것이 전부는 아니다. 우리는 '진정한 곡해자'이기도 한 것이다. 때로 진실은 진정한 탐구의 대상이지만, 때로는 이성으로 유희하는 지적 게임일 뿐이다. 니체는 『이 사람을 보라』에서 "우리는 모두 진실을 두려워한다"고 썼고, T. S. 엘리엇은 "인간은 현실을 그리 잘 감당해 낼 수 없다"고 했다. 우리가 본능적으로 거부하려는 위협 세 가지는 현실, 시간, 죽음이다.

**내일을 파는 사람**  '협상'bargaining은 부정의 가장 일반적인 두 가지 형태 중 하나다. 협상은 죽음(혹은 하나님, 혹은 악마)과 협상함으로써 삶에서 우리가 가장 원하는 것을 얻으려는 전략이다. 우리는 더 많은 힘, 더 많은 지식, 더 많은 경험, 더 많은 쾌락, 더 많은 시간을 위해 우리의 영혼을 판다. 재니스 조플린 덕에 유명해진 크리스 크리스토퍼슨Kris Kristofferson의 노래 가사처럼, 우리는 "단 하루의 어제를 위해" 모든 내일을 팔아 치우려 한다.

　푸코의 이야기가 보여주듯, 협상에 대한 이야기는 필연적으로 '파우스트 박사'의 이미지를 떠올리게 한다. 때로 파우스트의 전형은 신약 성경에 나오는 마술사 시몬으로까지 거슬러 올라가기도 하지만, 대체로 16세기 독일의 음험한 점성술사에 기반하고 있다. 하지만 시, 드라마, 소설, 오페라 등—크리스토퍼 말로, 괴테, 베를리오즈, 오노레 드 발자크, 오스카 와일드, 토마스 만에 의해 형상화된 작품들—모든 장르에서 볼 수 있는 그의 이미지는 결코 만족하지 않고 부단히 노력하는 사람이다. 단순한 호기심이 아닌, 알고 경험하고 소유하기를 갈망하는 사람 말이다.

　한편으로 파우스트의 충동에는 항상 감탄할 만한 것, 곧 한계에까지 도전하는 인간의 대담한 역량이 내재되어 있다. 인간은 과거의 모든 경계를 넘어 더 높이, 더 멀리, 더 빠르게 지식과 경험을 추구한다. 다른 한편으로, 그 충동에는 거의 항상 끔찍한 것이 내재되어 있다. 악마와의 협상에 관한 모든 이야기에는 한 가지 분명한 핵심이 있는데, 그것은 악마가 자기 쪽의 계약을 지키면서도 우리로 하여금 우리의 계약을 지키도록 요구하는 확실한 사업가라는 것이다.

　말로의 작품에 등장하는 메피스토펠레스는 자신의 희생양에게 "이 세상에서 웃는 어리석은 자들은 지옥에서 울게 될 것"임을 상기시킨다. 발자크의 작품 속 나귀 가죽에 새겨진 비밀스런 말은 처음부터 분명하다. "나를 소유하면 당신은 모든 것을 소유하게 됩니다. 하지만 내가 당신의 생명을 취하게 됩니다. 하나님이 그렇게 되게 하셨지요. 당신이 소원을 말하면 그 소원은 모두 이루어질 것입니다. 하지만 소원을 말할수록 당신의 생명은 단축될 것입니다. 원칙은 이렇습니다. 모든 소원은 나를 작아지게 하고, 당신의 수명을 단축시키게 되는 거지요. 그래도 당신은 나를 원합니까? 나를 가지십시오. 그러면 하나님이 당신의 소원을 이루어 주실 겁니다. 아멘."

흥미롭게도 괴테의 『파우스트』는 지그문트 프로이트가 자주 인용했던 책이었고, 발자크의 『나귀 가죽』은 프로이트가 안락사로 죽던 날 읽고 있었던 마지막 책이었다. 그의 머릿속은 분명 악마와의 협상에 대한 개념으로 가득했다. 그 개념은 사진작가 로버트 메이플소프<sup>Robert Mapplethorpe</sup>의 사고방식에서도 두드러졌다. 그는 관습에 대한 도전을 작품의 중심 주제로 삼았고, "사탄을 위해서!"라는 말을 반복하면서 성적인 포즈를 취한 대상들을 한계 이상으로 적나라하게 몰아붙였다. 그는 그 유명한 자화상을 촬영하면서 머리에 뿔을 달기도 했다.

우리 중 그 누구도 그러한 협상 너머에 있는 유혹을 배겨낼 재간이 없다. 시간을 저편으로 밀어내고는 기분 좋은 현재를 더 온전히 누리고 싶은 소망보다 더 인간적인 것이 무엇이겠는가? 우리는 항상 나중에서야 현실에 눈을 뜬다. 아우구스티누스는 "내게 순결함을 주십시오. 하지만 지금은 아닙니다"라고 솔직한 기도를 드렸다. 이번만은 어떤 행위의 결과도 용서해 달라는 기도를 해보지 않은 사람이 있을까? 당신은 선생님이 보지 않는다고 해서, 혹은 우리의 배우자가 모른다고 해서 지키지 않았던 약속이 있는가? 오늘 약간의 시간, 약간의 성공, 약간의 쾌락을 더 얻을 수만 있다면, 내일을 위해 맹세하지 못할 일도 없는 것 같다.

극심하든 부드럽든, 의식적이든 무의식적이든, 협상에 대한 충동은 똑같다. 현실을 피하고 시간을 늦추고 죽음을 부인하려는 공연한 노력일 뿐이다. 우리의 온갖 탐닉들은 이러한 충동들에 대한 반응이다. 자살을 뒤로 미룬 듯 인생을 살면서, 눈앞의 이익 때문에 장기적인 손실을 감수한다.

결국 모든 협상은 시간 낭비로 판명된다. 『일리아스』에서 아킬레스가 트로이의 왕자인 리카온에게 말했던 것처럼 말이다. "어리석은 사람 같으니! 몸값에 대한 말은 더 이상 듣기 싫네.……이리 오게. 자네도 죽어야 하네. 왜 그렇게 우는가?"

그토록 많은 사람들이 협상에 참여하고 있는데, 왜 우리는 잠시 멈춰 서서 우리가 획득한 '매물'을 평가해 보지 않는 것일까? 톨스토이는 유명한 도덕적 우화에서 이렇게 물은 바 있다. "사람은 얼마나 많은 땅을 필요로 하는가?" 그러고는 냉담하게 답한다. "머리에서 발끝까지 눕힐 수 있는 단 2미터, 그것이 사람에게 필요한 땅의 전부다." 톨스토이는 성공의 계산법에 대해, 나사렛 예수가 2천 년 전에 이야기한 것과 똑같은 논점을 제시했던 것이다. "사람이 만일 온 천하를 얻고도 자기 목숨을 잃으면 무엇이 유익하리요."


## 하찮은 것에서 안식을 찾는 사람

부정의 일반적 형태 두 번째─현실, 시간, 죽음이라는 위협적인 세 가지를 무시하는 우리의 방법─는 우리를 즐겁고 산란케 하는 분주함을 향한 충동이다. 블레즈 파스칼은 그것을 '일탈'diversion이라고 했고, 존 버니언은 '허영의 시장'Vanity Fair이라 이름 붙였으며, 쇠렌 키에르케고르는 '하찮은 것에서 안식을 찾는' 속물근성이라고 표현했다. 우리는 스스로 손쓸 수 없는 것─죽음─에서 관심을 돌려, 진지한 생각을 할 겨를이 없도록 시간과 에너지를 소비할 수 있는 것에 집중한다.

A. E. 하우스먼Housman은 『슈롭셔의 젊은이』A Shropshire Lad라는 시집에서 이렇게 표현했다.

더는 생각 마라, 청년아, 웃어라, 즐겨라.

왜 다들 서둘러 죽으려 드느냐?

머리 비우고 혀 나불대며

거친 길 느긋하게 걸어가라.
어리석은 얼간이가
추락하는 하늘을 버틴다.


이런 식의 산란함은 블레즈 파스칼의 『팡세』에서 가장 잘 찾아볼 수 있다. 파스칼은 17세기 프랑스의 여유로운 사회에 대해 언급하면서, 도박이나 사냥과 같은 일탈의 예를 들었다. 그는 이렇게 선언했다. "우리의 상태가 진정 행복하다면, 굳이 그 상태에서 기분을 전환할 필요는 없을 것이다. 사람은 죽음과 비참과 무지를 치유할 수 없으므로, 자기의 행복을 위해 이러한 것들을 생각하지 않기로 작정했다. 나는 인간의 모든 불행이 단 한 가지 사실, 곧 방안에 조용히 머물러 있을 줄 모른다는 사실에서 유래한다고 종종 말하곤 했다."

그 이후로 우리 현대 사회는 파스칼이 말했던 것 이상으로 일탈의 종류를 수없이 확장시켜 왔다. 현대 사회는 그 자체로 하나의 거대한 일탈 공화국이자 오락 공화국이다. 상점, 쇼, 스포츠, 게임, 관광, 레크리에이션, 화장품, 성형 수술, 가상현실, 건강과 젊음에 대한 끝없는 찬미와 함께, 우리 문화는 시간의 덧없음과 죽을 운명을 잊게 만드는 거대한 음모로 치달아 가고 있다. 우리는 보려 하지 않으며 귀를 기울이지 않는다. 현실을 회피하는 예술가들을 위한 알리바이가 도처에 널려 있다. 심리학자인 어니스트 베커$^{Ernest\ Becker}$는 이렇게 말했다. "현대인은 술과 마약에 취해 의식을 잃은 상태다. 그렇지 않으면 물건을 사들이느라 시간을 보내는데, 이것도 전자와 전혀 다를 바 없다."

일탈에 대한 충동은 가장 빈틈없는 지성을 가진 사람에게서도 나타날 수 있다. 버트런드 러셀은 만년의 한 인터뷰에서 다음과 같이 인정했다. "핵무기의 위협으로부터 나 자신을 진정시키기 위해 나는 하루에 최소 한 권의 탐정 소설을 읽어야 한다." 회의론의 옹호자 데이비드 흄은 18세기에 쓴 『인간 본성에 관한 논고』$^{Treatise\ of\ Human\ Nature}$에서, 자신의 작품 때문에 얻게된 '철학적 우울과 착란'으로부터 자신을 보호하는 방법에 대해 설명했다. "나는 식사를 하고 주사위 놀이를 한다. 나는 친구들과 대화하며 유쾌하게 웃는다. 서너 시간 동안 즐긴 다음내가 다시 이 회의주의적 사변들로 돌아왔을 때 이 사변들은아주 냉담하고 부자연스럽고 엉뚱하게 여겨지기에, 다시 사변을 시작할 수 없다."

**홀로 걷다**　　　　　　　일탈은 결국 협상보다 나은 점이 없다. 앤 라모트의 아버지는 물질주의에 열광하는 고향을 보며 "캘리포니아의 큰 비극"이라고 표현했다. "왜냐하면 여가를 지향하는 인생은 죽음을 지향하는 인생이기 때문이다. 죽음이야말로 그 무엇과도 견줄 수 없는 긴 여가다."

"산다는 것은 너무 놀라운 일이기에 다른 사소한 일에 투자할 여력이 거의 없다"는 에밀리 디킨슨의 말을 이해하는 사람은 거의 없을 것이다. 그 대신 대부분의 사람들은 온갖 사소한 일들에 둘러싸여 있다. 그들은 필사적으로 무언가에 몰두하기를 원한다. 그들의 깊은 욕구는 하찮은 데서 안식을 찾는 것이다.

이 모든 것은 슬프게도 진정한 구도자를 따로 분리시켜 놓는다. 소설가 워커 퍼시Walker Percy가 『영화 관객』The Moviegoer에서 말했듯이, "탐구란 자기 인생의 일상성에 주저앉지만 않는다면 누구나 시작하는 것"이기 때문이다. 그러나 오히려 주저앉은 잠재적 구도자들이 도처에 널려 있다. 누군가가 탐구를 한다는 이야기를 들으면 그것을 환영할 것 같지 않은 그런 사람들 말이다. 진정한 구도자들은 무리를 지어 여행하지 않는다. 그들은 깨어 홀로 걷는다.

당신의 성공에 대한 판단 기준에
죽음이라는 마지막 결과가 포함되어 있습니까?
아니면 눈앞의 짧은 순간을 위해 미래를 내던집니까?

하찮고 사소한 것에서 안식을 찾습니까?

아니면 진리와 시간에 주의를 집중하며

생의 감각을 키워 가고 있습니까?

당신의 생각과 마음을 집중하십시오.

그리고 집으로 향하는 구도자의 긴 여정을 따라

발걸음을 내딛으십시오.

## 05. 감사해야 할 대상은 누구인가

G. K. 체스터턴은, 주변인들의 말에 의하면 글에서처럼 실제로도 다채로운 사람이었다고 한다. 화려한 서명에서부터 망토와 모자와 지팡이에 이르기까지, 그의 삶과 예술, 현실성과 상상력은 멋지게 융화되어 있었고, 이것은 그를 초인처럼 비범하면서도 현실적인 인물로 만들어 주었다. 사실처럼 느껴지지 않는 수많은 이야기들이 그가 실제로 경험한 이야기라는 것은 놀랄 일도 아니다. 그의 책『살아 있는 인간』*Manalive*에 등장하는 철학자와 학생의 이야기를 예로 들어 보자.

에머슨 에임즈 박사는 가공의 학교인 케임브리지 내 브레익스페어 칼리지의 저명한 철학 석좌교수이자 학장이다. 그는 염세주의자이면서 동시에 역사상 가장 염세적인 사상가들에 관한 한 탁월한 권위자이고, 밤낮 없이 친구들이나 학생들의 방문을 흔쾌히 환영하는 것으로 잘 알려진 독신 남성이다.

**창밖으로**　　　　　　　이노센트 스미스는 에임즈의 학생들 중 가장 영리한 편에 속했다. 어느 날, 스미스는 이 위대한 철학자와 거의 하루 종일 함께 시간을 보내게 되었다. 일대일의 오전 강의에서는 그의 염세주의로 아침 식사를 삼고, 오후 시간은 다양한 사상들로 만찬을 벌였다. 그들의 대화는 늦은 밤이 되어서야 학장실에서 끝났다.

사색의 궤적이 시작되던 그날 아침, 스미스는 교수를 찾아와 이렇게 말했다. "이렇게 터무니없이 이른 시간에 교수님을 뵈러 온 것은, 존재가 너무 하찮다는 결론에 이르렀기 때문입니다. 다른 관점을 가진 사상가들의 논점에 대해서는 다 알고 있습니다. 주교들이나 불가지론자 같은 사람들 말입니다. 그리고 교수님이 염세주의 사상가들에 대해 현존하는 가장 위대한 권위자이신 것도 알고 있습니다."

에임즈가 말했다. "모든 사상가들은 염세주의 사상가지." 그는 지루한 냉소로 시작해서, 의기소침하게 만드는 이야기를 몇 시간 동안이나 계속했다.

밤이 깊었을 때, 마침내 이노센트 스미스의 내면에서 무언가가 덜컥 닫히는 소리가 들렸다. 그는 더 이상 참을 수가 없었다. "이 천한 세상을 그냥 목매달아 버리시지요!"라고 소리치며, 그는 주먹으로 탁자를 탕탕 내리쳤다.

"우선 세상에 오명을 씌운 다음에 매달아야겠지." 교수는 분위기가 달라졌다는 것은 깨닫지 못한 채 말을 이었다. "광견병에 걸린 강아지는 우리가 죽이는 동안 아마 살려고 발버둥칠 걸세. 하지만 우리가 자비롭다면 강아지를 죽여 주어야 하지. 그러니 전지한 신도 우리를 고통에서 벗어나게 하지 않겠는가? 차라리 우리를 쳐서 죽이겠지."

"그런데 왜 우리를 쳐서 죽이지 않을까요?" 학생이 물었다.

"그야 신 자신도 죽어 있으니까 그렇지." 교수가 대답했다. "그것이 바로 신이 위대하다고 말할 수 있는 점이지. 하찮고 곧 시시해지고 마는 삶의 쾌락이라는 것은, 사색하는 사람들에게는 고문실로 데려가는 미끼에 지나지 않아." 교수는 열변을 토했다. 와인 잔을 들며 그는 말을 이었다. "우리는 다 알고 있지 않나. 사색하는 사람에게는 소멸이라는 것이 단지……아니, 자네 지금 뭐하는 건가? 미쳤군! 그거 당장 내려놓게!"

가장 총명한 학생이자 가장 열정적인 제자인 스미스가 느닷없이 방아쇠가 당겨진 권총을 에임즈에게 겨누었던 것이다.

에임즈는 싸늘하고 검은 총의 몸체에 시선을 고정시켰다.

"교수님, 제가 교수님을 곤경에서 벗어나게 해드리겠습니다." 스미스는 거친 듯 부드럽게 말했다. "교수님 말씀처럼 제가 강아지의 고통을 없애 주면 되잖아요."

"나를 죽이기라도 하겠다는 말인가?" 교수는 창문 쪽으로 물러서며 소리쳤다.

"물론 모든 사람을 위해서 해줄 수 있는 일은 아니죠." 스미스는 감정을 실어 대답했다. "하지만 교수님과 제가 오늘 밤 아주 가까워졌다는 생각이 드는군요. 저는 이제 교수님의 모든 문제를 알게 됐고, 치유책은 오직 이것뿐입니다. 곧 끝내드리죠."

교수는 창가로 급히 도망쳤다. 그러고는 아래쪽 공중 부벽으로 우물쭈물하며 뛰어내렸지만, 곧 거기에서 움직일 수 없는 상태가 되었다. 스미스는 창가로 쫓아가 동정심 많은 기부자처럼 그를 내려다보았다. 그리고 선물이라도 되는 양 권총을 손에 쥐고 있었다.

결국 그 교착 상태를 깨뜨린 것은 그들의 논쟁이 아니라 새벽이었다. 태양이 서서히 떠오르면서, 하늘은 비둘기 같은 회색빛에서 분홍빛으로 변했다. 종이 울리고, 새들이 지저귀는 소리가 들려왔다. 오래된 대학가의 지붕들이 반짝이며 빛났고, 하늘에 담아 두기에는 너무 강렬한 영광과 함께 태양이 드

높이 떠올랐다. 갑자기 인생의 마지막 아침을 맞게 된 불행한 교수는 그것을 더 이상 참을 수 없었다.

"일단 여기서 좀 나가세. 견딜 수가 없잖은가."

"저는 그게 교수님을 견딜지 더 의문인데요." 스미스는 금방이라도 깨질 것 같은 돌판을 가리키며 말했다. "하지만 교수님이 떨어져 목이 부러지거나 제가 교수님의 머리를 날려 버리기 전에, 한 가지 확실히 해둘 형이상학적 사실이 있습니다. 교수님, 지금 살고 싶으신 것 맞습니까?"

"살 수만 있다면 무엇을 주어도 아깝지 않겠네." 불행한 교수는 대답했다.

"무엇을 주어도 아깝지 않으시다고요!" 스미스가 되받았다. "그럼 잘난 척 그만하고 노래나 해보시지요!" 깜짝 놀란 교수는 마지못해 실존을 감사하는 노래를 부르기 시작했다. 스미스는 그제야 만족스러워하며 허공에 총 두 발을 쏜 뒤 교수를 무사히 올라오게 했다.

이 사건은 이노센트 스미스가 광란적인 자신의 행동을 설명하는 것으로 종결되었다.

"모르시겠습니까? 정말 모르시겠어요?" 스미스가 소리를 높였다. "에임즈 교수님, 저도 어쩔 수 없었습니다. 교수님이 틀렸음을 입증하지 못하면 제가 죽어야 했으니까요. 젊을 때는 누구나 자신이 생각하기에 최고의 이성을 소유한 누군가가 있기 마련인데……교수님은 제게 그런 분이었습니다.……저는 교수님이 했던 말씀이 진심이 아니라는 것을 증명해야 했습니다. 그럴 수 없다면, 바다에 빠져 죽을 생각이었지요."

스미스는 말을 이었다. "난간에 매달려 계실 때 제가 교수님의 눈빛에서 본 것은 '생의 의지'가 아니라 삶에 대한 즐거움이었습니다. 교수님은 그 위험한 처마 끝에 앉아 세상이 결국 경이롭고 아름다운 곳임을 깨달으셨지요. 저도 그 순간 똑같이 깨달았기에 압니다."

**삶에 뚫린 구명**  이 훌륭한 이야기는 완전한 상상의 나래가 아니라 작가 자신의 경험에서 나온 결실이다. 1892년 G. K. 체스터턴은 열여덟 살에 런던에 있는 슬레이드 아트 스쿨에 들어갔다. 세기말의 미술계는 퇴폐와 냉소가 소용돌이치는 현장이었다. 그가 '검은 신조'와 '별빛이 없는 허무주의'라 부르던 염세주의가 유행하고 있었으며, 체스터턴은 죽음이나 불가사의와 관련된 것들에 빠져들었다.

하지만 무언가가 그를 저지했다. 체스터턴은 후에 이것을 '가느다란 감사의 끈', 혹은 일종의 '영감에 의한 최소한의 감사'라고 설명했다. 인생이라는 선물에 대한 감사로 충만해진 그는 기적에 눈을 떴다. 이후 체스터턴은 인생의 철학에 대한 탐구를 시작했다. 이를 통해 그는 철저하게 현실적인 사람이 되었고, 또한 '즐거움을 누릴 수 있게' 되었다.

더 구체적으로 말하자면, 그는 길가에 핀 민들레처럼 평범한 존재에 깃들어 있는 단순한 기적에도 놀라움을 느꼈다. 이에 대해 곰곰이 생각하며 그는 이렇게 표현했다. "자신의 근본적 한계에 이르기까지 시들어 버린 단순한 존재조차도 내 마음을 설레게 할 만큼 놀라웠다. 어떤 것이든, 무無와 비교해 보면 거기에는 숭고함이 있었다."

체스터턴의 이야기는 의미를 향한 추구에서 '신자'와 '비신자' 사이의 구별은 중요하지 않다는 점을 시사하고 있다. 중요한 경계선은 인생에 대해 진지하게 생각하는 사람들과 이에 무관심한 사람들 사이에 있다. 하지만 과연 어떤 경험과 사건들이 우리를 자기만족에서 벗어나도록 뒤흔들고, 가장 유쾌한 '일탈'의 정체를 드러내고, 가장 단호한 '협상'의 노력이 어리석다는 것을 폭로하는가?

이런 기회를 만나는 한 가지 평범한 방법은, 흔히 열여덟에서 스물다섯 살 사이에 질문이나 호기심에 솔직해지듯이, 인생의 자연스러운 흐름을 따라가는 것이다. 또 다른 방법은 강제노동 수용소가 만천하에 드러나고 소비에트 연방이 몰락하면서 마르크스주의의 가면이 벗겨졌듯이, 역사의 거대한 움

직임을 좇아가는 것이다. 하지만 사색하는 구도자들에게 기
폭제 구실을 하는 가장 중요한 경험의 형태는 조각가 알베르
토 자코메티가 말한 '삶에 뚫린 구멍'일지도 모른다. 자코메티
는 열아홉 살 때 나이 많은 한 친구의 죽음으로 깊이 충격을
받았다. 이 일은 일 년 내내 그의 머리에서 떠나지 않았다. 그
후로 25년 동안 그것은 그의 지칠 줄 모르는 탐구 정신의 판
단 기준이 되었다. 또한 그 경험은 덧없고 가냘픈 것들을 조
각하는 사람으로서 그가 예술적 성장을 이루는 데 핵심 요인
이 되었다.

피터 버거는 그러한 촉매적인 경험들에 '초월의 신호'signals of
transcendence라는 이름을 붙였다. 버거가 『현대 사회와 신』A Rumor of
Angels에서 설명했듯이, 초월의 신호란 일상의 경험으로서 조우
하지만 그 실재 너머를 가리키는 듯한 어떤 현상을 말한다. 이
런 경험은 신호음처럼 울려서 우리로 하여금 현재의 인식을
초월하여 더 깊고 넓고 진지하게 생각하게 만든다. 이 신호의
메시지는 이중적이어서, 모순이자 또한 갈망으로 작용한다.
모순이라 함은 그것이 기존의 충분했던 우리의 신념에 구멍을
내기 때문이다. 동시에 그것은 그보다 확실하고 풍성한 답에
대한 갈망 혹은 동경을 우리 안에 불러일으킨다.

'삶에 뚫린 구멍' 혹은 '초월의 신호'를 경험하도록 촉구하는
것은 무엇인가? 그 답은 곧 질서를 향한 우리의 목마름이다.

우리 각자가 지닌 인생의 철학은 질서를 요구하고 있다. 그 요구는 매우 중요한 것이다. 이는 그 누구도 완전한 무질서 속에서 살거나 임의적이고 변칙적인 기회에 전적으로 좌우되며 살 수 없기 때문이다. 그런 방식은 사회의 혼돈과 개인의 광기를 불러일으킬 것이다. 모든 질서는 그것이 심지어 전제 정치라 할지라도 혼돈보다 낫다. 출생을 통해 삶으로 들어가는 입구와 죽음을 통해 삶으로부터 나가는 출구 사이에서, 우리는 이미 쏜살같이 지나가는 시간의 덧없음과 인생의 한계로 인해 끊임없는 압박을 느끼고 있다. 그러므로 질서의 파열은 삶의 위협이다. 우리는 손상된 것을 복원하기 위해 그 틈을 메우거나 질서의 새로운 원천을 발견해야 한다.

**"나는 존재한다"**　　　　　　　부정적인 경험—극단적으로는 죽음—만이 삶에 구멍을 내거나 초월의 신호를 보낸다고 생각하는 것은 실수다. 우리가 보았던 것처럼, 체스터턴의 한결같던 염세주의 철학에 구멍을 낸 것은 삶에 대해 감사하는 긍정적인 경험—죽음의 공포와는 거리가 먼 것—이었다.

도스토예프스키의 경험은 긍정적인 것들 중에서도 매우 특별했다. 1849년 상트페테르부르크의 세메노프스키 광장에서 집행되기로 했던 그의 사형이 마지막 순간에 취소되고 감형을 받은 것이다. 그는 훗날 이렇게 썼다. "내 기억에 그날처럼 행복했던 시간은 없다. 나는 알렉세예프스키 라벨린에 있는 감옥 안을 왔다 갔다 하며, 내가 할 수 있는 한 가장 큰 목소리로 계속해서 노래를 불렀다. 내 삶을 돌려받은 것이 너무나 행복했던 것이다."

감형되던 날, 그는 자신의 형 미하일에게 편지를 썼다. "나의 과거를 돌아보며 내가 무의미한 일들에 얼마나 많은 것을 허비했는지, 내가 어리석은 행동, 잘못, 게으름, 무능력한 생활 속에서 얼마나 헤매고 있었는지, 내 삶에 대해 얼마나 감사하지 못했는지, 내 마음과 영혼에 얼마나 자주 죄를 범했는지를 생각해 볼 때, 마음이 쓰라려 오는 것을 느낍니다. 삶은 선물입니다. 또한 삶은 행복이며, 매 순간은 영원한 행복이 될 수 있습니다! **이 사실을 젊어서 알았더라면!**"

몇 년 후, 존재로 인한 감사의 주제는 도스토예프스키가 쓴 가장 위대한 소설이자 마지막 소설인 『카라마조프가의 형제들』에서 다시 나타난다. 아버지를 살인한 죄로 누명을 쓰고는 꼼짝없이 감옥에 가게 된 미챠는, 재판 직전에 자신의 동생 알료샤와 이야기를 나눈다. "내 안에는 지금 충만한 힘이 있어서 무엇이든, 어떤 고통이든 이겨 낼 수 있을 것 같아. 다만 '나는 존재한다!'고 매 순간 스스로에게 말할 수 있기만 하다면 말

이야. 수천 가지 괴로움 속에서도 나는 존재하고 있어. 고문에
시달리면서도 나는 존재하고, 감금되어 있더라도 역시 나는
존재해. 나는 태양을 보고 있어. 하지만 설령 보이지 않더라도
태양이 있다는 것을 알아. 그리고 태양이 있음을 아는 것으로
나는 충만히 존재하는 거야."


**무신론자 최악의 순간**　　　　아마도 도스토예프스키가 감형
　　　　　　　　　　　　　　　을 받은 후에 느꼈던 정도의
기쁨을 경험한 사람은 많지 않을 것이다. 그러나 체스터턴의
감사는 우리에게 좀 더 친숙하게 다가온다. 그에게 일어난 변
화의 경험은 총살대로 가기 직전의 감형은 아니었다. 마터호
른 봉우리 위의 여명이나 타지마할 묘당 위의 달빛, 혹은 좋은
음악과 미술과 와인에 대한 전문가의 감식 같은 것도 아니었
다. 체스터턴은 민들레와 살아 있음을 감사하게 만든 '가느다
란 감사의 끈' 때문에 철학적 궤도에서 멈춰 섰다.

　당신은 존재로 인한 감사를 느껴 본 적이 있는가? 모래 속
에서 발가락을 움직일 때, 나무 사이로 부는 바람소리를 들을
때, 장미 위의 이슬 방울을 바라볼 때, 살아 있다는 것의 경이
로움을 느껴 본 적이 있는가? 자연의 어떤 부분도 스스로 창
조되거나 유지될 수 없다는 사실에 충격을 받은 적이 있는가?

당신과 나, 그리고 온 우주를 포함한 이 모든 것은 존재하기 위해 다른 누군가의 은혜를 입고 있다. 하지만 만물이 이토록 기대어 있는 것은 어떤 존재인가?

최소한 이따금씩이라도 살아 있음으로 인한 순수한 감사를 경험하는 것은 누구에게나 일어나는 보편적인 일인 듯하다. 물론 이 느낌은 억눌려 있을 수도 있다. 아름답고 푸르른 어느 여름날, 20세기 극작가 사뮈엘 베케트Samuel Beckett는 맥주를 마시며 친구들과 크리켓 경기를 보고 있었다. 함께 앉아 있을 때, 그중 어떤 이가 "살아 있다는 것이 기쁘게 느껴지는 날"이라는 말을 꺼냈다. 그러자 베케트가 대답했다. "나는 아무래도 그렇게까지 말하게 되지는 않을 것 같군."

더욱이 초월의 신호처럼, 살아 있음으로 인한 감사는 증거가 아니라 지시봉이다. 그것은 확립된 신념이 아니라 직관이다. 그것은 신자가 아니라 탐구자를 만든다. 하지만 단테 가브리엘 로세티Dante Gabriel Rossetti가 말했듯이 "무신론자에게 최악의 순간은, 그가 진정으로 감사를 느끼는데도 불구하고 그 마음을 전할 대상이 전혀 없을 때다." 체스터턴은 이것을 다음과 같이 표현했다. "내 아이들은 크리스마스 아침에 일어나 자기들의 양말에 사탕을 넣어 준 것을 고마워할 수 있는 대상이 있는데, 나는 내 양말 안에 두 다리를 넣어 준 것을 감사할 수 있는 대상이 있는가?" 또 이렇게 말했다. "우리는 생일 선물로 시가$^{cigar}$나 슬리퍼를 준 사람들에게 고마워한다. 그런데 탄생이라는 생일 선물에 대해 감사할 대상이 있는가?" 앤 라모트는 "감사합니다, 감사합니다, 감사합니다"라는 기도가 자신이 아는 최고의 기도 중 하나라고 말했다.

초월의 신호는 우리를 어떤 곳으로도 인도하지 못할 수 있다. 소망하는 마음과 실망하는 현실 사이의 간격이 결국에는 너무 커질지도 모른다. 하지만 지금 이 상태에서 최후의 결말을 내기에는, 그것이 긍정적이든 부정적이든 때가 너무 이르다. '삶에 뚫린 구멍' 혹은 '초월의 신호'는 오랜 자기만족 상태에서는 받아들이기에 너무 버거울지도 모르지만, 새로운 결론을 내릴 만큼 충분하지도 않다. 그러나 의미를 향한 탐구를 시작하는 첫 번째 단계, 곧 질문을 위한 시간을 이끌어 내는 데는 필수적인 것들이다.

당신의 소망을 따라가고 싶은 용기가 있습니까?
아니면 나태하고 담담한 마음으로 늘 동경만 하고 있습니까?
자신을 포함한 모든 존재에 대한 경이감을 느끼고 있습니까?
아니면 그런 경이감을 단지 망상이나 우연의 산물로 생각합니까?
당신의 생각과 마음을 집중하십시오.
그리고 집으로 향하는 구도자의 긴 여정을 따라
발걸음을 내딛으십시오.

## 06. 천국을 향한 외침은 지옥을 구한다

"작가들의 전기는 늘 도가 지나치고 대체로 품위가 없다. 작가는 제작자이지 활동가가 아니다.……그의 사생활은 자기 자신과 가족과 친구들을 제외한 다른 누구에게도 중요하지 않으며, 중요해서도 안 된다." W. H. 오든Auden의 말이다. 영어권에서 당대의 가장 영향력 있는 시인 중 한 사람이었던 오든은, 문학적 전기 작가들을 "스스로 학자라 칭하는 가십 작가들이거나 관음증이 있는 자들"이라고 하여 거들떠보지도 않았다. 그는 작가란 자신의 작품을 익명으로 출판해서 독자들이 작가보다도 그 작품에 집중할 수 있게 해야 한다는 주장을 펴기도 했다. 1973년 그가 사망한 후, 유언 집행인들은 그의 유언장에서 친구들에게 전하는 부탁 사항을 발견했다. '전기를 쓸 수 없도록' 자신의 편지들을 불태워 달라는 내용이었다.

하지만 셰익스피어의 말을 조금 바꿔서 표현하면, 이 신사분은 말이 너무 많다. 설령 철학(혹은 시)이 전기로 변형될 수는 없다 해도, 인생과 작품 사이의 연관성은 분리해 낼 수 없을 만큼 아주 밀접하다. 이와 관련해서 W. H. 오든보다 더 확실한 본보기는 없다. 이 시인을 적극적인 구도자로 변화시켰던 사건을 예로 들어 보자.

**전적으로 잘못된 이유** 오든은 1930년대에 유럽을 위협한 것들을 피해 미국에 왔다. 그가 도착한 바로 그날, 프랑코<sup>Francisco Franco</sup>가 이끄는 파시스트 세력에 의해 바르셀로나가 함락되었다는 소식이 보도되었다. 1939년 9월 1일, 히틀러가 폴란드를 침공했고, 뉴욕에 있던 오든은 그 날짜를 따서 제목을 붙인 시를 썼다. 그것은 이렇게 시작된다.

비굴하고 부정직한 시대
간교한 희망이 꺼져 갈 때
나는 의심과 불안에 싸여

52번가의 싸구려 술집에

앉아 있다.

우리의 삶을 속속들이 사로잡으며

분노와 공포의 물결이

밤낮없이

온 세상을 휘감는다.

형언할 길 없는 죽음의 냄새는

9월의 밤을 범한다.


당시 오든은 종교가 없었고, 학교를 떠난 이래로 쭉 종교를 갖지 않았다. 그가 학교에서 접한 종교는 "막연히 사기를 북돋아 줄 뿐, 오래된 탄산수처럼 김이 빠져 있었다." "사람들은 아무도 자기를 사랑해 줄 사람이 없을 때에만 하나님을 사랑한다"라는 확신은 그의 내면에서 커져 갔다. 하지만 제2차 세계대전이 발발하자, 그는 종교에 지지를 보내고 자유를 대변해야 한다는 것을 깨달았다. 그는 「1939년 9월 1일」이라는 시의 마지막 줄에서 이렇게 표현했다.


내가 가진 것은

중첩한 거짓말을 폭로할 목소리뿐.

　오든의 삶에 '뚫린 구멍'은 두 달 후에 나타났다. 그는 독일어가 널리 사용되는 지역인 맨해튼 동북구인 요크빌의 한 극장에서, 나치의 폴란드 정복을 다룬 「폴란드에서의 승리」라는 다큐멘터리를 관람하고 있었다. 폴란드인들이 스크린에 등장하자, 관객 몇몇이 "죽여라! 다 죽여 버려라!"고 고함을 쳤다. 오든은 기겁했다.

　당시 그는 자유주의·사회주의·민주주의를 광범위하게 혼합한 지론을 발전시키는 중이었고, 그 전에는 지그문트 프로이트와 칼 마르크스의 학설을 탐구한 지적 편력이 있었다. 그러나 신념이 바뀌어도 늘 하나의 공통된 줄기가 있었으니, 곧 인간의 본질적 선에 대한 믿음이었다. 세상의 문제를 푸는 해법이 정치든 교육이든 심리학이든, 인간이 선하기 때문에 그는 일단 문제만 해결되면 세상이 행복하리라 믿었다.

　그런데 나치 친위대의 만행과 관객들의 잔인한 반응을 보고 들으면서, 불현듯 그는 자신이 틀렸음을 알았다. 자신이 지금 악을 대면하고 있으며 그 악이 비판받아 마땅하다는 것을 그의 온몸이 추호도 의심 없이 직관으로 알았다. 히틀러를 "극도로 악하게 볼 근거가 있어야만 했다." 깊은 충격을 받은 오든은 몇 주에 걸쳐 그 일을 곰곰이 반추했다. 러시아의 농민을 선하게 보았던 도스토예프스키의 믿음이 시베리아에서 농부의 타락상을 접하며 산산이 부서졌듯이, 인간을 선하게 본 오든의 순진한 확신도 푹 꺼지고 말았다.

이 경험은 오든에게 두 가지 난감한 문제를 들이밀었다. 부정할 수 없는 악을 접했으니 이제 그것을 어떻게 설명할 것인가? 그리고 그 악을 절대적으로 단죄하는 일을 어떻게 정당화할 것인가? 하지만 그가 살고 있던 시대에 어차피 "절대 기준"이란 존재하지 않았다. 대상이 무엇이든 절대적 비판이란 실현 불가능한 고지식한 생각이었다. 철학자들은 상대주의를 통해 절대적 판단을 서서히 퇴물로 만들었고, 심리학자들 역시 절대 기준을 폐기하고 무비판적 수용을 내세웠다.

오든은 자신의 이런 고민을 친구들과 함께 나누었다. "지금 영국의 지식인들은 악의 화신인 히틀러에 맞서 천국을 향해 부르짖지만, 그들에게 그런 천국은 없지 않은가?" 그가 한 친구에게 한 말이다. 자유주의의 치명적 결함이 그에게 분명히 보였다. 이듬해에 그는 이렇게 썼다. "자유주의 사상의 전체 흐름은 절대 기준에 대한 믿음을 허무는 것이었다.……자유주의는 이성을 심판자로 만들려 했다.……하지만 삶이란 가변적 과정이므로……약속을 지킬 근거를 인본주의에서 찾으려는 시도는 '내가 불편하면 언제든지 약속을 어겨도 된다'는 논리적 결론을 안고 있다."

오든은 이런 악에 대처하는 유일한 방법이 '절대 기준에 대한 믿음'을 되찾는 것이라 결론지었다. 그는 요크빌 극장에 다녀온 직후 다음과 같은 도전을 시구로 표현했다.

우리가 절대 기준을 제시하지 않으면

히틀러 같은 괴물이 철갑 같은 인습을 만들어

그 기준으로 악을 자행할 것이다.


**절대적 판단에 대한 요구**　　　W. H. 오든은 요크빌 극장에서 구도자가 되어 나왔다. 살아 있음으로 인한 감사가 체스터턴을 움직였듯이, 나치를 비난해야 마땅하다는 직관은 그에게 영향을 미쳤다. 그것은 다시 한 번 두 가지 주제를 지닌 초월의 신호였다. 즉 인간의 선에 대한 오든의 초기 신념은 슬프게도 잘못된 것으로 드러났고, 그의 내면에는 나치주의를 비난하는 것이 옳다는 강렬한 직관이 스며들었다. 그는 판단을 위해 자신이 기댈 수 있는 무조건적 근거가 이 우주 가운데 분명히 있을 것이라고 생각했다. 극장을 떠날 때, 그의 탐구는 이미 진행되고 있었다.

오든의 경험은 체스터턴의 경험과는 여러 가지 면에서 달랐지만, 평범하면서도 깨달음을 준다는 점에서는 동일했다. 우리가 사는 세상에서는 "판단하지 말라"는 말이 새로운 열한 번째 계명의 자리를 차지하고 있다. 오늘날 수많은 사람들은 악을 비판하는 것이 악을 행하는 것보다 더 나쁘다고 생각한다. 하지만 '비판적 태도'에 대해 아무리 반감이 있다 하더라도, 상대주의, 관용, 무비판적 수용의 태도만으로는 부족한 때가 있다.

있는 그대로의 노골적인 악과 맞설 때는, 우리의 상대주의, 무비판적 태도, 그리고 무신론조차도 아무 쓸모가 없다. 절대악은 절대적 비판을 요한다. 본능과 직관에 의해, 우리는 악을 무조건적으로 비난할 수 있는 무조건적인 것을 간절히 원한다. 만일 무신론자가 명백한 악 앞에서 "신의 저주를 받아라!"는 욕설을 한다면 이는 잘못된 것이 아니다. 그 말은 초월의 신호이며, 마음속으로 바라는 바를 가리키는 것이다. 심지어 구도자의 기도라고도 할 수도 있다.

피터 버거는 이러한 신호를 '저주에서 나온 논증'the argument from damnation이라고 부른다. 그것은 "인간적으로 허용할 수 없는 것에 대한 근원적인 분노가 일어나서, 범죄한 사람에게뿐 아니라 그 범죄에 대해 내릴 수 있는 유일하게 합당한 반응은 신적 차원의 저주를 퍼붓는 것이라고 생각하게 되는" 경험이다. 악을 악으로 판단하지 못하는 것은, 정의를 이론적으로 이해하지 못해서가 아니라 인간성에 치명적 결함이 있기 때문이라는 것을 본능적으로 알 수 있다. 바로 이런 분노가 한층 더 심화된 반응을 불러일으킨다. "우리는 그저 비난해야 한다는 압박감을 느끼는 것이 아니라, 절대적으로 비난해야 한다는 압박감을 느낀다. 그리고 그렇게 해야 하는 상황에 이르게 되면, 우리는 이러한 확실성에 근거해 부득이하게 행동을 취해야만 한다고 느낄 것이다."

이러한 반응 때문에, 디트리히 본회퍼[Dietrich Bonhoeffer]는 히틀러를 죽일 계획에 참여하게 되었다. 윤리적 함정이 있었음에도 불구하고 말이다. "만일 어떤 미친 사람이 사람들이 많이 다니는 인도 위로 차를 몰아 질주하고 있다면, 그리스도인인 내가 희생자들의 장례를 치러 주고 그 가족들을 위로하는 것으로 책임을 다했다고 할 수 있겠는가? 자동차에 뛰어올라 그 미친 사람의 손에서 핸들을 빼앗아야 하지 않겠는가?"

버거는 우리가 이러한 비난을 "절대적이고 꼭 필요한" 것이라고 생각하기 때문에 우리의 판단을 반드시 필요한 보편적 진리로 여긴다고 말했다. 그리고 "우리는 우리의 확신이 정당한 것인지 판별하기 위해 경험의 영역 너머를 바라보아야 한다"고 지적한다. '너머'를 바라봄으로써 우리는 또 다른 발견을 하게 되는데, 버거는 이를 "천국을 향해 외치면서 또한 지옥을 구하는 행위"라고 설명한다.

히틀러의 유대인 말살 정책을 기안했던 아돌프 아이히만[Adolf Eichmann]의 사형에 대해 논하면서, 버거는 "교수형으로는 충분하지 않다"는 전반적 분위기가 어떻게 형성되었는지 주의 깊게 관찰한다. 하지만 그렇다면 무엇이 충분한 것이었을까?

인간의 어떤 행위의 경우는 그 어떤 인간적 처벌로도 충분하지 않다. "그 행위자는 인간 공동체 밖으로 자진하여 나갈 뿐 아니라, 결정적인 방식으로 인간 공동체를 초월하는 도덕적 질서로부터 자신을 분리시켜 인간적인 것 이상의 보복을 끌어낸다." 간단히 말해, 어떤 행위는 비난뿐 아니라 저주를 이끌어 낸다. 윈스턴 처칠은, "지옥이 필요했던 레닌Vladimir Lenin 과 트로츠키Leon Trotsky의 존재"가 바로 하나님이 실존하는 증거라고 말한 바 있다.

오늘날 이토록 판단을 거부하는 대세는, 독사 같은 이들이 지닌 모순의 온상을 감추어 주고 있다. 우리 모두는 모든 판단이 역으로 판단자 본인을 판단한다는 것을 잘 알고 있으면서도 도덕적 판단을 한다. 하지만 자신을 향해 똑같은 도덕적 판단이 가해지는 것은 싫어한다. 그렇다면, 우리가 계속해서 도덕적 판단을 한다는 것은 우리 자신에 대해 무엇을 말하는가? 사실 우리는 도덕적 판단을 하지 않는 것이 정의에 어긋날 뿐 아니라 불가능하다는 것을 알고 있다. 우리가 지옥과 저주를 하나님의 정의의 일부로 바라보든 그렇지 않든 간에, 버거의 결론처럼 지옥과 저주가 분명 우리 자신의 정의를 입증해 주는 것이라는 말은 어떤 의미일까?

## 예기치 못한 기쁨

버거는 초월의 다른 신호들—희망, 놀이, 유머, 질서—에 대해서도 풍성하고 다양한 해석을 제공한다. 어떤 이들은 여기에 사랑 등과 같은 추가적인 예들을 덧붙이기도 했다. 하지만 학자이자 작가인 C. S. 루이스[Lewis]의 이야기에 등장하는 하나의 경험은, 이 신호들에 대한 논의의 완성이라고 할 수 있을 만큼 주목할 만하다.

니체의 작품에서, 차라투스트라는 한밤중에 노래를 부르며 "모든 기쁨은 영원을 품고 있다. 깊고 깊은 영원을 품고 있다!"고 외쳤다. 계속 되풀이되는 그러한 기쁨의 경험은 C. S. 루이스를 구도자로, 또 '타락한 무신론자'로 만들며 의미를 향한 탐구로 내몰았다. 그가 쓴 베스트셀러들은 이러한 배경에서 탄생한 것이다.

자서전 『예기치 못한 기쁨』[Surprised by Joy]에서, 루이스는 어떻게 보면 "내 삶의 이야기의 중심은 그것뿐이다"라고 썼다. 그의 인생의 핵심 관건은 "어떤 충족보다도 더 매력 있는 충족되지 않는 갈망"이었다. 그가 말하는 **기쁨**이란 행복이나 쾌락과 확연히 구분된다. 행복은 상황에 달려 있고 쾌락은 늘 오감과 관계되지만, 기쁨은 상황과 오감을 초월한다. 니체의 말처럼 기쁨은 영원을 품고 있다. 루이스는 그것을 이렇게 표현했다. "기쁨을 한 번이라도 맛본 사람은, 세상의 모든 쾌락을 얻을 수 있다 해도 기쁨과 바꾸지 않을 것이다."

어느 여름날, 그는 꽃이 피어 있는 까치밥나무 수풀 곁에 서 있다가 기쁨을 맛보았다. 벨파스트의 고향집에서 그의 형 워니가 아이들 방에 장난감 정원을 가지고 들어온 적이 있었는데, 예고도 없이 불쑥 그때가 떠올랐다. 그러면서 루이스는 걷잡을 수 없는 기쁨에 휩싸였다. "물론 갈망의 느낌이었다. 하지만 무엇을 향한 갈망이었을까? 이끼로 가득 차 있던 비스킷 깡통에 대한 갈망은 전혀 아니었다. 나의 과거를 향한 갈망도 아니었다(그것도 없지는 않았지만 말이다). 정체를 알기도 전에 갈망은 사라져 버렸다. 희미한 자취마저 싹 지워지고 세상은 다시 평범해졌다. 아니, 방금 멎어 버린 그 동경에 대한 동경이 세상을 휘젓고 있었다. 정말 한순간의 일이었다. 어떤 의미에서, 그때까지 나에게 있었던 모든 일은 그에 비하면 중요하지 않았다."

갈망, 동경, 기억, 감각 등으로 루이스가 묘사하는 '예기치 못한 기쁨'은 끈질기게 우리 안에 되살아난다. 이런 충동은 단지 과거를 그리워하는 향수도 아니고, 현세의 어떤 대상에 멈추어 머물지도 않는다. 그것은 저만치 앞과 더 높은 곳, 늘 손 닿지 않는 곳을 지향한다. "언제나 그것은 만나 보지 못한 꽃송이의 향기, 들어 보지 못한 곡조의 메아리, 밟아 보지 못한 나라의 소식이다."

루이스에 따르면, 기쁨을 향한 열망은 처음에는 "말로 표현 못할 무엇"에 대한 찌르는 듯한 갈망이다. 종소리, 불의 냄새, 새소리 같은 감각이 그것을 촉발한다. 그러나 점차 깨닫듯이, 모든 인간적 대상의 배후에는 궁극적 이상理想이 있다. 어떤 산을 오르고 어떤 꽃을 만나고 어떤 수평선을 향해 떠나도, 이 기쁨의 추구는 결코 채워질 수 없다. 루이스의 말대로 이 기쁨을 추구하는 사람은 "결국 분명히 깨달을 수밖에 없으니, 곧 인간의 영혼은 어떤 대상을 누리도록 지음받았는데, 지금처럼 주관적이고 시공의 제약을 받는 실존의 상태에서는 그 대상이 결코 우리에게 온전히 주어질 수 없으며 주어졌다고 상상할 수조차 없다."

**기쁨에의 의지**　　　　　　　"들어 본 곡조는 달콤하지만 들어 보지 못한 곡조는 더 달콤하다"는 시구(존 키츠, 「그리스 항아리에 부치는 노래」)와 비슷하게, 이런 말도 다 순전히 공상에 불과한 것일까? "영원에 대한 강렬한 징후는 우리가 그 어떤 해결책으로도 만족하지 못한다는 것이다"라고 랠프 월도 에머슨Ralph Waldo Emerson이 단언했듯이, 그것은 단지 희망적인 생각일 뿐일까? 혹은 "모든 진정한 인간 내면에 있는 삶에의 의지는 기쁨에의 의지이기도 하다"

라는 스위스 신학자 칼 바르트<sup>Karl Barth</sup>의 말이 옳았던 것일까? 바르트는 다음과 같이 말을 잇는다. "자신에게서 이것을 숨기는 것은 위선이다.……스스로 기쁨을 누리는 것을 금하는 사람은 분명 충실한 사람이 아니다."

이러한 질문들은 모두 정당한 것이지만, 이 여정의 첫 번째 단계에서 확실한 결론을 내리기에는 너무 이르다. 모든 초월의 신호들과 마찬가지로, 기쁨은 답을 제공하는 것이 아니라 질문을 던지는 것이기 때문이다. 기쁨은 신자들이 아닌, 구도자들을 만들어 낸다. 옥스퍼드에서 철학으로 잘 단련된 학자 C. S. 루이스는, 아는 것이 너무 많아 자신의 경험을 앞질러 너무 멀리 비약할 사람이 아니었다. 그는 어떤 충족보다도 더 매력 있는 충족되지 않는 이 갈망을 현실이 채워 주지 못할 수도 있다고 말했다.

하지만 루이스가 동시에 지적했듯이, 이런 희미한 갈망이 충족될 수 없다면 그것을 느낄 수 있는 우리의 역량은 아주 이상한 것이 된다. 물론 사람이 육체적 굶주림을 느낀다고 해서 빵을 얻으리라는 보장은 없다. "오히려 그는 대서양의 뗏목 위에서 굶어 죽을지도 모른다. 그러나 굶주림은 인간이 음식의 섭취를 통해 몸을 건사하는 존재이며 그가 사는 세상에 식용 물질이 존재한다는 확실한 증거다.……남자가 자신이 사랑하는 여자를 얻지 못할 수는 있으나, "사랑에 빠지는" 현상이 무성無性의 세계에서 일어난다면 아주 이상할 것이다."

C. S. 루이스는 기쁨 때문에 구도자가 되었다. 체스터턴이 감사 때문에, 오든이 악을 비판하지 않는 것은 불가능하다는 점 때문에 구도자가 되었듯이 말이다. 그들 각자의 삶에는 추구해야 할 것들이 아직 많이 남아 있었다. 하지만 그들은 밀려드는 질문들로 인해 안일에서 벗어나, 무관심과 관심으로 넘어가 구도자가 되었다.

처칠의 말을 바꿔 인용하자면, 이러한 핵심에 다다르는 것은 여정의 끝도 아니고 끝의 시작도 아니다. 그것은 최소한 시작의 끝이다. 삶에 뚫린 구멍과 당신이 들었던 초월의 신호들에 대해 질문으로 반응했다면, 당신이 구도자로서의 추구를 시작한 사람들 중 하나임을 확신할 수 있을 것이다.

불가피하게 누군가를 판단해야 하는 상황에서,
자신이 내린 판단이 논리적으로 옳은지 생각해 본 적이
있습니까? 당신은 마음속 소원을 따르고 있습니까?
당신의 갈망들이 꺾이지 않고 결국 충족된다면
어떤 일이 생길지 궁금했던 적이 있습니까?
당신의 생각과 마음을 집중하십시오.
그리고 집으로 향하는 구도자의 긴 여정을 따라
발걸음을 내딛으십시오.

## 07. 이유가 있는가

죄수 174517은 목이 말랐다. 그는 아우슈비츠 수용소 막사 외부에 두툼한 고드름이 달려 있는 것을 보았다. 갈증을 좀 달래보려고 그는 창문 밖으로 손을 뻗어 그것을 떼어 냈다. 하지만 입으로 채 가져가기도 전에, 간수가 고드름을 빼앗고는 더러운 바닥 위에 내던져 산산조각내고 말았다.

"왜 그러시는 겁니까?" 죄수는 본능적으로 이렇게 물었다.

"여기에 이유 따위는 없다." 간수는 잔인하게 딱 잘라 대답했다.

이탈리아계 유대인 과학자이자 작가인 프리모 레비<sup>Primo Levi</sup>는, 그 간수의 대답이 사형 수용소의 본질을 드러낸다고 생각했다. 수용소는 그들이 행하는 절대 악에 대해 그 어떤 설명도 거부하는 장소다. 그곳에서 일어나는 참사를 생각해 보면, 심리학, 사회학, 경제학에 기반한 설명들은 아무런 힘도 발휘하지 못한다. 하지만 인간은 그러한 경험의 무게를 짊어질 수도 있고, 세상에 증언할 수도 있다. 그러나 "다시는 이런 일이 일어나지 않을 것이다"라는 말은 너무 자신만만한 주장이었다. 우리가 반복해야 할 후렴은 "아무도 모른다"라는 말이어야 했다.

레비는 훗날, 아우슈비츠에서 살면서 악몽 같은 경험에 길들여졌던 일에 대해 이야기했다. 650명의 이탈리아계 유대인 집단 중 살아남아 1944년에 폴란드로 이송된 세 사람 중 하나인 그는, 결혼하여 자녀를 낳았고 책을 쓴 후 문학상을 수상했다. 그러나 그의 사명은 언제나 진리의 증언자이자 기억의 수호자로 봉사하는 것이었다. 그는 이렇게 말했다. "아우슈비츠가 없었다면 나는 아무것도 쓰지 못했을 것이고, 유대인으로서의 나의 정체성에 그리 큰 무게를 두지 않았을 것이다." 하지만 아우슈비츠 이후, "나의 유일한 관심사는 살아남아 말하는 것이었다."

그의 가장 감동적인 증언은 바로 그 아우슈비츠 현장에서 볼 수 있다. 1980년에 재건축된 아우슈비츠 기념관에는 다음과 같은 말—폴란드 정부가 레비에게 요청한 것이다—이 쓰여 있다.

손님 여러분, 이 수용소의 유물을 둘러보면서 아래의 내용을 유념해 주시기 바랍니다. 어느 국가에서 오셨든지, 여러분은 이방인이 아닙니다. 여러분의 여행이 무익하지 않도록, 우리의 죽음이 무익하지 않도록 행동해 주십시오. 아우슈비츠의 유적은 여러분과 여러분의 자녀들에게 전하는 메시지를 지니고 있습니다. 여기서 목격했던 자취들, 곧 증오의 열매들이 내일 혹은 앞으로도 영원히 더 이상 씨앗을 품지 못하도록 행동해 주시기 바랍니다.

발터 벤야민,<sup>Walter Benjamin</sup> 슈테판 츠바이크,<sup>Stefan Zweig</sup> 브루노 베텔하임<sup>Bruno Bettelheim</sup> 등 나치 지옥의 몇몇 생존자들이 나중에 자살을 선택한 데 반해, 레비는 그러한 행동에 반대하는 의견을 여러 차례 표명했다. "아우슈비츠는 나에게 강한 영향을 미쳤지만, 살고 싶다는 나의 욕망을 제거하지는 못했다. 오히려 반대로, 그 경험은 나의 욕망을 더 부추겼고 내 삶에 목적을 주었다. 그 목적이란 그러한 일이 다시 일어나지 않도록 증언해야 한다는 것이다."

아우슈비츠에서 나온 후로 40년 이상의 시간이 지난 1987년 4월 11일, 프리모 레비가 이탈리아 토리노에 있는 자택 계단에서 몸을 던져 자살했을 때 사람들은 충격과 슬픔에 휩싸였다.

증언에 대한 레비의 사명을 빼앗아 간 것은 무엇이었을까? 이 책의 첫 장에서 나는 만족스러운 삶의 세 가지 요건에 대해 이야기했다. 정체성에 대한 분명한 인식, 사명과 목적에 대한 강한 인식, 그리고 믿음과 의미에 대한 깊은 인식에 대해서 말이다. 어떻게 보아도 프리모 레비는 분명한 정체성과 열정적인 목적의 소유자였다. 하지만 그에게는 자신의 비참한 전시 경험을 해석하고 다루기 위해 필요한 것이 결여되어 있었던 것 같다. 그것은 바로 믿음과 의미에 대한 올바른 인식이다. 아우슈비츠에 갔을 당시 그는 무신론자였고, 그에게 학살수용소란 신이 존재하지 않는 블랙홀, 어떻게 반응해도 충분치 못한 절대 악의 극단적 상황이었을 것이다.

1944년에 그는 한동안 단테의 『신곡』 지옥편에 나오는 글귀에 매혹되어 있었다. "자신이 어디서 왔는지 생각해 보라.……[우리는] 이성 없는 짐승들처럼 살기 위해서 태어난 것이 아니다." 이 구절은 "트럼펫소리처럼, 하나님의 음성처럼" 그를 놀라게 했다. 2년 후 자유를 찾고 아내를 만나면서, 마침내 그는 더 이상 '하나님의 과실'로 느껴지지 않는 이 세상 속에서 자신의 자리를 찾았다고 느꼈다.

하지만 그는 아우슈비츠와 무신론의 우울한 조합 안에 계속 갇혀 있었다. 레비는 가스실로 이송되는 행렬에서 자신이 제외된 것을 감사하는 한 늙은 유대인의 기도를 듣고 무언의 격분을 느꼈던 일을 이렇게 표현했다. "내가 신이라면, 쿤의 기도에 침을 뱉었을 것이다."

그는 자신의 첫 번째 저서인 『이것이 인간인가』*If This Is a Man*에서 "아우슈비츠가 존재한다면, 신은 존재하지 않는다"고 썼다. 40년 후—그가 자살하기 몇 달 전—레비는 자신의 책 그 글귀 옆에 이런 말을 적었다. "나는 이 난제에 대한 답을 찾지 못하고 있다. 찾으려고 해도 찾을 수 없다."

**추구에 초첨 맞추기** 의미를 향한 추구의 두 번째 단계는, 첫 번째 단계의 중대한 기로에서 생긴 구체적 질문들에 대해 적극적으로 답을 구하면서 시작된다. 우리는 본능적으로 니체의 말에 담긴 진리를 이해하고 있다. "살아가야 할 **이유**가 있는 사람은 어떤 삶의 **방식**도 견딜 수 있다." 슬프게도 프리모 레비에게는 자신의 존재의 무게를 감당할 만큼의 설득력 있는 답이 없었고, 그를 계속 괴롭히는 "여기에 이유 따위는 없다"는 말에 대한 효과적인 반박론도 없었다.

이 두 번째 단계의 핵심은 따르기가 어렵지만 이해하기는 쉽다. 탐구하는 이들이 질문과 필요에 끌린다면, 그에 대한 자동적 반응으로 ─ 의식적으로 혹은 무의식적으로 ─ 답을 구하게 되는 것이다. 다양한 신념들을 펼치며 그것이 진리라고 하는 주장들은, 구도자의 마음과 정신의 문제를 해명하는 데 얼마나 도움을 주는가에 따라 매력적일 수도 그렇지 않을 수도 있다.

이 두 번째 단계의 몇 가지 측면들은 강조할 만한 가치가 있다. 첫째, 답의 추구는 본질적으로 개념적이다. 희망, 두려움, 상처 등의 감정들은 각각의 역할이 있지만, 두 번째 단계는 주로 생각과 신념, 그리고 이러한 것들이 만들어 내는 변화와 관련되어 있다(어떤 구도자는 첫 번째 단계에서 심하게 상한 감정들을 보호하기 위한 특별한 목적으로 이 단계에 들어갈 수도 있다). 이 시점에서 사고는 분명 핵심적인 기능을 한다.

이처럼 생각에 초점을 맞추는 것은 감정과 대조를 이룰 뿐 아니라, '실천적 행동'을 위한 우리의 열망과도 현저히 다르다. 생각이란 것을 논하는 데 참을성이 없는 실리적인 시대를 살고 있기는 하지만, 꼭 기억해야 할 것은 생각이 결과를 낳고, 신념이 행동에 영향을 미치며, 차이가 변화를 불러온다는 사실이다. 탐구의 결론에 전 인생을 투자하는 구도자들은 생각을 기반으로 하는 이러한 선택들이 쓸모없거나 하찮은 것이 아님을 잘 안다. 우리가 탐구하면서 유기적으로 연결 지은 개념들은 마치 지도와 같다. 그것들은 단지 표시일 뿐이지만, 지도가 실제적인 장소와 목적지로 이끌듯 진정한 현실로 나아가게 한다.

G. K. 체스터턴은 『이 세상의 문제는 무엇인가』*What's Wrong with the World*에서 그러한 '비실리적' 사고의 가치에 대해 이야기했다. "우리 시대에 매우 기묘한 몽상이 생겨났다. 그 몽상은 바로, 세상이 크게 잘못되어 갈 때 우리에게 실리적인 사람이 필요하다는 것이다. 그러나 세상이 크게 잘못되어 갈 때 우리에게 비실리적인 사람이 필요하다고 말하는 편이 훨씬 더 정확할지도 모른다. 실리적인 사람이란, 단지 일상적 습관과 세상이 일반적으로 굴러가는 방식에 길들여져 있는 사람을 뜻할 뿐이다. 뭔가 원만하게 돌아가지 않을 때, 당신에게는 생각하는 사람 즉 상황이 원만하게 돌아가는 요소에 대한 견해를 가진 사람이 필요하다."

둘째, 탐구란 가능성 있는 여러 답에 전적으로 열린 태도를 요구하지만, 그럼에도 불구하고 분명한 초점이 있다. 구도자의 구체적 질문들에 불확실성은 존재하지 않으며, 주목할 가치가 있는 답이라면 구도자들을 만족시킬 수 있는 확실한 약속을 보여주어야 한다는 것이다. 그것이 바로 가치 있는 답을 위한 변하지 않는 조건이며 "이것은 내가 찾고 있는 것을 입증해 줄 것인가?"라는 질문과 언제나 연관되어 있다.

마지막으로, 답의 탐구는 상대적이다. 때때로 구도자는 처음 맞닥뜨리게 된 답에 만족할지도 모른다. 그러나 탐구자들은 자신의 모든 요구를 만족시키는 매력적인 답을 결정하기 전에 수많은 안내서와 지도들을 참고하고 조사해야 한다. 구도자에게 대조는 분명한 답을 얻는 데 필수적이다.

**신앙군**　　　　　　　앞서 이야기한 사실들은 간단하지만, 상반되는 다음 두 가지 의견 중 어느 한쪽의 힘에 의해 종종 옆으로 밀려나기도 한다. 즉 어떤 이들은, 모든 신념이 근본적으로는 다 똑같기 때문에 답들을 비교 검토하는 것은 불필요하다고 말한다. 또 다른 이들은, 너무 많은 신념들이 존재하기 때문에 신중한 판단은 물론 알아보는 것조차 쉽지 않으므로, 답을 찾는 탐구란 완전히 불가능하다고 말한다. 진실은 이렇게 양극단 사이에 있다.

첫 번째 주장을 따르면서 모든 신념 안에 있는 '공통적인 핵심'에 대해 만족할 만한 정의를 내놓은 사람은 아직 없다. **하나님**(혹은 신)이라는 단어조차도 정통 유대교 랍비와 아프리카의 주술사와 힌두교 구루에게는 매우 다른 의미다. 이것은 단순한 이론상의 차이가 아니라, 실제적 측면에서 큰 차이를 낳는다.

두 번째 주장에 대해서는, 세상에 셀 수 없이 많은 신념들이

있긴 해도 '신앙군'families of faith—궁극적 실체에 대해 같은 관점
을 공유하는 신념들을 뜻하는 용어—의 수는 많지 않다는 것
이 사실이다. 각 신앙군에 속해 있는 다른 신념 체계들은 서로
다르기에 명확한 한계가 있긴 하지만 그 너머로 중요한 유사
성이 있다.

실리적 목적들이 있음에도 불구하고, 현대 세계의 주요한
신앙군은 세 가지로 분류할 수 있다. 우선 동양의 신앙군으로
서 힌두교, 불교, 뉴에이지 사상을 포함한다. 궁극적 실체에 대
한 그들의 공통적 견해는 '특징 없는 비인격체' 혹은 존재의
비인격적 근거라고 할 수 있다. 다음으로 서구의 세속적 신앙
군으로서 무신론, 자연주의, 세속 인본주의를 포함한다. 궁극
적 실체에 대한 그들의 공통적 관점은 '기회와 사건과 시간을
합친 것'이다. 마지막으로 성경적 신앙군으로서 유대교, 기독
교, 이슬람교를 포함하며, 궁극적 실체에 대해 공유하는 그들
의 관점은 '무한하고 인격적인 하나님'이다.

내가 신앙군 **내의** 차이들이 중요하지 않다고 말하는 것은
아니다. 예를 들어, 박티 힌두교와 선불교 간의 차이, 혹은 정
통 유대교와 개신교 자유주의 간의 차이와 같은 것들 말이다.
하지만 다루기 쉬운 규모로 우리의 탐구를 정리한 것은 좀 더
분명한 차이에 근거한 것이다. 이러한 차이들은 세 가지 주요
한 신앙군을 확실하게 구분해 주는 차이들이다. 구도자가 가

장 먼저 직면하고 평가하는 것들은 바로 이 차이들이다.


**악의 문제**　　　　　　우리는 이러한 주요 신앙군 각
　　　　　　　　　　　각에 삶에 대한 질문들을 제기
할 수 있다. 사색하는 구도자들은 우주, 신의 존재와 성품(만일
신이 존재한다면), 우리 인간성의 본질과 존엄성, 악의 딜레마,
구원(혹은 자유)의 가능성, 윤리적 삶을 구성하는 것, 사후의 전
망, 지구의 운명 등의 기원과 목적에 대한 질문들을 제기해 왔
다. 하지만 이런 모든 주제들을 탐험하고 싶어 하거나 이에 대
한 필요를 느끼는 구도자는 없다. 우리가 살펴보았듯이, 각 구
도자는 인생이 던진 한 가지 중대한 질문에 답하는 데 핵심적
인 자기 자신만의 추구를 따라 나아간다.

　각각의 비교를 위해 한 가지 주제를 택하여—악, 고통, 죽음
의 딜레마—세 가지의 주요 신앙군이 그것을 보여주는 데 어
떤 차이점이 있는지 개략적으로 살펴보자.

　왜 이 주제를 선택했는가? 첫째, 우리가 역사상 가장 악하고
혹독한 시간들에 대해 생생한 기억을 지니고 있기 때문이다.
이 기억은 두 차례의 야만적 전쟁, 좌익과 우익의 부조리한 전
체주의, 그리고 아우슈비츠와 캄보디아의 대량학살이었다.

　둘째, 현대 사회에는 분명히 눈에 보이는 악과 그 악을 다룰

수 있는 이성적·도덕적 도구들의 결핍 사이에 커다란 격차가 있기 때문이다.

셋째, 이 주제가 우리 모두에게 가장 깊고도 고통스러운 문제를 제기하기 때문이다. 이에 대한 우리의 답은 삶의 수수께끼를 푸는 데 우리가 인간으로서 가장 가까이 닿을 수 있는 것이다.

마지막으로, 위대한 인생의 철학들은 그 핵심에 악과 고통에 대한 답을 가지고 있다. 사실 세 가지 신앙군이 이 주제를 다루는 방법에는 현저한 차이가 있다. 분명히 이러한 차이점들은 각 개인뿐 아니라 전 사회에 큰 변화를 가져온다.

탐구의 현 단계에서 다양한 답들을 살펴보는 동안 반드시 기억해야 할 두 가지 사실이 있다. 첫째, 각 신념이나 철학은 외부인이나 평론가들의 말을 통해서만 이해되기보다 스스로 변증할 만한 가치가 있다는 것이다. 허먼 오크가 우리에게 상기시켜 주듯 "삶의 방식이 곡해자들에 의해 평가된다면, 과연 어떤 방식이 유효하겠는가?" 그러므로 여기서 나의 논지는 경험적으로 증명되고 이해되어야 한다.

둘째, 각 신념과 철학이 최악이 아닌 최선의 형태로 이해되어야 한다는 것이다. 알베르 카뮈는 이렇게 설명한다. "원칙은 그것의 부산물을 통해서가 아니라 그 정점을 통해 판단되어야 한다." 신념과 행동 사이의 연결점을 검토하는 작업이 탐구자에게 중요하다는 것은 말할 필요도 없다. 하지만 어떤 신념의 실천자가 우리가 나쁜 행동이라고 생각하는 것을 행할 때, 어떤 행동은 신념을 정확히 반영하는 것일 수 있으며, 또 어떤 행동은 신념과 모순되어 그것을 전혀 반영하지 않는 것일 수도 있다는 사실을 기억할 필요가 있다.

**성숙의 시험**                   "여기에 이유 따위는 없다"고 프리모 레비에게 말한 간수의 비인간적인 주장을 다시 생각해 보자. 사실상 사형 수용소에 '이유'라는 것이 있었는가? 악과 고통에 '이유'가 있는가?

21세기 이전 인간 본성과 이상에 대한 최악의 배신으로 평가되는 결정적 사건은 프랑스 혁명의 공포정치였다. 하지만 2세기가 지난 후 공포정치는 홀로코스트Holocaust 곧 나치의 유대인 학살 사건으로 인해 그 심각성이 반감되었다. 나치의 사형 수용소는 역사적으로 인간의 암흑기였다.

인간 타락의 밑바닥을 보여주었던 아우슈비츠에서, 또 다른 한 생존자가 인간 악에 정면으로 맞서는 '성숙의 시험'maturity test을 제안했다. 아우슈비츠가 연합군에 의해 해방된 후 50주년을 맞은 1995년 1월, 작가이자 문학 교수인 아르노스트 루스티히Arnost Lustig는 감동을 주는 저명한 명상록을 남겼다.

루스티히는, 자신과 같은 생존자들에게 아우슈비츠에 대한 기억은 낮과 밤에 따라 차이가 있다고 말했다. 또한 현장을 방문하는 사람들 중에, 그것을 그저 기념관으로 보는 이들과 그것이 죽음의 공장임을 알고 있었던 이들 사이에는 훨씬 더 큰 간극이 존재한다고 말했다. 그래서 루스티히는 지구상의 모든 사람들이 사형 수용소가 열려 있는 동안 단 '하루, 한 시간, 일초'라도 아우슈비츠를 방문할 수 있기를 바랐다. 루스티히는 그러한 방문이 "운전면허증을 받거나 선거권을 얻거나 결혼하기 전에, 사람들에게 성숙의 시험"을 제공할 것이라고 설명했다. "나는 지옥을 엿보는 것이 세상에 대한 이미지를 무르익게 하리라 믿는다. 왜냐하면 우리에게서 인간적인 면을 벗겨내는 데―우리를 다시 동물에 가깝게 만드는 데―그리 많은 노력이 필요하지 않다는 것을 목격한 사람들만이 우리가 태어난 세상을 이해할 수 있기 때문이다."

그것은 공정한 시험이 될 수 있을까? 루스티히의 제안이 다양한 환경에서 논의되는 것을 봤을 때, 나는 대다수의 사람들이 그 시험을 매우 공정하게 생각할 것이라 믿는다. 누군가의 성숙도를 측정하는 것뿐 아니라 그 사람이 가진 신념(혹은 철학, 세계관)의 유효성을 증명하는 데 있어서도 말이다. 그것은 희망에 대해, 그리고 현실성에 대해 다음과 같은 질문으로 도전한다. 첫째, 이 신념은 악에 대해 현실적인 관점을 가지고 있는가? 그래서 그 신봉자들로 하여금 눈으로 악을 목격하고 그것을 악으로 언도할 수 있게 하는가? 둘째, 이 신념은 또한 그 신봉자들이 악에 맞서고 어떻게든 극복하기를 진정으로 희망하면서 악에 적극적으로 반응할 수 있게 하는가?

프로이트는『문명 속의 불만』에서 "인생은 견디기 힘든 것" 이라고 쓴 바 있다. 프로이트에 의하면, 우리는 세 가지 방면의 고통으로부터 위협을 당한다. 죽을 운명에 처해 있는 우리 자신의 신체적 허약함, 대항할 수 없는 자연의 힘을 우리에게 방출하는 외부 세계, 그리고 다른 인간 존재가 바로 그것이다. 그렇다면 아우슈비츠는 인간인 우리에게 주어진 광범위한 질문들의 집합체 중 매우 날카로운 모서리 정도일 뿐이다. 달라스 윌라드는 이 주제가 "나쁜 일이 좋은 사람에게 일어날 때"에 관한 것만이 아니라고 지적했다. 그것은 또한 나쁜 일이 좋은 사람에게 일어나지 않을 때, 나쁜 일이 나쁜 사람에게 일어나지 않을 때, 좋은 일이 나쁜 사람에게 일어날 때를 포함한다.

세 가지의 각기 다른 신앙군이 악의 딜레마에 어떻게 반응하는지를 살펴본다면, 우리의 논의는 부득이하게 선택적인 것이 될 수밖에 없다. 여기서는 핵심적 특색만을 살펴보겠지만, 와인 한 모금이 포도와 포도원 및 그 이면의 토양을 연상하게 하듯이, 생각의 표본도 논의되는 주제 너머의 문제들을 짐작하게 할 수 있다.

우리의 논의가 어떤 사람들에게는 거슬릴 수도 있을까? 불가피한 일인지도 모른다. 차이가 변화를 가져오고, 생각이 결과를 낳고, 대조가 분명한 답을 얻게 하는 데 필수적이라고 주장하는 것은 그다지 현대적이지 못하다. 하지만 그러한 관점들은 우리 문명의 번영과 영속성을 위해, 그리고 의미 탐구의 이 두 번째 단계에 있는 모든 구도자의 온전함을 위해 매우 필수적인 것이다.

당신의 삶의 '방식'을 유지할 수 있는 충분한 '이유'를
지니고 있습니까? 깊이 파고들어가 보면 모든 신념에는
공통적인 핵심이 있을 것이라 생각합니까?
아니면 당신과 다른 사람의 관점을 대조하여
그런 주장과는 다른 결과를 얻어낼 수 있다고 믿습니까?
현실주의를 배경으로, 흔들리지 않고 악을 바라볼 수 있습니까?
악에 맞서 싸우는 근거를 충분히 살펴보았습니까?
당신의 생각과 마음을 집중하십시오.
그리고 집으로 향하는 긴 여정에서 마주하는
갈림길들을 주의 깊게 살펴보십시오.

## 08. 해탈은 자기를 위한 것이 아니다

그 순간은 아시아의 역사에서 가장 마음에 사무치는 순간이었다. 그의 표정에서 그 전환점을 살필 수 있었다.

그는 오랜 기간 생각하고 망설인 끝에 마음의 결정을 내렸다. 하지만 여전히 고려해 봐야 할 희생이 남아 있었다. 부와 명예와 그의 지위에 관한 한, 그 희생은 크지 않았다. 그는 본래 이러한 것들을 시시하게 생각했다. 하지만 그의 아내와 아들에 관해서는 달랐다. 그들은 그에게 열정과 기쁨을 가져다주는 존재였으므로, 이 선택은 살을 에는 듯한 아픔을 주었다. 고통이 너무 깊었기에, 그는 완전히 결정을 내린 후에도 마지막 순간만큼은 가족과 함께 있겠다고 마음속으로 맹세했다.

하지만 그것은 아내와 아이가 잠들어 자신을 알아차리지 못하는 때여야만 했다.

그는 아내가 사랑하는 아들을 품에 안고 잠들어 있는 침실로 몰래 들어갔다. 욕망이 마음속에서 부풀어 올랐다. 그는 마지막으로 한 번만 더 어린 생명을 안아 보고, 영원히 아버지의 사랑을 새겨 줄 이별의 입맞춤을 하고 싶었다. 또한 마지막으로 한 번만 더 아내를 가슴에 품고, 길고 외로운 앞날에 두 사람의 가슴속에 남을 강렬하고도 달콤한 열정으로 사랑을 표현하고 싶었다.

하지만 그럴 수 없었다. 그는 그들을 가만히 응시하며 어둠 속에 서 있었고, 그의 마음은 비탄에 잠겼다. 이별의 고통이 그를 강하게 짓눌렀다. 생각을 다잡았지만—좋든 나쁘든 그 어떤 것도 그의 결심을 흔들 수는 없었다—그의 눈에서는 하염없이 눈물이 흘러내렸다.

마침내 그는 감정을 억누르고 마지못해 돌아서서, 그의 말과 하인이 기다리며 서 있는 출입문 쪽으로 발걸음을 재촉했다.

"제발 떠나지 마세요." 한 여인의 목소리가 어둠 속에 크게 울려 퍼졌다. "칠 일 후면 당신은 네 개 대륙과 이천 개 섬들의 통치자가 될 거예요. 지금은 떠날 때가 아니에요."

"나도 잘 알고 있소." 그는 가던 길을 멈추지 않고 대답했다. "하지만 내가 바라는 것은 통치권이 아니오. 나는 부처가 되어 온 세상에 환호성이 울리게 할 것이오."

## 유일하게 죽은 자인가

이리하여 훗날 부처 혹은 깨달은 자로 세상에 알려지게 되는 젊은 인도 왕자 싯다르타 고타마$^{Siddhartha Gautama}$는 어둠 속으로, 역사 속으로 말을 달렸다. 어떤 기록에서는 다음과 같이 설명한다. "[그는] 권력과 세속적 즐거움을 버렸고, 자신의 왕국을 포기했고, 모든 인연을 끊었으며, 거처할 곳 없는 사람이 되었다. 그는 고요한 밤을 가로질러 말을 타고 달렸으며, 충실한 마부인 찬다카만이 그와 동행했다. 어둠이 땅에 내려앉았고, 별들은 하늘에서 밝게 빛났다."

네팔 사캬 종족 왕의 아들로 자라난 싯다르타는 특권이 있었을 뿐 아니라 모든 욕망을 채울 수 있는 인생을 살았다. 그의 아버지는 싯다르타가 온갖 즐거움을 누리면서 모든 슬픔과 고통으로부터 보호받는 환경을 만들어 주었다. 그 어떤 문제들도 그의 곁에 찾아와서는 안 되며, 세상에 악이 존재한다는 것을 그가 알아서도 안 된다는 목적에서였다.

그러나 그의 아버지가 그토록 철저하게 가공한 순진성은 세 가지 사건으로 인해 균열이 생겼고, 이는 싯다르타를 고통의 문제에 대한 구도자로 만들었다. 첫 번째로, 그에게 가장 강렬했던 경험은 어머니가 자신을 낳다가 돌아가셨다는 것을 알게 된 데서 비롯되었다. 어머니가 죽었기 때문에 자신이 살아 있다는 사실은 결코 피할 수 없는 마음의 고통을 그에게 안겨 주었다.

아홉 살 때 그는 두 번째 사건을 경험했다. 싯다르타는 해마다 열리는 사캬의 농경 축제에 아버지와 함께 참여하게 되었다. 그의 아버지는 농기구를 들어 땅을 내려치는 것으로 행사의 첫 의식을 시작했다. 아버지의 왕다운 광채를 존경하는 대신, 이 섬세한 어린 왕자가 주목했던 것은 갈라져 헤쳐진 땅, 자신들이 살던 곳에서 급히 도망하거나 동강난 벌레들, 땅에서 꿈틀거리고 있는 생명체를 잡아먹으려고 하강하는 새들이었다. 그는 몹시 놀랐고, 영혼의 고통을 느꼈다.

세 번째 경험은 수년이 흘러 성장한 싯다르타 왕자가 앞면에 보석이 박힌 마차를 타고 세상을 보러 나왔던 때에 찾아왔다. 아버지는 싯다르타가 아름다운 것과 인생의 즐거움만을 볼 수 있도록, 그가 가는 길을 미리 정성스럽게 장식하고 치장해 두었다. 그러나 싯다르타가 처음 만난 것은 한 노인이었다. 그다음으로는 병자를, 마지막에는 시체를 보았다. 그는 시체를 보면서 이렇게 질문했다고 한다. "이 사람은 유일하게 죽은 자인가? 아니면 세상에 다른 죽은 자들도 있는가?"

"세상 어느 곳이나 다 똑같습니다. 삶을 시작한 사람은 그것을 끝내야 하지요. 누구도 죽음에서 도망칠 수는 없습니다."
마부는 무거운 마음으로 대답했다.

"아, 속된 사람들이여!" 싯다르타는 절규했다. 그것은 자신
의 아버지와 즐거운 일에만 열중하는 다른 이들을 일컫는 말
인 듯했다. "그대들의 망상은 얼마나 치명적인 것인가! 반드
시 그대들의 육체도 부서져 먼지가 될 것이나, 무관심하고 부
주의하게 살아가고 있구나." 그 이후로 그가 남기고 간 아들은
라훌라(족쇄)$^{Rahula}$가 되었고, 싯다르타는 '흐름에 들어간 자'$^{the}$
$^{stream\ enterer}$가 되었다. 즉 아무런 이기심도 갖지 않는 것, 여래(소
박하게 '떠나간' 존재)$^{如來}$가 되는 것이 그의 목표가 된 것이다.

**위대하고 영원한 호수**　　　특권에서 환멸감으로, 고행으
　　　　　　　　　　　　　　　로, 마침내 비하르 주의 부드가
야 나무 아래에서의 깨달음으로 이어지는 싯다르타 고타마의
여정은, 고통을 향한 동양적 신앙군의 초연함을 드러내는 원
형적인 이야기다. 힌두교와 불교에서는 고통을 인간의 삶에서
기본적인 것으로 이해한다. 힌두교 신자들 대다수는 희생을
통한 구원을 추구하지만, 좀 더 사색적인 소수의 힌두교 신자
들과 대다수의 불교 신자들은 희생의 전통을 거부하고 해탈이
라는 목표를 추구한다. 모든 욕망의 불꽃과 자아에 대한 집착

을 무한한 곳 즉 '위대하고 영원한 해탈의 호수'로 날려 보내는 것이다.

부처의 "다르마*Dharma*의 바퀴를 돌리는 것"이라는 표현은 이에 대해 가장 잘 설명하고 있다. 부처는 여기에서 '사성제'四聖諦를 소개했다. 그는 깨달음을 얻자마자 베나레스 시 부근의 이시파타나 녹야원에서 다섯 제자에게 처음으로 이것을 가르쳤다. 2,500년 동안 불교 신자들은 이때를 그의 메시지의 중심으로, 그의 사명에서의 결정적 순간으로 우러러 공경해 왔다.

부처는 아무런 득이 없는 인생의 두 가지 길을 강조하면서 가르침을 시작한다. 그 한 가지는 마약, 알코올, 과식, 성적 문란 등 자기탐닉으로서, 이는 해결책보다는 문제를 더 많이 일으킨다. 다른 한 가지는 금식, 고립, 수면을 취하지 않는 것 등 금욕으로서, 이것은 행복으로 가는 효과적인 길이 아니다. 부처는 이렇게 말한다. "나는 이 두 가지 극단을 버리면서 중도中道를 깨닫게 되었다."

이 중도는 정견,正見 정사,正思 정어,正語 정업,正業 정명,正命 정정진,正精進 정념,正念 정정,正定의 길이다. 이 여덟 가지 덕목 뒤에 있는 네 가지 본질적 요소들이 바로 사성제다. 고성제(고통), 집성제(고통의 원인), 멸성제(고통의 소멸), 도성제(고통의 소멸에 이르는 길)가 바로 그것이다.

고통을 대하는 태도는 분명 불교에서 중요한 부분이다. 불

교 자체가 고통에 대한 하나의 숭고한 반응이다. 사성제 중 첫
번째 진리는 고통의 현실에 대한 것이다. "'둑카'*dukkha*의 거룩
한 진리는 이런 것이다. 태어남이 '둑카'다. 나이 먹는 것이 '둑
카'다. 병드는 것이 '둑카'다. 죽음이 '둑카'다. 슬픔과 비애, 아
픔, 통한, 절망이 '둑카'다. 바라는 것을 얻지 못하는 것이 '둑
카'다. 간단히 말해서 집착의 모든 과정이 '둑카'다." 다른 말
로 하면, 나쁜 일들은 일어나게 마련이라는 것이다. 그 일들은
우리 모두에게 일어나며, 우리가 잘 알고 있듯이 그 일들은 현
실의 본질적인 부분이다.

대부분의 사람들은 불교가 아르노스트 루스티히의 성숙의
시험 중 '현실성의 요건'을 통과한다는 데 동의할까? 하지만
'희망의 요건'은 어떠한가? 이에 대한 의견들은 불교 신자들
사이에서조차 첨예하게 대립한다. 그들 스스로 인정하는 것처
럼, 고통에 대한 그들의 답은 근원적이며 과격하기까지 하다.
어느 미국인 불교 신자는 "불교는 피상적 완화책이 아니다"라
고 말하기도 했다.

대다수의 불교 신자들이 알다시피, 사성제의 첫 번째 진리
는 괴로움과 고통이라는 인간의 문제를 제기한다. 사성제의
두 번째 진리는 그 원인 곧 갈망과 욕망과 집착에 대해 이야기
한다. 세 번째 진리는 억제나 욕망의 소멸로 고통을 극복하는
방식을 강조한다. 네 번째 진리는 고통의 종식을 야기할 수 있

도록 욕망의 끝으로 가는 길을 설명한다. '병' 다음에는 '진단'
이 따르고 이어서 '처방'이 따르며, 고통이 극복될 때까지 '치
료'가 따르는 것이다. 불교 경전에서는 이를 다음과 같이 표현
한다.

> 감각이 그치면 욕망이 멈추고,
> 욕망이 그치면 집착이 멈추고,
> 집착이 그치면 실존이 멈추고,
> 실존이 그치면 탄생이 멈추고,
> 탄생이 그치면 나이듦과 죽음, 슬픔, 한탄, 비통, 절망이 멈춘다.
> 그래서 이 모든 고통의 집합체가 멈춘다.

**충돌 노선**　　　　　　　고통에 대한 불교 신자의 치료
　　　　　　　　　　　　　법은 매우 철저하다. '위대하고
영원한 해탈의 호수'가 소멸의 상태라면, 소멸되는 것은 고통
뿐 아니라 집착, 욕망, 그리고 욕망하는 개인 자신이다. 불교
신자들은 부처가 그 순간 보리수나무 아래서 깨달음을 얻었다
는 것이 중요하다고 말한다. 고타마는 "나는 해방되었다"라고
외친 것이 아니라 "그것은 해방되었다"라고 했다. 그는 자신
을 초월하여 비자아<sup>not-self</sup>가 되었던 것이다.

이 세상에 고통을 위한 치료법은 없다. 고통 없는 세상이 올 것이라는 전망도 없다. 당신과 내가 고통 없이 살 수 있을 것이라는 희망도 없다. 그리고 결국 당신도 나도 없다. 붓다고사 Buddhagosa 스님이 자신의 깨달음의 상태에 대해 "나는 단 한 번도 누군가에게 무엇인가가 되었던 적이 없다"고 말했던 것처럼 말이다. 소멸의 '자유'로 가는 그들의 길에는 깨달은 이가 지닌 긍휼의 고귀함만이 있을 뿐이다. G. K. 체스터턴은 이같이 말했다. "그리스도는 '먼저 그 나라를 구하면 이 모든 것을 너희에게 더하시리라'고 했고, 부처는 '먼저 그 나라를 구하면 너는 이 모든 것을 전혀 필요로 하지 않게 되리라'고 했다."

현대 세계는 동양의 신앙군에 대해 강력한 도전을 제기한다. 즉 현대 세계는 본질적으로 세계를 긍정하고 있는 데 반해, 동양의 신념들은 본질적으로 세계를 부정하고 있는 것이다. 반대 주장이라고 해서 반드시 동양이 틀렸음을 의미하는 것은 아니지만, 동양의 신앙군이 현대 세계의 힘과 흐름에 정면으로 충돌하는 것은 불가피하다. 이러한 경향으로 인해, 현대인들은 동양의 신념에 대해 두 가지로 반응한다. 그 한 가지는, 완강히 세계를 부정하는 동양의 특성을 존중하고 지지하지만, 그것을 현대의 삶의 불필요한 압력을 모면하기 위한 '도피의 이데올로기'로 사용하는 것이다. 다른 한 가지는, 현대 세계의 특성인 세계를 긍정하는 측면을 지지하고 동양의 사상과 관습들을 서구의 구조에 맞게 적응시키면서 동양의 근원적이고 전통적인 특색들을 없애는 것이다.

첫 번째 반응의 예는, 동양의 사상과 관습을 추구하는 수많은 서구인들이 동양에서 무엇을 받아들이는가보다 서구에서 무엇을 거부하는가에 대해 더 분명히 인식한다는 사실이다. 예를 들어 그들이 서구의 분주함과 소음을 싫어할 경우, 자아를 소멸시키는 길에 단호한 첫걸음을 떼기보다는 체육관에 가서 마치 경기에 대비하는 수준으로 요가를 수련한다.

두 번째 반응의 예는, 전통적인 불교는 전적으로 정의롭고 갈등이 없는 세상에 대해서는 아무런 비전이 없지만, 서구에서는 갑자기 부상하고 있는 불교가 점차 '희망의 종교'로 널리 권장되고 있고 '실천가의 영성'으로 인식되고 있다는 사실이다. 아니면 사성제가 '있는 그대로 삶을 살아가는 진정한 방식'이나 '자기방어적 태도가 없는 훌륭한 정신 건강의 길'로 축소되고 있다. 마치 부처가 아시아의 마르쿠스 아우렐리우스Marcus Aurelius이고, 또한 부처의 '정념'이 노먼 빈센트 필Norman Vincent Peale의 정신요법과 긍정적 사고의 유용한 선봉이며, 불교가 인본주의를 위한 새로운 시장 이미지인 것처럼 말이다.

불교는 만족할 만한 고통의 치료법인가, 아니면 질병보다 더 나쁜 치료법인가? 희망의 이유가 있다면 그것은 무엇인가? 우리 모두는 선택을 해야만 한다.

## 육화되는 것이 아닌
## 육신을 버리는 것

세계를 긍정하는 시대에서 세계를 부정하는 신념의 가장 큰 어려움은 힌두교에서 매우 뚜렷하게 나타난다. 개인의 인간 존엄성이라는 중요한 개념에 대해 힌두교의 관점에서는 그 궁극적 실체를 어떻게 설명하는지 살펴보자.

우주의 궁극적 실체가 '특징 없는 비인격체'이거나 존재의 근거(신 혹은 브라만)라면, 우리 인간들은 무엇인가? 당신은 누구이며, 나는 누구인가? 개인은 왜 중요한가? 19세기의 위대한 힌두 철학가 샹카라Shankara의 답은 간단하다. 그는 신과 세계 사이의 관계는 꿈꾸는 자와 꿈 사이의 관계라고 말한다. 꿈꾸는 자만이 참되며, 세계는 참되지 않다. 그러므로 우리 경험의 세계는 마야maya인데, 그것은 환상, 무지, 그림자의 세계를 의미한다. 이것은 개인과 다양성이 실재라고 생각되지만 사실은 그렇지 않은 세계다. 궁극적 실체인 신은 혼자서 숨바꼭질놀이를 하고, 우주적 춤이 끝날 때쯤이면 '흥분 상태'가 되거나 무아지경에 빠진다. 샹카라는 "이것이 바로 스스로를 현혹시킨 신의 마술적 힘이다"라고 말한다. 이를테면, 오로지 우리가 무지하기 때문에 세계를 참된 것으로 여긴다는 것이다. "참된 것은 브라만뿐이다. 현상적 세계는 참되지 않으며 환상에 지나지 않는다."

분명 힌두교는 과학과 근본적으로 관련이 있으며, 개인이나 인간 존엄성과도 마찬가지다. 그렇다면 인간의 권리와 각 개인의 양도할 수 없는 존엄성에는 근거가 있는 것인가? 샹카라는 간결하게 대답한다. "당신은 누구인가? 나는 누구인가? 나는 어디에서 왔는가? 나의 어머니는 누구인가? 나의 아버지는 누구인가? 이 모든 것을 실체가 없는 것으로 생각하라. 이 모든 것을 꿈의 재료로 남겨 두라."

우리는 무엇인가? 우리는 꿈이나 춤 혹은 숨바꼭질이란 측면에서, 신의 본질이 다양성의 세계로 확장된 존재다. 인도의 전 대통령 라다크리슈난S. Radhakrishnan은 "인간은 신의 일시적 자기망각이다"라고 말했다. 앨런 와츠Alan Watts는 다음과 같이 설명한다. "신은 스스로 무아의 경지에 빠져 돌아오는 길을 잃었다. 그래서 지금 그는 자신이 하나님 놀이를 하는—잘못된 것이지만—인간이라고 느낀다." 참된 자아는 신이며, 우리들 각자가 생각하는 '나'는 실제로 환영, 속박, 무지의 세계에 붙들려 있는 '비자아'다.

그렇다면 자유는 환영으로부터의 자유인 셈이다. '비자아'는 존재의 근거인 '참자아'true self에 동화된다. 『우파니샤드』Upanishads에서 설명하는 것처럼, 꽃가루가 꿀과 혼합되듯이, 소금이 바닷물에 녹듯이, 갠지스 강이 벵골 만으로 흘러가듯이, 인간 속에 있는 신성神性의 불씨도 절대성과의 혼합에 의해 해방된다.

간단히 말해 신만이 '참자아'이며 개인이 잘못된 '비자아'일 뿐이라면, 개인과 자유는 반대편에 서게 된다. 그러므로 힌두교 내의 자유는 개인이 되기 위한 자유일 수 없다. 자유는 항상 **개인으로부터의** 자유다. 크리슈나 신이 『바가바드 기타』*Bhagavad-Gita*에서 말하듯, 인간은 "현혹의 어두운 숲"으로부터 멀어져야 한다. 혹은 선사禪師 D. T. 스즈키Suzuki가 말했듯이, 선의 목표는 '육화되는 것'incarnation이 아닌 '육신을 버리는 것'excarnation이다.

루이스 캐럴Lewis Carroll은 『거울 나라의 앨리스』*Through the Looking Glass*에서 이러한 상태를 재미있게 표현했다. 꿈꾸는 왕에 대해 말하면서 트위들디는 이렇게 묻는다. "왕이 꿈에서 깨어나면 넌 어디에 있을 것 같니?"

"물론, 지금 내가 있는 곳이요." 앨리스가 말했다.

트위들디는 깔보는 투로 되받아쳤다. "그렇지 않아! 너는 어디에도 없을 거야. 말하자면 너는 왕의 꿈에만 나올 뿐이거든."

트위들덤이 덧붙였다. "왕이 꿈에서 깨어나면, 너는 펑! 하고 사라질 거야. 마치 촛불처럼!"

**우리의 문제는 존재다**    궁극적 실체에 대한 이러한 관점은 전통적 힌두교나 불교가 인간의 권리에 최소한의 관심도 보이지 않고 있다는 것을 의미한다. 그들은 전적으로 자신들의 사고 구조 내의 논리에 의존하여, 인간의 권리에 대한 서구의 애착을 일종의 나르시시즘과 망상으로 간주한다. 옥스퍼드 대학의 동방종교 및 윤리학 스펄딩 교수로 라다크리슈난을 계승한 R. C. 제너<sup>Zaehner</sup>는 솔직하게 핵심을 강조했다. "실제로 그것은 정통으로 체계화된 종교[힌두교나 불교] 중 어느 쪽도 오늘날 세상에서 일어나는 일에 일말의 관심도 기울이지 않는다는 것을 뜻한다."

다시 말하지만, 나는 힌두교와 불교가 이러한 관점 때문에 분명 잘못되었다는 것을 주장하고 싶은 생각은 없다. 그것은 각 구도자가 스스로 결정해야 할 문제다. 다만 이러한 대조에 내가 관심을 갖는 이유는 다음의 두 가지 이유 때문이다.

첫째, 대조를 해보면 얼마나 차이가 결정적인 것인지 다시금 분명히 알 수 있다. 동양의 신앙군이 옳다면, 서구의 세속적 신앙군과 성경적 신앙군은 모두 틀린 것이다. 인간의 권리는 환영일 뿐이고, 양도할 수 없는 존엄성이란 자만에 지나지 않는다. 동양의 신앙군은 다른 두 가지의 신앙군과 첨예하게 대립된다. 양쪽 모두가 옳을 수는 없으며, 그 차이의 결과는 명백하다.

둘째, 대조를 해보면 동방종교들을 그들의 방식대로 살펴보는 것과 서구의 입맛에 맞추기 위해 동방종교들을 약화시키는 것 사이의 차이가 뚜렷이 드러난다. 수많은 뉴에이지 사상에서 피상성의 조짐이 보이면, 서구인들은 동방종교들을 시시한 것으로 만들어 버리고, 그것을 동양으로 가는 디즈니랜드 놀이 기구로 둔갑시키려는 경향이 있다.

온갖 종류의 염세적 사고에서도 그와 똑같은 경향이 나타난다. 그것은 언제든 소비자에 맞게 바뀔 수 있다. 예를 들어, 사뮈엘 베케트의 염세주의는 그 내용과 신랄함에서 동양적이다. 그는 "가장 큰 죄는 태어난 죄다"라고 주장하면서 동양적 시각에 공감했다. 우리의 진정한 문제는 존재 그 자체다. 이것은 우리가 무엇을 하는가에 대한 것이 아니라 우리가 누구인가에 대한 문제다.

하지만 그러한 염세주의를 좀 더 완화시키지 않는다면 과연 서구에서 그것을 단순하게 믿을 사람이 누가 있겠는가? 그래서 오랜 시간에 걸쳐 베케트의 연극들은 점차 감상적인 형태로 변해 갔다. 결국 충실한 연극 평론가들이 지적했던 것처럼, 관객들은 근본적으로는 그의 연극들이 유쾌하고 재미있다는 착각에 빠지기 시작했다. 하지만 「타임스」의 연극 평론가 해롤드 홉슨Harold Hobson은 다음과 같이 논평했다. "그의 연극들은 유쾌하고 재미있는 것이 아니다. 그 연극들은 운명에 대한 가장 놀라운 예언과 열망을 담고 있다."

자, 이제 동방종교들을 맞춤 제작할 수 있는 것으로 평가절

하하는 서구에 이의를 제기할 때다. 동방종교들은 현대 세계의 세 가지 중요한 신앙군 중 하나다. 오랜 시대와 역사, 엄격한 사상과 관습, 강력한 문화적 영향력을 지닌 종교인 것이다. 대충 넘기려 하지 않고 진정으로 탐구하려는 구도자들에게 길은 언제나 열려 있다. 답을 점검한다는 것은 그들의 논리를 끝까지 따라가 본다는 것을 뜻한다.

여기서 '이유'를 발견했습니까?
힌두교와 불교가 고통과 괴로움의 분석에서
현실적이라고 생각합니까? 당신의 답들은
당신이 살아가는 방식에 어떤 변화를 줄 수 있습니까?
당신의 생각과 마음을 집중하십시오.
그리고 집으로 향하는 긴 여정에서 마주하는
갈림길들을 주의 깊게 살펴보십시오.

## 09. 나는 내 방식대로 살았다네

그 작가는 자신의 수필을 '복음'이라고 불렀지만, 거기에서 '기쁜 소식'을 발견한 독자는 거의 없었다. 그 글은 예술의 도시 플로렌스에서 쓰였지만, 예술에 대한 이해가 당황스러울 정도로 부족한 작가에 의해 쓰였다. 글을 쓴 장소는 인심 좋은 주인들의 운치 있는 집이었지만, 글의 격조에는 작가의 쓸쓸한 고독감이 깔려 있었다. 그는 훗날 그 수필이 "엄청난 불행에 빠진 사람들만을 위한" 작품이라고 말했다.

즉 버트런드 러셀의 『자유인의 예배』*A Free Man's Worship*는 처음부터 왠지 성공할 것 같지 않은 작품이었다. 하지만 1910년 이 수필이 출판되었을 때, 곧 대걸작으로 갈채를 받았다. 하나님이 존재하지 않는 인생에 대한 강력하고 서정적이며 정열이 깃든 표현들이 담겨 있었기 때문이다. 얼마 지나지 않아 그 글은 마치 작가가 페리클레스나 셰익스피어라도 되는 양 여기저기서 인용되었다. 마침내는 20세기 인본주의의 주요한 선언으로까지 칭송받았다.

러셀은 1902년에 플로렌스 북쪽의 아름다운 저택 이타티에서 이 수필을 썼다. 그 저택의 주인은 전설적 미술사가이자 평론가인 버나드 베런슨Bernard Berenson으로, 러셀과는 동서지간이었다. 러셀의 외로움은 베런슨이 아내 메리(러셀의 아내인 알리스의 언니)를 헌신적으로 사랑하는 것을 지켜보면서 한층 더 처절해졌다. 베런슨은 메리와의 정열적인 연애 끝에 결혼에 이르렀다. 이와 대조적으로, 러셀은 자신을 무너뜨리고 있는 사랑 없는 결혼생활에 갇혀 있었다.

러셀은 알리스를 '머리를 쓰는 족쇄'로, 그들의 관계를 '감옥에서의 긴 시간'으로 묘사했다. 그러는 사이에 그는 스스로 '첫 번째 전환'이라 부르는 일을 경험했다. 그 사건은 폭력에 대한 깊은 증오심과 인간에 대한, 특히 아이들에 대한 돌연한 사랑을 새롭게 불러일으켰다. 하지만 이 변화는 어떤 영적 경험에서 비롯된 것이 아니라, 『수학의 원리』Principia Mathematica를 공동 집필한 알프레드 노스 화이트헤드Alfred North Whitehead의 아내와 맺은 친분을 통해 생겨난 것이었다.

에블린 화이트헤드<sup>Evelyn Whitehead</sup>와의 우정으로, 러셀은 그녀
의 '강렬한 고통과 비극으로 가득 찬 철저한 고독'을 민감하게
알아차렸다. 그녀의 고통에 대한 비밀을 마음속에 간직하면
서, 러셀은 일 년 동안 감정의 전쟁을 치러야 했다. 이 때문에
그의 아내는 자살 직전까지 이르렀고, 러셀 자신은 광기의 끝
까지 내몰렸다. 그는 길버트 머레이<sup>Gilbert Murray</sup>에게 편지를 썼
다. "참 이상한 일이지요. 우리 모두가 고독 가운데 살고 있다
는 것 말입니다. 우리가 우정이라고 부르는 것은 실제로 자신
의 것과 똑같은 고독을 발견하는 것입니다. 같은 신에 대한 은
밀한 경배이지요."

러셀은 자신의 성생활을 표현하는 데 회심이나 신과 같이
종교적 언어를 반복적으로 사용했는데, 이것은 사랑에 대한
그의 탐구가 신앙의 상실과 긴밀하게 연결되어 있음을 보여준
다. 그는 부모님이 돌아가신 후 자신을 키워 준 할머니의 지나
친 신앙심에 질려 있었다. 할머니의 신앙은 폐소공포증 수준
이었을 뿐 아니라 반주지주의적이었다. 할머니는 영리한 손자
가 내비치는 철학적 관심의 모든 싹을 그녀의 주특기인 심술
로 뭉개 버렸다.

"할머니, 신경 쓴다는 게 무슨 말이에요?"

"별것 아니야."

"그럼 별것은 뭔데요?"

"신경 쓸 것 없어."

놀랄 것도 없이, 러셀은 열여섯 살 생일을 맞이한 지 이틀 후 자신이 열렬한 불가지론자라고 선언했다. 하지만 그는 신비주의적 신앙에 대한 감각을 잃지 않았고, 에블린 화이트헤드와의 관계에서 새로운 사랑의 열정을 얻었다. 그것은 그의 공허한 마음을 채울 수 있는 유일한 힘이었다.

그런 상태로 러셀은 1902년 크리스마스를 보내기 위해 플로렌스에 도착했다. 사이프러스로 뒤덮여 있는 언덕 아래로 이탈리아식 종이 깊은 음색을 울리는 아름다운 저택, 그리고 아직도 신혼 같은 베런슨 부부의 사랑은 절망에 가까운 러셀의 상황과 잔인하리만치 대조되었다. 플로렌스의 문화적 풍요로움도 별 위안이 되지 못했다.

"나는 참 교양 없는 영국인이지요."

그는 베런슨에게 고백했다. 베런슨과 함께했던 호화로운 우피치 미술관 관람도 러셀을 감동시키지 못했다.

"나는 당신이 보여주고 싶어 하는 모든 것을 보았고, 당신의 말도 전부 들었습니다. 하지만 당신이 이 그림들에서 받았던 마음속 깊은 곳의 감동은 느껴지지 않는군요."

러셀은 한 편지에서 마음을 털어놓았다. 베런슨의 집은 모든 것을 완벽하게 갖추고 있었지만 "아름답게 존재하는 것들은, 그것이 조상 대대로 이어져 오는 것인 때를 제외하고는 언제나 나의 청교도 정신에 약간의 충격을 줍니다."

이러한 것들이 인간성에 대한 위대한 소논문의 배경이었다. 비참한 결혼생활, 에블린 화이트헤드가 외로운 고통을 겪고 있음을 발견한 데 대한 정신적 충격, 초대해 준 이들의 황홀한 행복, 그가 있던 장소의 목가적 아름다움 말이다. 그는 훗날 이때의 기억을 되새겼다. "인간을 둘러싼 환경은 이론상 최악의 것이지만, 나는 언덕과 올리브와 사이프러스 숲과 아르노 강 하류와 꾸밈없이 소박한 땅 위에서 오랜 시간을 보냈다."

러셀이 인정했듯이, 이 수필은 그가 경험했던 충격 곧 대부분의 사람들이 안고 있는 외로움을 갑자기 생생하게 자각케 하고, 그 비극적 고립을 줄이는 방법을 열정적으로 추구하게 만들었던 충격을 해결하는 한 방법이었다. 그는 메피스토펠레스가 파우스트 박사에게 세상에 대해 설명해 주는 장면으로 글을 시작했다. 자신이 이해한 대로 인간의 문제를 규정하면서, 그는 그 유명한 답을 내놓는다. "인간은 그들이 이루어 가고 있는 목적이 무엇인지 전혀 예견하지 못했던 근거의 산물이다. 인간의 기원, 인간의 성장, 인간의 희망과 두려움, 인간의 사랑, 인간의 믿음은 원자들의 우연한 배치에 의한 결과물일 뿐이다. 그러므로 어떠한 열정도, 어떠한 영웅적 행위도, 어떠한 사고와 감정의 강렬함도 무덤 너머까지 개인의 삶을 보존할 수 없다."

그는 "오랜 시간에 걸친 모든 노력, 모든 헌신, 모든 영감, 그리고 인간의 정신이 발하는 모든 밝은 빛은 태양계의 방대한 죽음과 함께 소멸하게 되어 있으며, 인간의 모든 성취는 폐허가 된 우주의 잔해 아래에 필연적으로 묻히게 될 것이다"라고 생각했다. 그러고는 다음과 같이 결론을 내렸다. "설령 의문의 여지가 있다 해도, 이 모든 것은 거의 확실하여 그것을 거부하는 철학은 존속하기를 기대할 수 없다. 오직 이 진리들의 뼈대 안에서만, 오직 깊은 절망의 굳건한 토대 위에서만 영혼의 거처가 안전하게 지어질 수 있다."


**그래서 나는 그것을 원했다**　　『자유인의 예배』와 그 글 배후에 있는 러셀의 생애는 두 번째 위대한 신앙군, 곧 서구 세속주의(혹은 인본주의, 혹은 자연주의)의 한가운데로 우리를 이끈다. 특정 집단 내에서는 '인본주의'라는 단어가 설명적인 용어보다는 경멸적인 용어가 되었지만, 인본주의의 세속적 형태가 현대 사회의 가장 강력한 신념들 중 하나라는 데는 의심의 여지가 없다.

르네상스의 종교적 인본주의에서부터 시작해 계몽 운동을 거쳐 오늘날에 이르기까지 인본주의의 번영에 대한 다양한 설명들이 있지만, 세속적 인본주의가 19세기에 좀 더 뚜렷해졌으며 이후로 지식인들 가운데서 지배적인 사상이 되었음은 자명한 사실이다.

이와 함께 세상 가운데서 하나님의 중심적 위치를 인간이 대신하게 되었다. "인간은 만물의 척도다"라고 기원전 5세기에 프로타고라스가 말한 바 있다. 또한 르네상스 시대의 레온 바티스타 알베르티Leon Battista Alberti는 "인간은 자신이 하고자 한다면 모든 것을 할 수 있다"고 말했다. 이러한 확신은 19세기의 전투적인 반신anti-God 캠페인에서 발달하여 절정에 이르렀다. 이 캠페인은 앨저넌 스윈번Algernon Swinburne의 시 「인간 찬가」로 대표된다. "지극히 높은 곳에서는 인간에게 영광! 인간은 만물의 주인이라."

그러나 보통 세속적 인본주의의 어조는 더 세련되고 대담하다. 생시몽Saint-Simon 백작은 자신의 하인에게 지시하기를, "일어나십시오, 전하. 큰 공적을 이루셔야 합니다"라는 말로 자신을 깨우라고 했다. 고고학자 고든 차일드Gordon Childe는 "인간은 스스로를 만든다"고 말했다. 유전학자 H. J. 뮬러Muller는 "우리는 인간의 미래가 인간이 스스로 만든 것 중 하나라고 본다"고 말했다. 줄리언 헉슬리Julian Huxley 경은 다음과 같이 말했다. "오늘날 20세기 인간들은 마침내 진화의 과정을 스스로 인식하고 있다.……인간의 상상력에 의해 다시 쓰인 인간의 지식은 인간의 이해와 신념에 대한 기초요, 인간의 진보에 대한 궁극적 지표로 여겨진다." 또 존 F. 케네디$^{John\ F.\ Kennedy}$는 취임 연설에서 "모든 인간의 문제는 인간에 의해 만들어졌고 인간에 의해 해결될 수 있다"고 선언했다.

인본주의의 가장 결정적인 주장은 하나님이 존재하지 않기 때문에 계시된 의미도 없다는 것이다. 그러므로 의미는 드러나 있지 않고 발견되지도 않는다. 의미는 만들어진다. 인간은 자기 자신의 의미의 근원이자 기준이기 때문에 자신의 의미를 만드는 일은 우리 각자에게 달려 있다. 니체가 『이 사람을 보라』에서 주장했던 것처럼, 우리는 "그것은 그러했다"$^{it\ was}$라는 말로 요약되는 수동적인 삶 대신 "그래서 나는 그것을 원했다"라고 말할 수 있는 삶을 살아야 한다. 그의 러시아계 미국인 제자이자 철학자요 소설가인 아인 랜드$^{Ayn\ Rand}$의 말에 의하면, "나 개인의 삶은 내 소설에 대한 추신이다. 그것은 '내 말은 진심이다'라는 내용을 담고 있다." 러셀의 그림에서, 우리 각자는 자신의 어깨 위에 자신의 의미의 세계를 짊어진 아틀라스다. 달리 말하면 우리는 프랭크 시나트라$^{Frank\ Sinatra}$의 「나는 내 방식대로 살았다네」라는 노래 가사처럼 살아가고 있다.

**우리가 발견한 세상**    그렇다면 인생에 대한 이러한 관점을 가진 인본주의자들은 고통과 악에 대해 어떻게 반응하는가? 그러한 반응의 두드러진 특색은 무엇인가?

세속적 인본주의에는 정통성이 없기 때문에 이름 없는 온갖 변형물들이 끝도 없이 쏟아져 나온다. 하지만 모든 철학의 탁월한 예들을 통틀어 보면, 고통에 대한 인본주의의 반응에는 두 가지 두드러진 특색이 있다.

첫 번째 특색은 고통과 악이 우리가 살고 있는 이 황폐한 우주의 본질적 부분임을 명백히 시인한다는 것이다. 러셀의 시각에서 볼 때, 우리는 우연의 산물일 뿐 아니라 목적을 부정하고 소멸시키는 끝을 향해 움직이고 있다. 이것이 바로 그가 "오랜 시간에 걸친 모든 노력, 모든 헌신, 모든 영감, 인간의 정신이 발하는 모든 밝은 빛"의 운명으로 간주하는 '소멸'이다.

같은 요점을 비교적 덜 삭막하게 표현할 수는 있어도, 요점은 여전히 같다. 내가 대학생이었을 때, 구십대 초반의 버트런드 러셀을 만나 이야기를 듣던 일이 또렷하게 기억난다. 나는 그처럼 삭막한 현실을 설명할 수 있었던 그의 위대한 용기를 때로 존경했다. 하지만 그의 결론에 담긴 냉담한 속성에 회의를 느낀 적이 더 많았다.

그 당시 나는 훨씬 더 매력적인 반항자로서의 철학을 가진 알베르 카뮈를 알게 되었다. 한 번에 환자 한 사람씩, 그처럼 용맹스럽게 '페스트'와 싸우라는 카뮈의 외침은 당시의 우리들에게 열정을 불러일으키기에 충분했다. 그것은 악의 희생자들을 향해 연민을 가지도록 자극했고, 잘못된 길에 들어선 세상의 난국을 향해 분노하도록 호소했다.

하지만 결국 카뮈의 시각 역시 다르지 않았다. 『페스트』에서 리외라는 의사가 "자신이 발견해 낸 창조물[페스트]에 맞서 싸웠다는 면에서" 올바른 길을 가고 있음을 주장한 장면에서, 카뮈는 러셀과 동일한 현실 인식을 인정한다. 즉 우리가 발견한 이 세상에는 결함이 있다는 것이다. 악은 이 세상에서 아주 자연스러운 것이다. 우리는 원하는 대로 악을 묘사하고, 할 수 있는 한 그것과 싸우지만, 여전히 우리가 맞서는 것은 보이는 그대로의 우주다. 이 세상의 모든 열렬한 분노와 연민도 세상의 속성을 숨길 수 없다. 우리가 원하는 것이 무엇이든, 결국 우리는 부조리를 발견한다. 우리는 그것을 쉽게 피할 수 없다. 동양의 시각에서와 마찬가지로, 인본주의자의 시각 안에서 악은 세상에서 정상적인 것이고 자연스러운 것이다.

**짧은 인생을 숭고하게 만들라**　　저항에 대한 카뮈의 외침은 서구 세속주의자들이 고통에 반응하는 두 번째 두드러진 특색을 소개한다. '우리가 발견해 낸 창조물' 안에 결함과 악과 고통이 존재한다면, 우리 자신의 의미를 만들어 내고 짊어지는 것, 그리고 굳은 결의로 개선에 참여하여 더 나은 인생을 만드는 것은 우리에게 달려 있다. 여기서 서구 세속주의자들의 답은 동양의 답과 단호하게 의견을 달리한다. 양쪽 모두가 동의하는 것은, 고통은 인생의 본질적인 부분이라는 점이다. 그러나 동양과 같이 여기서 손을 떼지 않고, 서구 세속주의자들은 참여를 답으로 택한다. 이룩하고, 싸우고, 최종적 결말과는 상관없이 세상을 더 나은 장소로 남기기 위해 일하는 것 말이다.

러셀이 훗날 『자유인의 예배』의 서정적이고 수사적인 문체를 버렸음에도 불구하고, 많은 사람들은 자유인을 향해 "짧은 인생을 숭고하게 만들라"는 이 수필의 요청에 감동을 받았다. "공동 운명체의 유대"로 연합되어 삶이 "밤을 통과하는 긴 행진"임을 온전히 깨닫고, 우리의 동료들이 하나씩 사라져 가고 있음을—"절대적 힘을 가진 죽음의 조용한 명령에 붙들려 가고 있음을"—인식하는 가운데 우리는 "일상의 임무를 넘어서는 사랑의 빛"을 발산해야만 한다고 러셀은 말했다.

러셀은 정말 자신의 말대로 이타적인 삶을 살았을까? 그렇지는 않은 것 같다. 그는 훗날 이 수필의 윤리관에 대해 개인적으로 회의감을 드러냈다. 그는 이렇게 말했다. "나는 실제로 복음을 소유했다고 생각했기 때문에 열정과 에너지를 불태워 그 글을 썼다. 그러나 그것이 인생의 시험을 견디지는 못할 것이므로 지금 나는 그 복음에 대해 의심한다." 조셉 콘래드가 그 수필에 대해 칭송하는 편지를 썼을 때, 러셀은 조셉의 아내인 오토라인 모렐에게 자신이 느끼는 수치심을 이야기했다. "그 작품을 썼던 사람은 콘래드가 지금 알고 있는 사람이 아닙니다. 그가 보내 준 호의를 받을 만한 가치가 없지요. 시력을 잃는 한이 있어도 적대적인 우주를 직시할 것 같던 그 사람은, 어둠의 공포와 광채를 피하기 위해 첫 번째 헛간으로 몰래 들어갈 그런 사람이 되었습니다."

25년 후에 그 수필에 대해 언급하면서 러셀은 다음과 같은 기록을 남겼다. "근본적으로, 우주에 있는 인간의 위치에 대한 나의 시각에는 변함이 없다." 하지만 그는 이타주의에 대한 요청의 범위를 다음과 같이 제한했다. "도덕적으로 어려움이 있고 감정적으로 압박을 받는 시대에, 이 수필에 나타난 관점은 어쨌든 나와 비슷한 기질을 가진 이들을 위한 것이다. 그러한 관점은 도덕적 파산을 피하는 데 많은 도움을 준다."

카뮈의 경우, 어려움은 다른 곳에 있었다. 우리가 용감하게 저항하고 싸운다 하더라도 결과는 항상, 의사 리외가 『페스트』에서 인정한 것처럼 "결코 끝나지 않는 패배"라는 것이다. 페스트는 언제까지나 또 다른 곳에서 발생할 것이며, 악은 또 다시 이 세상에 몰래 접근할 것이다. 리외의 친구인 타루가 죽은 후, 임종의 방에서 애도를 하며 처음에는 고통이 경감되었다. 하지만 애도는 차츰 침묵이 되었다. "이 패배야말로 최후의 것이며, 전쟁을 종식시키고 평화를 아무런 구제책이 없는 악으로 만든 최후의 비참한 싸움이었다는 것을 절감하게 한" 그런 침묵이었다.

**진리가 되기에는**
**너무 불충분한**

러셀은 **인생의 시험을 견디지 못할 것**이라고 말한다. 카뮈는 **결코 끝나지 않는 패배**라고 말한다. 여기서 우리는 세속적 신앙군에 맞서는 현대 세계의 엄청난 도전을 볼 수 있다. 이러한 신앙군은 사회의 지식인층의 흥미를 유발할지는 모르지만(이는 조지 슈타이너가 불가지론을 "현대판 국교國敎"라고 설명한 데서 볼 수 있다. 그는 다음과 같이 덧붙였다. "교육받은 합리적인 사람들은 다소 희미한 불가지론의 빛에 의해 자신의 내면의 삶을 이끌어 간다."), 보통 사람들의 주의를 끄는 데는 성공적이지 못하다. 희미할 뿐 아니라 생기도 없이, 그들은 일상생활에서 지나치게 머리를 쓴다.

그래서 지도자가 세속적 신앙군을 지지하는 국가들은, 이상하고 새로운 방식으로 정신 분열적이면서 억압적이 되기 쉽다. 세속주의자들의 신념에 의해 지배되는 사회는 스스로 더 자유로운 사회라 주장하겠지만, 보통 사람들의 신념이나 관습 뿐 아니라 국가의 전통과도 조화를 이루지 못하는 지식인층과 같은 자들만이 이런 사회에서 더 자유로울 것이다.

러셀은 자신의 윤리가 "나와 비슷한 기질을 가진 이들을 위한" 것이라고 규정했지만, 과연 얼마나 많은 사람들이 이 범위에 속할까? 인간의 가능성의 척박함에 대한 진실을 들어 왔던 우리들 중에서 과연 얼마나 많은 이들이 인본주의 윤리학의 고결함을 신봉할까? 특히 작가 자신조차 믿지 않는 윤리라는 것이 밝혀졌을 때 말이다. 왜 우리가 우리와 비슷한 사람들을 보살펴야 한단 말인가? 어차피 내일 죽는다면 먹고 마시고 즐거워하는 편이 모순되지 않는 것 아닐까?

카뮈의 묘비에는 『시지프의 신화』에서 따온 "정상을 향한 투쟁, 이것만으로도 인간의 마음을 채우기에 충분하다"라는 말이 새겨져 있다. 하지만 처음부터 우리가 그 정상에 도달할 수 없음을 안다면, 도전을 존재에 대한 만족할 만한 근거라고 생각하는 사람들이 얼마나 될까? 시지프의 신화를 생각해 봤을 때, 우리가 결코 바위를 언덕 정상으로까지 굴릴 수 없다는 것을 안다면, 최선의 노력과 최고의 노력조차 결국 궁극적 패배로 끝날 수밖에 없음을 안다면 말이다.

러셀과 카뮈는 그들의 용기에도 불구하고 너무 궁색하다. 러셀의 친구이자 동료인 인본주의자 H. J. 블랙햄Blackham은 다음과 같이 인정한 바 있다. "인본주의에 대한 가장 신랄한 반대 의견은, 인본주의가 진리가 되기에는 너무 불충분하다는 것이다. 인생이 덧없는 것이고 궁극적 소멸이 정해져 있는 것이라면, 세상은 하나의 거대한 무덤이다." 장 폴 사르트르 Jean-Paul Sartre 는 이와 동일한 의견을 냉담하게 표명했다. "무신앙은 장기간에 걸친 고통이다. 나는 나 자신이 그것을 끝까지 견뎌 왔다고 믿는다."

그러나 인본주의자들이 가진 관점의 황량함은, 그들이 정직하다는 증거이며 단호한 현실주의의 증표인지도 모른다. 그들은 현실주의의 요구를 지나쳐 버리는가? 그들은 희망의 요구를 무시하는가?

우리 모두는 스스로 결정을 내려야 한다. 대충 넘기려 하지 않고 진지하게 탐구하려는 구도자들에게 길이 열려 있다. 답을 찾는다는 것은 끝까지 그들의 논리를 따라가 본다는 것을 뜻한다.

여기서 '이유'를 발견했습니까?
당신은 세속주의자들의 신념이 고통과 괴로움에 대한 분석에서 현실적이라고 생각합니까?
망각으로 가는 길에 작은 사랑을 보이는 것만으로 충분합니까?
인본주의가 당신의 철학이었다면 당신의 인생은

어떠했을 것이라 생각합니까?

당신의 생각과 마음을 집중하십시오.

그리고 집으로 향하는 긴 여정에서 마주하는 갈림길들을

주의 깊게 살펴보십시오.

## 10. 십자형 나뭇가지를 엮은 사람들

한 텔레비전 프로듀서가 나에게 이렇게 말한 적이 있다.

"인간의 고통을 보여줄 때, 우리가 어림잡아 셈하는 방법이 있습니다. 제3세계에 있는 천 명의 죽음이, 서구의 백 명의 죽음이나 우리나라 성인 열 명, 지역 사회 어린이 한 명의 죽음과 대등하다는 계산이죠."

물론 관심을 가진다는 것은 언제나 상대적이다. 아리스토텔레스는 대다수 사람들의 입장을 변호하기를, 인간이 동정심을 갖게 되는 범위는 '우리와 비슷한 사람들'에 한정된다고 했다. 이런 관점에서 보면, 우리나라, 우리 동료, 우리 집단, 우리 가족의 구성원으로 동정심을 제한하는 것은 정당하고 현실적이다. 우리가 지닌 동정심의 저울로 재 보면, 이들이 좀 더 무게가 나갈 뿐인 것이다.

현대의 미디어는 이러한 상대성을 강화시켜 상황을 혼란스럽게 만들었다. 우리 모두에게 '이웃'이란, 우연히 마주쳤는데 도움을 필요로 하는 우리 바로 곁에 있는 사람을 말한다. 하지만 중세 시대에 거리에 쓰러져 있는 이웃을 만난 마을 사람과 오늘날 텔레비전 저녁 뉴스에서 지구 반대편 깡마른 아이—안락한 거실에 있는 우리의 주머니로 비쩍 마른 손을 뻗는 아이—를 보고 있는 시청자의 입장은 매우 다르다.

텔레비전에서 제공하는 이미지들은 상상력을 자극하여 동정심을 일으킨다. 그래서 많은 사람들은 텔레비전 덕분에, 알지도 못했고 관심도 없었던 아득한 고통에 눈을 떴다고 생각한다. 그러나 텔레비전은 우리의 시야를 확장시키기도 하지만 왜곡시키기도 한다. 엄청난 양의 이미지들은 동정심을 피로하게 하여 결국 마비되게 만들 수도 있다. 그런 식의 이미지—상업적 광고 뒤에 이어지는 매우 심각한 사실 보도, 가벼운 이야기 뒤에 따라붙는 비극적 이야기—는 우리가 알고 있는 것과 우리가 하고 있는 것 사이의 연결 고리를 완전히 끊어 버리는 경향이 있다. 게다가 채널이 너무 많아, 금세 보고 있던 프로그램도 우리가 원하기만 하면 언제든 꺼 버릴 수 있다.

현대의 미디어는 인간의 마음이 지닌 오랜 성향을 과장되게 부풀리고 있다. 텔레비전이 생기기 훨씬 이전, 찰스 디킨스[Charles Dickens]는 『황폐한 집』[Bleak House]에서 젤리비 부인과 그녀의 '망원경 박애주의'(젤리비 부인이 아프리카 먼 나라의 선교 사업에 온종일 열중하면서도, 정작 자신의 자녀들을 돌보지 않고 위험과 사고 속에 방치하는 태도를 풍자하는 말—옮긴이)를 묘사하면서, 이러한 '거울의 방'(거울로 둘러싸인 방에서 평소 볼 수 없었던 자신의 측면이나 후면을 볼 수 있듯이, 진실을 온전히 이해하기 위해 다각적인 각도에서 진실에 접근하는 방식—옮긴이) 효과를 노렸다. 이 훌륭한 인도주의적인 숙녀는 바로 자기 눈앞에 있는 남루한 자녀들의 곤경이나 몸과 마음의 상처는 무시했다. 그녀의 눈은 먼 곳은 잘 보지만 "아프리카보다 가까운 곳은 볼 줄 몰랐기" 때문이다.

『카라마조프가의 형제들』에서, 도스토예프스키는 '실천적 사랑'과 '꿈속의 사랑'이 어떤 차이가 있는지 이야기했다. 호흘라코바 부인은 조시마 장로에게 자신이 사랑에 대해 어떻게 생각하는지 신나게 이야기했다.

"나는 가끔 전 재산을 버리고, 게다가 우리 리즈까지 버리고 간호사가 되면 어떨까 하고 꿈꾼답니다. 그만큼 인류애에 불타고 있지요."

장로는 그다지 감동받지 않은 인상이었다. 그는 부인에게 자신의 지인인 한 의사의 고백을 들려주었다.

"저는 인류애에 불타고 있습니다. 그런데 저 자신도 놀랄 만한 것은, 인류 전체를 사랑할수록 한 사람 한 사람에 대한 사랑은 오히려 점점 더 약해진다는 사실입니다."

마침내 장로는 그녀가 얼마나 빈약하고 공상적인 사랑을 하고 있는지 스스로 자각할 수 있도록 부드럽게 깨우쳐 준 후에 이렇게 설명했다.

"실천적 사랑이란 꿈속의 사랑과는 달리 무척이나 가혹하고 지독한 것이지요."

**최악의 순간과 최고의 순간**　　　간호사이자 과학자이며 영국 상원의회 부대변인이었던 캐롤라인 콕스[Baroness Caroline Cox] 그녀의 명성은 따로 설명할 필요가 없을 것이다. 그녀는 도움이 필요한 수많은 사람들에게 '실천적 사랑' 그 자체이고, 전쟁으로 황폐해진 빈민들의 마더 테레사이며, 잊힌 사람들을 대변하는 목소리다.

콕스 여사는 폴란드를 위한 기금의 후원자가 되어 달라는 요청을 받자, 본인이 직접 가겠다고 고집했다. 그녀는 '종이 위에 적힌 이름 하나'가 되는 것으로는 충분치 않았던 것이다. 직접 간다는 것은, 매달 약 열흘 동안 분쟁으로 황폐화된 수단이나, 아르메니아와 아제르바이잔의 영토 분쟁으로 요새화된

카라바흐 같은 지역들을 둘러본다는 것이었다. 영국 상원의원
으로서의 바쁜 일상에도 불구하고 말이다.

그녀는 피부색, 종교, 인종과 상관없이 전쟁의 희생자들에
게 음식과 의복과 약품을 가지고 찾아간다. 그러고는 불구가
되고 강간을 당한 사람들, 가족이 약탈과 살해를 당하거나 노
예로 매매된 사람들을 만난다. 콕스 여사가 도착하면, 사람들
은 그녀를 맞이하며 이렇게 말한다.

"당신이 와 주셔서 하나님께 얼마나 감사한지 모릅니다. 세
상이 우리를 잊었다고 생각했거든요."

나의 한 친구는 그녀에게 이러한 구제의 여정 동안 최악의
순간과 최고의 순간이 언제였는지 질문했다. 그녀는 잠시 동
안 생각에 잠겼다. 그러고는 수단 정부의 지원을 받은 군인들
이 딩카족 마을에서 전리품을 싣고 떠난 후 그곳을 방문했던
일에 대해 아주 담백한 어조로 설명하기 시작했다.

죽음의 악취가 사방에서 풍기고 있었다. 잔인한 학살이 벌
어진 현장에는 백 구 이상의 시체가 즐비하게 누워 있었다. 남
자와 여자와 아이들과 소 떼들은 죽거나 북쪽으로 끌려간 상
황이었다. 초막들은 불타고 있었고, 농작물은 쓰러져 있었다.
폐허와 죽음이 도처에 깔려 있었다. 그러나 이 모든 것을 능가
하는 최악의 상황은, 헬리콥터와 칼라슈니코프 소총으로 무장
한 민병대가 돌아올 것이라는 사실이었다. 그 지역의 마을들

은 북쪽 근본주의자들의 피를 보려는 욕망과 잔인성 앞에서 다시 한 번 발가벗겨질 것이 분명했다. "우리는 대량학살이라는 단어를 지나치게 자주 사용합니다"라고 콕스 여사는 말했다. "나는 그 단어가 뜻하는 바를 정확히 전달하는 순간이 아닐 때는 절대로 그 단어를 사용하지 않습니다. 하지만 이 경우는 진정 대량학살이었습니다."

그렇다면 그녀가 기억하는 최고의 순간은 언제였을까? 최고의 순간은 최악의 순간이 지난 후에 곧바로 찾아왔다. 침략자들이 떠나고 그들의 잔학성이 남긴 결과가 사방에 널브러져 있는 상황에서, 살아남은 몇몇 여인들은 침착함을 되찾아 갔다. 그들의 남편들은 모두 살해당했고, 아이들은 노예로 납치되어 가고, 집은 파괴되고, 그들은 야만적으로 강간을 당했다. 이런 상황에서 그들이 본능적으로 한 첫 행동은, 땅에 떨어져 있는 나뭇가지들로 작은 십자가를 만들어 흙 위에 꽂는 것이었다.

그들은 무엇을 하고 있었던 것일까? 잃어버린 사람들을 위해 즉석 기념비를 만든 것일까? 그렇지 않다. 허술하게 만들어진 그 십자가들은 무덤의 표시가 아니라 상징이라고 콕스 여사는 설명했다. 몸을 가눌 길 없고 마음이 비참한 그때에 십자형의 나뭇가지를 땅에 세운 것은 신앙을 표현하는 행위였다. 그들은 나사렛 예수의 제자들처럼, 자신들이 겪은 고통을 하나님은 아실 것이라 믿고 그런 하나님을 섬겼다. 고통과 슬픔에 눈이 멀고, 세상이 그들의 곤경에 대해 아무런 이해와 관심이 없다는 것을 똑똑히 깨달았지만, 그들은 자신들을 이해하고 돌봐 주는 존재가 있다는 확신에 생명을 걸었던 것이다. 그들은 혼자가 아니었다.

**이중 초점의 시각**  가장 깊은 고통의 순간, 가장 깊은 신앙의 상징에 직관적으로 의지하는 딩카족 여인들의 이야기를 듣고 감동하지 않을 사람이 있을까? 이 이야기는 성경적 신앙군의 핵심과 고통에 반응하는 방법을 암시하고 있다. 성경적 신앙군이 고통에 대해 보이는 반응의 두드러진 특색 두 가지는 주목할 만하다.

첫째, 성경적 신앙군에서는 고통, 괴로움, 죽음을 자연스러운 것이 아닌 비정상적이며 이질적인 침입이라고 본다. 궁극적인 문제는 우리가 누구인가가 아닌 우리가 무엇을 했는가에 있으며, 또한 우리의 존재가 아닌 우리의 불순종에 있다.

이러한 확신은 창조와 타락이라는 한 쌍의 성경 교리에 그 뿌리를 둔다. 하나님이 무의 상태에서 즉시 창조하신 세상은 선한 것이었고 지금도 그러하다. 하지만 세상은 또한 타락했다. 도덕적 불순종은 세상을 훼손시키고 망가뜨렸다.

그래서 성경적 시각은 특성상 이중 초점을 지닌다. 세상은 항상 창조의 관점과 타락의 관점으로 동시에 바라보아야 한다. 한편으로 우리는 세상이 어떻게 될 가능성이 있었는지를 보지만, 다른 한편으로는 세상이 훼손되어 실제로 어떻게 되었는지를 본다. 한쪽 렌즈든 다른 쪽 렌즈든, 하나의 렌즈만으로는 올바른 초점을 맞출 수 없다. 오직 두 개의 렌즈가 합쳐질 때만 또렷한 시각을 갖게 되는 것이다.

성경적 신앙군과 그 신앙군이 문명에 미친 영향의 중요한 특성 배후에는 이러한 이중 초점의 시각이 있다. C. S. 루이스는 이것을 "복된 양날의 특성"blessedly two-edged character이라고 표현했다. 세상을 긍정하면서 동시에 부정하는 것이 기독교 신앙의 성과라고 그는 지적한다.

창조에 대한 관점 때문에 기독교는—오늘날의 인본주의와 과거의 유교가 그러하듯—공공연히 세상을 긍정한다. 그러므로 병원을 세우고 예술을 장려하고 과학을 추구하는 기독교는, 역사상 가장 세계를 긍정하는 문명 가운데서도 가장 강력하고 활기찬 힘이다. 동시에 타락에 대한 관점 때문에 기독교는—이유는 매우 다르지만 불교와 힌두교에서 그러하듯—공공연히 세상을 부정하며, 연회와 마찬가지로 금식도 중요하다는 것, 찬양과 마찬가지로 자기부정도 중요하다는 것, 지구의 웅장함과 마찬가지로 천국의 영광도 중요하다는 것을 가르친다. 그리스도인들은 가끔 한쪽 면이나 다른 쪽 면의 극단으로 치우치곤 했다. 그들은 종종 너무 현세적이거나 너무 내세적이다. 하지만 성경적 입장은 양쪽 모두를 당당하게 강조한다.

이러한 이중 초점의 시각은 고통에 대한 성경적 반응과 중요한 관련이 있다. 고통이 창조의 결과가 아닌 타락의 결과라면, 즉 고통이 본래 의도되었던 우리의 존재가 아닌 우리가 저질러 온 행위의 결과라면, 고통이나 괴로움이나 죽음은 정상적이고 자연스러운 것이 아니라 비정상적이고 이질적인 것이다. 따라서 그러한 것들은 거의 모든 인간이 악과 대면할 때 느끼는 것—**세상은 지금 이런 상태가 되지 말았어야 했다**—이 옳음을 증거한다.

조지 슈타이너는 자서전인 『정오표』$^{Errata}$에서 아이와 동물들에게 무자비한 벌을 주는 것에 대해 그가 어떻게 반응하는지를 썼다. 그는 '절망적 격분', '북받치는 침울', '무력한 분노'를 느낀다고 이야기한다. "절망의 근원에는 깨어진 약속과 끔찍한 변화에 대한 강렬한 직감이 있다. 아이의 소름끼치는 비명, 고통당하는 동물의 소리 없는 몸부림 속에서, 창조—무의 논리와 정적에서 해방되는 시간—이후의 공포의 '배경음'을 들을 수 있다. 무언가가(아, 언어란 얼마나 제한적인 것인가) 끔찍하게 잘못되었다. 현실은 지금과는 달랐어야 했고, 달랐을 수 있었다." 그는 분노와 죄책감이 "나의 정체성을 지배하고 초월

한다. 그리고 그것들은 원죄에 효과적으로 적용되는 전제와
은유를 지니고 있다"고 말한다.

철학자 쇼펜하우어[Arthur Schopenhauer]가 말한 "인생은 존재하지
말았어야 했다"라는 문장은 종종 경구로 인용되곤 한다. 사뮈
엘 베케트는 훗날 "가장 큰 죄는 태어난 죄다"라고 주장했다.
인간의 행위보다 인간의 존재에 고통의 책임을 전가하는 이
두 명의 염세주의자들은 동양적 입장과 세상에 대한 극단적
거부로 나아갈 수밖에 없다. 결국 동양적 관점에서, 문제는 죽
음이 아니라 갱생이며, 고통의 바퀴가 끊임없이 굴러가는 것
이다.

반면 조지 슈타이너가 보여주듯이, 성경적 신앙군의 논리
적인 공격은 반대 방향을 향해 나아간다. 유대인과 그리스도
인들은 "인생은 지금과 달랐어야 했다"고 말한다. 인간이 인
생의 비극적인 상황에 붙들려 있을 수도 있지만, 문제는 인생
에 있는 것이 아니라 인간 자신에게 있는 것이다. 혹은 카뮈의
말을 이용하면, 문제는 창조물 안에 있는 것이 아니라 '**우리가
발견한 대로의** 창조물' 안에 있다. 세상의 근원적 상태라기보
다 훗날 타락의 결과로서 '발견'된 상황적 존재 말이다.

하지만 이것은 그저 말장난일 뿐인가?

**죽음에 대한 격렬한 분노**　　　　내가 처음으로 인간과 이러한
　　　　　　　　　　　　　　　　신념과의 관계에 대해 생각해
보게 된 것은 몇 해 전 스위스의 한 친구를 통해서였다. 그는
나이가 지긋한 지혜로운 사람이었다. 내가 그와 함께 있을 때,
어느 유명한 기독교 지도자가 자전거 사고로 아들을 잃었다는
소식을 접하게 되었다. 그 지도자는 망연자실했지만 힘을 내
어 슬픔을 억누르고, 아들의 장례식에서 소망에 관한 감동적
인 설교를 했다. 내 친구는 차분하게 "나는 그가 내면에서 설
교 내용과 동일한 것을 느끼고 있을 거라 믿네"라고 말했다.

　몇 주가 지난 후, 내 친구는 그 지도자에게서 전화를 받았다.
와서 이야기를 좀 나누자는 연락이었다. 우리들 몇몇이 함께
찾아갔고, 그는 우리를 기쁘게 맞아 주었다. 그리고 그는 내
친구와 대화하려고 안으로 들어갔지만, 몇 분 후에 나를 포함
한 나머지 사람들은 그 집을 나올 수밖에 없었다. 스위스 지방
의 농가는 벽이 얇았기 때문이다. 우리가 들었던 이야기는 그
설교자의 소망이 아니라 아버지로서의 상처에 관한 것이었다.
그는 하나님을 모독하면서 그분을 향한 아픔과 분노, 어두운
마음과 불쾌감을 토로하고 있었다.

　내 친구는 그를 질책하는 대신, 친구 나사로의 무덤 앞에 서
계신 예수의 이야기로 그의 주의를 환기시켰다. 요한복음에
등장하는 그 사건에는 예수께서 화가 나셨다는 표현이 세 번

등장한다. 그중 한 가지는 '맹렬한 분개'라는 뜻을 지닌 헬라어로, 군마들이 힘차게 뒷다리로 서서 콧김을 내뿜으며 전쟁터를 향해 돌격하는 장면을 묘사할 때 아이스킬로스가 사용했던 단어다. 이것이 바로 사랑하는 이의 죽음에 직면했을 때, 나사렛 예수께서 보이신 반응이었다. 하나님이 선하고 아름답고 온전하게 창조하신 세상은 깨어지고 황폐해져 있었다. 예수께서 무언가를 행하시려는 순간들이 왔고, 그때 그분이 보이신 첫 번째 반응은 격렬한 분노였다. 본능적이고 강렬한 분노 말이다. 분명 죽음은 우리의 눈보다 그분의 눈에 훨씬 더 잘못된 것이었다.

오라클 사의 회장인 래리 엘리슨Larry Ellison은 가까운 친구였던 동료의 죽음 앞에서 "죽음은 나를 매우 화나게 한다. 때 이른 죽음은 나를 더욱 화나게 한다"고 절규했다. 유대인과 그리스도인의 관점에서, 그러한 분노는 잘못된 것이 아닌 올바른 반응이다. 이중 초점의 시각으로 보면, 분노(혹은 충격, 슬픔)는 아주 자연스러운 것이다. 악이야말로 부자연스러운 것이기 때문이다. C. S. 루이스가 말했듯이, 이것은 우리를 다시 성경적 신앙의 역설로 돌아가게 한다. "많은 사람들 중에서도 특히 우리는 죽음을 가장 소망하고 있다. 하지만 그 어떤 것도 우리를 죽음과 화해시키지는 못할 것이다. 그것은 바로, 죽음의 **부자연스러움** 때문이다."

**상처가 있는 신** 성경적 신앙군에서 고통에 반
응하는 두 번째 특성은, 우리가
악에 대항하여 싸울 수 있다는 것이다. 왜냐하면 하나님께서
직접 그분을 바라는 이들을 돌보시고 도우러 오시기 때문이
다. 동방종교들과 대조적으로, 성경적 반응은 분리가 아닌 참
여다. 그리고 서구 세속주의자들의 신념과 대조적으로, 우리
는 우리 자신의 책임 아래 있지 않다. 세상의 그 어떤 인간보
다 탁월한 지혜와 힘으로 죄와 싸우는 이들은, 악에 대한 선의
최종적 승리를 신뢰하는 굳건한 기초를 가질 수 있다. 우리의
생명이 다한 때에도, 하나님은 죽음 앞에 선 우리와 약속을 지
키신다.

그래서 유대인과 그리스도인들이 "우리가 이기리라"고 노
래하는 것은, 배짱 있는 체하는 것이 아니라 궁극적 승리에 대
한 확신에 기초하여 정의에 참여하는 것이다. 이러한 확신은
바로 하나님에 대한 시각에서 자라난다. 하나님은 스쳐간 우
연이나 자연의 법칙과 다를 뿐 아니라, '특징 없는 비인격체',
텅 빈 '존재의 근거', '우주적 힘'과도 전혀 다르다. 자신의 피
조물에게 말을 건네시는 성경의 하나님은 무궁한 존재일 뿐
아니라 인격체이시다.

종교적 신념이 인간의 고안물일 뿐이라고 생각하는 사람들
도 있지만, 성경 이야기의 하나님은 단순히 우리를 인격적으

로 대하실 뿐 아니라 본질적으로 인격적이신 분이다. 다시 말해 그분이 인격적이어야 한다는 우리의 필요 때문이 아니라, 그분의 본성 때문에 인격적이신 것이다. 그분은 우리의 형상을 따라 만들어지지 않으셨다. 우리가 그분의 형상을 따라 지음받았다. 이 사실만이 모든 인간의 소중함과 양도할 수 없는 존엄성을 정당화하는 유일한 근거다.

유대 역사에서 모세만큼 준비된 사람은 없었다. 그리고 하나님의 인격적인 간섭은 그분의 백성을 해방시키는 임무가 시작된 때부터 강한 힘을 발휘했다. "내 백성을 보내라!" 그분의 명령은 바로의 귀에까지(그리고 오랜 세월이 지나 세상 곳곳에서 압제당해 온 이들의 귀에까지) 울려 퍼진다. 이렇게 명령하신 후, 하나님은 모세에게 말씀하셨다. "내가 애굽에 있는 내 백성의 고통을 분명히 보고 그들이 그들의 감독자로 말미암아 부르짖음을 듣고 그 근심을 알고 내가 내려가서 그들을 애굽인의 손에서 건져내고 그들을 그 땅에서 인도하여……." 출애굽기 3:7-8

출애굽을 경험하고 광야를 건넌 후 그 생애의 마지막에 이르러, 모세가 느끼는 경이로움은 전보다 더 깊어졌다. 그는 수사적으로 질문했다. "우리 하나님 여호와께서 우리가 그에게 기도할 때마다 우리에게 가까이 하심과 같이 그 신이 가까이함을 얻은 큰 나라가 어디 있느냐." 신명기 4:7

토라(율법)에서 하나님이 구속자redeemer 곧 기업 무를 자—모든 필요를 채우고 모든 짐을 지고 모든 값을 지불하는 가장 가까운 친척—로 묘사되든 혹은 메시아를 보내기로 약속한 분으로 묘사되든 간에, 유대인의 하나님은 간섭하시는 하나님이다. 그분은 백성을 위하여, 가난하고 의지할 데 없는 이들을 위하여, 특히 그들이 압제 아래서 그분께 부르짖는 순간에 그들의 삶에 개입하기 원하신다.

예수가 기업 무를 자이며 메시아이심을 믿는 그리스도인들은, 그 신앙의 중심에 아무리 긴 시간이 지나도 깨끗하게 지워지지 않고 아무리 큰 승리를 거둬도 잠재울 수 없는 스캔들이 있다. 그 스캔들은 그분이 우리를 위해 처형 기구에 매달려 날개를 편 독수리의 자세로 벌거벗겨진 채 고문을 당했던 죄인이라는 내용이다. 예수께서 십자가 위에서 보여주신 하나님은, 악으로 하여금 예수께 최악의 일을 행하게 하고 마침내 그것을 이기심으로써 악을 패배시킨 분이시다.

도스토예프스키가 "의심의 지옥불"을 통과하여 신앙에 이르게 된 것은 바로 이 십자가 때문이었다. 그는 한스 홀바인 Hans Holbein 의 「십자가에서 내려지는 예수」라는 작품 앞에서 예수의 고통을 응시하며, 그림 속의 장면이 회화적 사실성을 훨씬 뛰어넘는 것임을 깨달았다. 그것은 우주의 현실로 들어가는 창문이었다. 하나님의 아들이 이처럼 고통을 당했다면, 세상에는 구원이 존재할 수 있다. 『카라마조프가의 형제들』에서 알료샤가 말했던 것처럼 말이다. "나는 악의 문제에 대한 답은 알지 못하지만, 사랑에 대해서는 잘 알고 있어요."

에밀리 디킨슨이 그 수많은 의심에도 불구하고 희미해지는 믿음을 살려낼 수 있었던 것도 바로 이 십자가 때문이었다. 예수는 고통과 죽음에서조차 개척자이셨다.

세상의 모든 간극을

그가 처음 건넜지.

이제는 그 어떤 새로운 간극도 남아 있지 않다네.

혹은 다른 시에서 그녀가 표현했던 것처럼, 신자들이 건너는 다리가 불안정해도 하나님은 "아들을 보내셔서 그 토대를 점검하게 하셨고, 마침내 그것이 견고하다고 장담하셨지."

듀크 엘링턴Duke Ellington이 임종의 순간에 침대에서 필요로 했던 것도 바로 이 십자가였다. 그는 종종 크리스마스 카드를 7월 즈음 지인들에게 보내곤 했는데, 그해에는 좀 더 이른 때인 5월에 보냈다. 카드의 디자인은 침대에서 그가 지니고 있던 상징과 똑같은 것이었다. 밝은 푸른색 배경에 금색의 글자 도안이었는데, 하나님GOD과 사랑LOVE이라는 글자가 서로 교차하여 십자가 형태를 이루고 있었다.

헨리 나우웬Henry Nouwen에게 '긍휼하신 하나님'을 명쾌하게 설명해 준 것도 바로 이 십자가였다. 그는 프랑스 콜마르에서 마티아스 그뤼네발트<sup>Matthias Gruenewald</sup>의 「이젠하임 제단화」를 세 시간 넘게 감상한 뒤 다음과 같은 글을 썼다. "나는 16세기에 역병으로 죽어 가는 고통받는 이들의 반응을 희미하게나마 볼 수 있었다. 그들은 이 제단에서 자신들과 똑같이 곪은 상처를 지닌 하나님을 보았던 것이다." 하나님의 해방은 우리에게서 고통을 제거하는 것이 아니라 그것을 우리와 나누는 것으로 성취된다는 것이 그의 결론이었다. "예수는 우리와 함께 고통을 당하신 하나님이다."

상처를 지닌 다른 신은 존재하지 않는다.


**현대 세계의 도전**　　　　두 가지 주요한 성경적 신앙군인 유대교와 기독교는 현대 세계를 낳은 주요 원인이었다. 그러나 지금 현대 세계는 이 두 종교의 정체성과 권위를 의심하며 그 중심부에 도전장을 내밀고 있다.

지난 두 세기 동안 유대인들은 해방, 게토의 종말, 계몽 운동, 미국의 융화, 시오니즘의 부활, 나치의 동유럽 유대 민족 멸절, 이스라엘의 탄생, 무신앙의 주요 이데올로기들에 대한 동족 유대인들의 공헌, 극단적 정통파 유대교와 세속 유대교

사이의 분열과 같은 대격변을 겪었다.

그리스도인들은 위와 똑같은 시기에 교회 국가 건설의 좌절, 수 세기에 걸친 서구에서의 문화적 지배 쇠퇴, 성경에 대한 강도 높은 비판적 공격, 신앙의 전통 형태와 수정주의 형태 간의 현저한 입장차를 맛보았다. 그리고 21세기 말 기독교는 놀랍게도 세계에서 가장 많이 연구되고 가장 많이 박해받는 종교가 되었다.

이러한 두 종교가 전승의 권위를 되찾고 정체성과 권위를 재발견하고 그들이 초래한 문명화의 진보에 공헌하는 데 동반자로서 힘을 모을 것인지의 여부는 새로운 세기에 제기된 주요 질문들 중 하나다.

어느 누구도 현대 세계에 직면한 유대교와 기독교의 곤경으로부터 얻은 그릇된 교훈을 제거할 수는 없다. 이 바통을 이어받겠다고 분별없이 앞으로 나갈 이들이 있겠는가? 그렇게 되기는 어렵다. 종교에 대한 현대 세계의 도전은 그렇게 쉽게 벗어날 수 있는 것이 아니다. 현대성의 영향력 아래 있는 이 두 가지 성경적 신앙의 곤혹스런 상태는 사실 당사자들에게는 영광된 일이며, 다른 이들에게는 경고다. 현대성의 이러한 첫 번째 공격은 최악의 공격이 되기는 했지만, 이는 성경적 신앙들의 리더십을 간접적으로 승인한 것이기도 하다. 이와 유사하게, 뒤쳐져 있는 다른 신앙군들의 상태가 더 나아 보일지도 모르지만, 이것은 그들이 뒤로 물러나 있고 현대 세계의 도전과 맞서지 않을 경우에만 그렇게 보일 뿐이다.


**나의 입장**                      앞에서 밝혔듯이, 주요 신앙군
                                  과 관련된 이런 간략한 개관과
고통에 대한 대체적인 반응은 설명에 약간의 도움을 줄 뿐이다. 각 신앙군에 속한 지지자들로부터 직접 듣는 것이 가장 좋으며, 나는 내게 전혀 편견이 없다고 자부하지 않을 것을 다시 한 번 강조하고 싶다. 그럼에도 불구하고 나는 이 내용들을 거짓 없이 정확하게 표현하려고 노력했다.

어떤 신념이 고통에 대한 인간의 딜레마를 해명하는 데 가장 많은 도움을 줄 수 있을까? 그것은 각자가 스스로 질문하고 스스로 답해야 한다. 하지만 약간의 상식만 있다면, 그 누구도 세 가지 신앙군 모두가 같은 것을 말하고 있다고 주장하거나, 세 가지 접근법에서 공통적 요소를 걸러낼 수 있다고 주장할 수는 없을 것이다. 차이는 거대한 변화를 가져온다.

이제 내 입장을 밝혀야 할 때다. 나는 성장기에 불교 문화권인 중국에서 십 년을 살았고, 후에 대학을 졸업하고 히말라야 작은 구릉의 리시케시에서 힌두교 구루의 가르침을 받았다. 하지만 지금의 나는 고통에서 근본적으로 분리되려는 동양의

반응으로부터 더욱더 많이 뒷걸음질치고 있다.

이처럼 나는 전 생애에 걸쳐 독서와 연구에 힘썼고, 서구 세속주의적 신념의 주요 지지자들을 알게 되었으며, 구성원 대다수가 그러한 신념을 지니고 있는 대학이라는 환경에서 수년 동안 생활했다. 하지만 마침내 나는 이론적 세계 밖의 만족스러운 인생에 대한 필요조건과 관련해서, 각양각색의 세속주의가 근본적으로 궁색하며 현저한 결함이 있다는 것을 발견했다.

간단히 말해서 나는 성경적 신앙군에 속해 있고 이에 공감하지만, 긴 성찰 후에야—의미를 향한 추구의 세 번째 단계를 검토한 후에야—비로소 여기에 이르렀다. 우리는 지금 이 세 번째 단계를 향하는 중이다. 진리에 대한 곤란한 질문을 포함하는 이 단계는 검증을 위한 시간이다.

당신은 성경적 신앙군에서 '이유'를 발견할 수 있습니까?
현실은 당신에게 '결코 이루어지지 말았어야 할 어떤 것'
혹은 '달라졌어야 하는 어떤 것'을 의미합니까?
당신과 가까이 계시는 하나님, 간섭하실 수 있고
또 그렇게 하시는 하나님에 대한 생각을 따라
나아가고 있습니까? 아니면 하나님은 단지 잘못된 것에 대해
책망하는 존재일 뿐입니까?

당신의 생각과 마음을 집중하십시오.

그리고 집으로 향하는 긴 여정에서 마주하는 갈림길들을

주의 깊게 살펴보십시오.

## 11. 길 위의 장애물과 현실

나의 가장 가까운 친구인 밥은 그의 고향에서 존경받는 정치 지도자이자 기업가다. 내가 그를 처음 만났을 때, 그는 어깨 아래까지 내려오는 긴 금발머리를 묶어 뒤로 늘어뜨린 하버드 대학 중퇴자였다(아마도 '휴학생'이 그를 지칭하는 공식 용어였을 것이다). 1960년대가 점점 쇠퇴 일로를 걷게 되면서 거대한 신화와 철저한 왜곡의 제물로 전락해 가자, 중퇴자들은 히피족이 되거나 불쌍하고 무능한 현실 세계의 도피자가 되었다. 하지만 밥에게서는 그런 불쌍한 면을 눈곱만큼도 찾아볼 수 없었다.

밥과 능력은 동의어였다. 친절한 성품, 잘생긴 외모, 논리적

인 이성, 자연스러운 지도자, 타고난 정치인, 세상에서 일어나
는 모든 일에 대한 빈틈없는 관심. 그는 탁월하게 이 모든 특
성을 소유하고 있었다. 내가 그를 알게 된 무렵, 그는 열렬한
구도자이기도 했다. 그는 모든 토론의 중심에 있었고, 탐구에
철저했고, 반대 의사에 신속히 대응했고, 목적에 대한 논의에
엄격했고, 자신과 다른 사람들을 결론과 행동으로 밀어붙이는
데 단호했다. 그리고 자기 자신처럼 강하고 부단한 의미를 추
구하는 데 온전히 헌신되어 있었다.

미국 동부 가정에서 특권층의 자녀로 태어난 밥은 최상류
사립 중등학교를 다닌 후 하버드 대학에 진학했다. 당시의 많
은 젊은이들처럼, 그는 1961년 존 F. 케네디의 취임 연설에 감
동을 받았다. 그래서 나라와 세계를 위해 무슨 일을 할 수 있
을지 자문해 보았다. 또한 사회를 변화시키고자 하는 케네디
의 열정에 자극을 받았다. 훗날 밥이 표현한 바에 의하면, 그
의 철학은 "도덕적 정당성과 자유 민주주의적 가치의 정의"에
대한 의식적이고 분명한 신념이었다. 사회적 재난에 대한 답
은 올바른 사람들이 리더십의 자리에 있는 것이라는 케네디식
의 확신과 닮아 있는 그런 철학이었다.

그 후로 현실에 대한 그의 시각을 공격하는 개인적인 사건
들이 연속적으로 일어났다. 밥의 말에 의하면, 그 사건들은
"아니야, 세상은 사실 그런 식으로 굴러가지 않아"라고 주장

하는 순간들이었고, "현실에 대한 또 다른 관점을 가르쳐 주는 단서들"이었다.

1969년 봄 하버드에서 밥이 2학년이 되던 때, 학교는 분쟁으로 한바탕 소동에 휘말렸고, 대학 본관을 점거한 학생들을 끌어내기 위해 결국 경찰까지 동원되었다. 이에 학생 전원은 여섯 가지 요구 사항을 내걸었는데, 그 절반은 베트남 전쟁을 반대한다는 내용이었고, 나머지 절반은 케임브리지 지역 내에서 하버드의 영향력에 관한 것이었다.

밥은 이스트 케임브리지의 빈곤한 지역을 위해 일하면서 임대료 제한법을 대변했다. 당시 이 법은 만병통치약처럼 떠들썩하게 선전되던 완전히 새로운 개념이었다. 그해 봄, 그는 학생 운동가의 열정을 발휘하여 하버드의 학생과 교수들을 모아 이 주제에 관해 연설했다. 그는 임대료 제한법을 지지하는 것이야말로 평화, 정의, 사랑, 인류의 편에 서는 것이며, 만일 임대료 제한법을 반대한다면 기본적으로 모든 선한 일의 반대편에 서는 것이라고 주장했다. 그는 중간 지점이라고는 전혀 없는 흑백 논리로 전문 용어를 섞어 가며 능숙하게 연설을 마쳤다. 밥의 열정적인 웅변술에 격앙된 청중은 곧 저항에 뛰어들었고, 그중 일부는 하버드 총장실을 찾아가 추태를 벌이기도 했다.

이에 밥은 오싹한 기분이 들었고, 넌더리나는 깨달음을 얻었다. '교묘한 형용사와 교묘한 연상'들을 사용하여 '똑똑하다고 추정되는 사람들'이 무언가를 믿도록 조종했던 것이다. 그는 니체의 『선악의 저편』에 대해 자신이 최근에 썼던 에세이를 생각했다. 그중에서도 특히 "불이 켜졌을 때 나는 황제가 아무 옷도 걸치지 않았음을 깨달았다"라는 글귀를 떠올렸다. 그의 친구와 동료와 스승들이 따르는 자유 민주주의적 가치의 신념에는 아무런 기초도 없는 것 같았다. 밥은 이런 의심이 들었다. '아마 그 어느 것도 본질적으로 옳거나 선하거나 정의로운 것은 없는 것 같다. 우리는 다른 사람들이 그렇게 생각하도록 조종할 뿐이다.'

다음 날 밥은 하버드를 떠나기로 결심했다. 어떤 것이 진정으로 옳고 선하고 정의로운가에 대한 그의 신념은 뼛속까지 흔들렸다. 그는 새로운 기초를 탐구하는 데 자신의 모든 힘과 열정을 쏟기로 했다. 만약 그런 것이 존재한다면 말이다.


**단지 생화학적 반응일 뿐인가**　　그해 여름, 밥은 전설적인 우드스탁 페스티벌에 참여했고, 새로운 세대 가운데 급증하고 있는 생활 공동체와 무료 진료소에 대한 연구를 위해 정부 기금을 받았다. 그는 그들의 유토피아 이상주의에는 별 감동을 받지 않았다. 히피를 전혀 옹호하지 않았던 그는, 공동의 삶과 자유로운 사랑에 대한 그 모든 논의에도 불구하고 공동체들을 결합시키는 것은 결국 힘이라는 것을 발견했다. 이상만으로는 충분하지 않았다. 강한 리더십이 없었던 공동체 운동은 어느 틈엔가 혼돈과 환멸로 빠져들었다. 거기에는 답이 없는 것이 분명했다.

밥은 유럽으로 가서 이곳저곳을 여행했다. 그의 탐구는 깊어졌고 정치적, 사회적일 뿐 아니라 철학적인 것이 되었다. 어떤 여행자들의 배낭은 옷으로 가득 차 있었지만, 밥의 배낭은 니체, 사르트르, 카뮈, 베케트, 앨런 와츠, 로버트 하인라인, R. D. 레잉, C. S. 루이스의 책들로 묵직했다. 루이스의 책은 스위스의 한 그리스도인 선생으로부터 확신을 가지고 일관되게 살라는 도전을 받은 후에 추가하게 되었다. 밥이 그 무렵 관심을 갖기 시작한 허무주의가 참이라면, 그 선생의 말은 실제로 그에게 어떤 의미가 있을까? 일관성에 대한 도전은 그의 마음속에 깊이 새겨졌다.

지브랄타에서 스톡홀름까지는 히치하이킹을 했는데, 한 케임브리지 대학의 교수와 그 아내가 그를 장시간 동안 태워 주었다. 그 교수는 철학자였는데, 밥은 어느 틈에 그 교수가 가진 철학적 입장에 대한 논리적 결론으로 대화를 이끌었다. 마치 모두가 지지할 수 있는 대답을 내놓도록 그 영국인 교수에게 강요하는 것 같은 모양새였다. 하지만 밀어붙일수록 답을 얻기는 힘들었다. 우주에서 아무런 의미도 발견하지 못한 그 교수는 모든 것을 생화학적 반응으로 치환해 버렸던 것이다.

마드리드에서 보르도까지 긴 대화를 나눈 후에 밥은 이렇게 말했다. "그렇다면 교수님은 그처럼 오랫동안 결혼생활을 하셨는데, 아내와의 관계에서 생화학적 반응이나 사랑과 돌봄에 대한 망상 이외에는 실제로 아무것도 찾지 못했다는 말씀이신가요?"

"그렇다네." 교수가 대답하자, 옆에 앉아 있던 그의 아내가 울음을 터뜨렸다.

그 순간 밥은 승리감과 죄책감을 동시에 느꼈다. 기분이 묘했다. 남편과 아내 사이를 갈라놓았다는 것뿐만 아니라, 자신 역시 일관되게 살지 못했다는 데서 오는 죄책감이었다. 그는 사랑과 연민과 정의와 인간의 존엄성을 가치 있게 여겼지만, 자신의 철학을 기준으로 할 때 이러한 것들은 아무런 의미가 없었다.

그 후에 그는 스톡홀름에서 다이앤이라는 친한 미국인 친구와 만나 대화를 나누게 되었다. 그녀와 밥은 서로를 잘 이해했고 피차 답이 없다는 것을 알고 있었기 때문에 그럴듯하게 보일 필요가 전혀 없었다. 밥은 탐구하는 과정에서 도달한 임의의 결론을 그녀에게 말해 주었다. 성경적 세계관에 동의하거나 그것을 좋아하는 것은 아니지만, 다른 만족스러운 대안을 찾지 못했다는 내용이었다. 그는 만약 성경적 세계관이 진리가 아니라면, 이 세상의 모든 것은 의미가 없다는 결론에 이르렀다.

그때까지 밥이 부조리와 심연의 두려움에 대해 했던 말들은 경험이 아닌 그저 말일 뿐이었다. 그러나 갑자기 모든 것이 변했다. "그때 얼굴이 하얗게 질린 다이앤의 표정을 잊을 수 없어요. 그 순간 내가 그녀에게 무슨 짓을 한 건지 소스라칠 정도로 깨달았지요. 그녀는 얼굴에서 미소가 떠나질 않는 정말로 사랑스러운 사람이었습니다. 마치 내가 그런 사랑스러움을 다 빼앗고는 그녀를 흔들면서 '너는 인생이 부조리하다는 것을 알아야 해. 인생에는 아무런 의미가 없어'라고 말한 셈이지요. 내가 아끼는 사람에게 그런 짓을 했다는 사실이 나를 공포에 질리게 만들었어요." 두 사람 모두 심연의 언저리를 응시하는 단계를 이미 넘어섰음을 말이 필요 없을 정도로 강렬하게 느낄 수 있었다. 그들은 심연으로 빠져들고 있었다.

밥이 하버드에서 사귄 다른 친구는 의미를 추구하다가 비슷한 결론에 이른 시점에서 자신의 머리를 쏘아 자살하고 말았다. 하지만 밥은 심연보다 더 강력한 현실의 충만한 힘을 느꼈고, 그 현실은 부조리를 넘어 부인할 수 없는 **의미**를 보여주었다. "인생에 부조리만 존재할 뿐 아무런 의미도 없는 것처럼 살려고 아무리 노력해도, 그때마다 또다시 직면하게 되는 것은 **의미**였습니다.……나는 삶에 의미가 없는 체하며 살 수 없었습니다. 삶은 의미 있는 것이니까요. 강력한 힘이 있는 아름다운 의미 말입니다."

그는 성경적 신앙이 진리라면, 의미의 밑바닥에 기초가 존재한다는 것을 깨달았다. 이런 생각은 그가 결코 기대하지도 바라지도 않았던 것이었다. "그와 동시에, 모든 것이 이 길을 가리키고 있다는 압도적 인식은 나의 마지막 희망이었습니다. 성경적 답이 진리이거나 부조리만이 존재하거나, 둘 중 하나였지요." 그의 탐구는 새로운 진지함과 방향을 취하게 되었다.

**확인하기**　　　　　　　밥의 탐구는 의미 추구의 세 번째 단계, 곧 검증의 단계의 핵심 문제를 제기한다. 두 번째 단계에서 매우 통찰력 있다고 생각했던 답이 참인지 아닌지를 질문하는 것에서부터 세 번째 단계가 시작된다. 그 답은 우리의 문제를 설명해 주었을지도 모른다. 그러나 그것은 설득력이 있는가? 무엇이 **참인가**를 발견하는 과정에서 우리는 무엇이 참이 아닌 것으로 판명나는지에 주목한다.

그것은 '확인'checking out의 간단한 과정이다. 어떤 이들은 이 과정에 다른 이름을 붙이기도 한다. 철학자들은 그것을 '검증'

verification이라고 하고, 법조인들은 '실사'due diligence라는 말을 쓴다.

우리가 이 단계에서 발견하여 고찰하는 증거 자체로는 신념을 만들어 내지 못한다. 그것은 기존 신념을 입증하거나 그 신념의 부당성을 입증할 뿐이다. 우리가 믿도록 요구받는 것을 믿는 데 충분하고 확실한 이유가 있는가? 이 질문에 대한 답이 없다면—더 나쁜 경우, 이 질문이 허용되지 않는다면—구도자들은 신자가 될 수 있을지는 몰라도, 자신의 신념이 하나의 추정에 불과하거나 소망을 만족시키는 형식, 환상, 정신적의지일 뿐이라는 의심에 언제나 노출되어 있을 것이다. 잘해야 불합리한 것이고, 나쁘게 말하면 부정직한 것이다.

더 현명한 방법은 파스칼이 『팡세』에서 표현했듯이 "우리는 이것을 상세히 살펴보아야 한다. 우리는 증거를 명백히 내놓아야 한다"고 말하는 것이다. C. S. 루이스는 『피고석의 하나님』God in the Dock에서 이렇게 쓰고 있다. "기독교는 **사실**을 이야기한다고, 진정한 우주가 어떠한 것인지 이야기한다고 주장한다. 우주에 대한 기독교의 설명은 사실일 수도 있고 그렇지 않을 수도 있지만, 당신이 실제로 그런 의문을 갖게 된다면 자연스러운 탐구심이 발동하여 답을 알고 싶어 하는 것이 정상이다. 기독교가 허위라면, 정직한 사람은 누구나 그것을 믿고 싶어 하지 않을 것이고, 어쩌면 그렇게 하는 편이 그에게 도움이 될지도 모른다. 그러나 만일 기독교가 진정한 것이라면, 정직한 사람은 누구나 그것을 믿고 싶어 하게 될 것이다. 자신에게 전혀 도움이 되지 않는다 하더라도 말이다."

여기서 루이스는 분별력 있는 탁월한 주장을 하고 있는가? 이 책이 쓰였을 당시 분명 대부분의 독자들은 그렇게 생각했다. 하지만 오늘날 어떤 부류들 가운데서는 이러한 주장이 큰 쟁점이다. 현대 세계에서 '진리'만큼 왜곡과 논쟁으로 둘러싸여 있는 개념도 없다.

**새로운 외설**    "빌라도는 '진리가 무엇이냐?' 라고 비웃으면서 말했다. 하지만 대답을 기다리려 하지는 않았다."

이것은 17세기에 프랜시스 베이컨Francis Bacon이 남긴 유명한 경구다. 이 말에서 엿볼 수 있듯이, 진리에 대한 주장은 항상 쟁점이 되어 왔다. W. B. 예이츠는 "확신에 소질이 있는 사람은 단 한 사람"도 본 적이 없다고 우스갯소리를 했다. 하지만 오늘날처럼 회의주의와 상대주의의 분위기에서, 또한 관용을 높이 평가하고 다양성을 인정하고 비판적인 것처럼 보이지 않으려고 필사적으로 애쓰는 시대에서, 진리에 대한 진지한 주장은 외설처럼 들린다. 그러한 주장은 당황스러운 표정을 짓게 만들고, 혈압을 상승하게 만들며, 공공연히 적개심을 드러내게 만든다. 확실히 오늘날 누군가가 진리에 대한 주장을 한다면, 그는 완전히 편협하고 문화적으로 서투른 사람, 그리고 폭탄을 던지는 무식한 계층 혹은 광신자라는 낙인이 찍힌다.

그러나 진리의 개념은 너무 중요한 것이기 때문에 그런 비평가들을 위해 양보할 수는 없다. 진리는 가장 순전하고 가장 소중한 선물 중 하나다. 진리가 없다면 현실의 문제를 다루고 인생을 헤쳐 나갈 수 없다. 그것은 과학, 정치, 언론, 관계, 온갖 종류의 지식에 대한 근거다.

편협하고 억압적이고 불건전하다는 오명과 달리, 진리는 계속적인 자유를 유지하려는 자유 사회의 본질적 필요조건이다. 진리는 가장 중요한 문제다. 왜냐하면 결국 그것 없이는 인간됨이나 자유가 존재하지 않기 때문이다. 선한 삶과 자유로운 삶으로 가는 길은 진리가 무엇인지 알고 그 진리를 따라 사는 법을 배우는 데 있다. 구도자에게 이보다 더 중요한 개념은 없다.

**안개를 걷으며**          "자유와 진리를 위한 전쟁에 나가려면 가장 좋은 바지를 입지 말라." 헨리크 입센의 이 소박한 충고는 모든 구도자의 비현실적 이상주의에 대한 최고의 해독제다. 우리는 언젠가 진리가 온 세상에 편만해질 것을 믿지만, 오늘과 내일의 진리는 그것을 퇴거시키려는 온갖 경멸적 시도들에 맞서는 가운데 얻을 수 있다. 진리 주변의 자욱한 안개를 걷어 내는 최선의 방법은 진리에 대한 오늘날의 논쟁들을 곰곰이 되새겨 보는 것이다. 다음의 다섯 가지 사항을 생각해 보자.

첫째, 우리는 역사의 흐름 속에서 대체로 의심을 지지하기보다 진리를 훨씬 더 존중했다는 사실을 기억해야 한다. 진리와 의심은 언제나 긴장 관계에 있었지만, 오늘날처럼 진리보다 의심을 중요시하는 것은 정상적인 상황이 아니다. 다시 진리에 대한 존중이 우세해지기를 확신하며 기대해도 좋다.

아우구스티누스는 "오, 진리여! 내 영혼의 정수가 얼마나 갈망했던가"라고 말하며 기뻐했다. 플라톤은 이렇게 말했다. "철학자들은 거짓에 취미가 없는 자들이다. 즉 그들은 거짓된 것을 모든 면에서 허용하지 않으려고 하는 반면, 진리를 소중히 여긴다." 막스 베버는 "진리가 아니면 아무것도 아니다"를 자신의 모토로 삼았다. 에밀리 디킨슨은 "나의 국가는 진리다"라고 썼다. 알베르 카뮈는 "그 무엇보다 진리를 택하라"고 충고했다. 이러한 것들은 훨씬 더 정상적인 때에 얻게 될 진리의 중요한 지위이며, 곧 그때가 올 것이다.

둘째, 오늘날 진리를 향한 의심과 회의는 우리 스스로 확실한 지식을 얻으려는 무리한 시도들에서 비롯된 직접적 결과다. 합리주의자들은 이성의 기초만으로 그것을 시도했고, 경험주의자들은 감각의 기초만으로 그것을 시도했으며, 논리 실증주의자들은 과학적 기준의 기초만으로 그것을 시도했다. 이세 가지 접근법들은 기대치를 지나치게 높였다. 그들이 인간 이성을 넘어서는 모든 가정을 거부하면서 내놓은 결론은, 절대적 확실성이 아니라면 전적 회의주의라는 것이었다. 놀랄 것도 없이, 인간 이성은 독자적으로 절대적 확실성을 얻을 수 없었고, 그 결과는 전적 회의주의였다. 아무튼 이런 식의 궤변은 완전히 새로운 것이 아니다. 아주 오래전, 고대 그리스 철학 회의주의자이자 소크라테스 비평가인 고르기아스는 아무것도 존재하지 않는다고 주장했다. 하지만 만약 존재한다 해도 그것을 이해할 수 없고, 이해한다 해도 표현할 수 없다고 했다.

셋째, 오늘날 진리에 대한 지배적 회의주의는 모순과 불일치로 가득 차 있다. 물론 회의주의가 다 나쁜 것은 아니다. 우리가 회의해야 할 수많은 신념과 의견들이 존재하는 것은 사실이다. 사실 우리의 머릿수보다 훨씬 더 많을 것이다. 하지만 일관성을 자랑하는 급진적 회의주의는 사실 매우 일관성이 없고 무책임하다.

"진리 같은 것은 없다"고 회의주의자들은 말한다. "진리를 주장하는 사람들은 거만하고 편협하다." 이 진술은 참인가?

그렇지 않다면, 우리는 그것 때문에 신경 쓸 필요가 없다. 그러나 이 진술이 참이라면, 진리가 없다는 주장을 반박하는 한 가지 진리가 있는 셈이다(그리고 어떤 진술을 참이라고 인정하는 기준은 다른 가능성들도 참이라고 인정할 것이다). 더욱이 그 진술은 편협하고 위선적이다. 그것은 진리 주장인 자신의 특성을 은폐하면서 다른 모든 진리 주장을 부인한다.

넷째, 한 가지 신앙군—성경적 신앙군—만이 진리의 절대적 중요성을 높이 평가하고 진리가 우주 안에 뿌리내리고 있으며 그곳에서 강화된다는 이유를 설명한다. 유대인과 그리스도인에게 진리는 궁극적으로 매우 중요하다. 왜냐하면 그것은 하나님의 신뢰성에 대한 질문이기 때문이다. 그분은 진실하시며, 진실하게 행하시며, 진실하게 말씀하신다. 그러므로 인간의 '진리 찾기'는 우주를 창조하신 분의 진실하심으로 인해 허용된다. 진리는 우리를 초월한다. 우리가 진리를 따를 때, 이는 우리를 진실하신 분에게로 인도하고, 돌아서게 하며, 마침내 그분께 이르게 할 것이다. 유대인과 그리스도인들은 왜 진리가 절대적으로 중요한지 알고 있다.

우리는 과학, 정치, 그리고 매일의 소통에서 '진리 지향성' truth directedness 이라 불리는 것을 필요로 하기 때문에, 심지어 세속주의자들도 언제나 마치 그렇다는 듯 행동할 수밖에 없다. 하지만 사실상 세속주의자들의 관점에 의하면, 기만은 이익이

되어야 하고 진리는 불이익이 되어야 한다. 예를 들어 다윈주
의가 참이라면, 진리 지향성은 기껏해야 맹신이다. 최악의 경
우, 그것은 진리 찾기가 궁극적으로 무익한 우주에서 일어나
는 인간 소외의 일환일 뿐이다. 고생물학자 조지 게이로드 심
슨George Gaylord Simpson은 이를 다음과 같이 표현했다. "진화란, 인
간에 대한 고려가 없는 무의미한 자연적 과정의 결과로 인간
이 생겨났음을 의미한다."

다섯째, 이 모든 논쟁과 복잡한 문제에도 불구하고 진리의
개념은 매우 분명하다. 우리의 일상적인 발화에서 진리를 말
한다는 것은 '있는 그대로 말하는 것'이다. **만일 실재가 진술에
서 표현된 것과 같다면** 우리는 그 진술(혹은 생각, 신념)이 참이
라고 말할 수 있다. 무언가에 대한 신념은 그것을 참으로 만들
지 못한다. 오직 진리만이 신념을 참으로 만든다. 하지만 진리
가 없다면, 신념은 사색에 덧붙인 견해일 뿐인지도 모른다. 더
나쁘게 말하자면, 그것은 거짓된 신념일지도 모른다. 그러므
로 진정한 신념은 현실에 부합하는 신념이다. 신념이 참이라
표명하는 것은 실제로 참이다. 우리가 어떤 신념을 참이라고
말할 때 뜻하는 바가 바로 이것이다.

**답이 기대에 어긋날 때**　　　우리의 질문에 가장 잘 응답하고 현실과 진리에도 잘 부합하는 답을 믿어야 할 정당한 이유나 확실한 증거가 있는가? 진리를 둘러싸고 있는 안개가 걷힐 때, 세 번째 단계의 이 핵심적 문제가 다시 한 번 명확하게 드러난다. 하지만 밥의 이야기와 경험에서 볼 수 있듯이, 확증confirmation과 미확인disconfirmation 그리고 증거evidence와 반증counterevidence 사이에는 서로 밀접한 관련이 있다. 우리가 진정한 구도자가 되어 우리의 질문에 대한 답을 찾고 있다면, 다른 답들이 만족스럽지 못하고 부적절하거나 모순되는 것으로 드러날 때 알맞은 답을 향하여 더욱 깊이 탐구하게 된다. 진리가 어떤 답들을 부정하는 이러한 순간들은 추구의 핵심이다.

이러한 논점의 근거는 간단하다. 어떠한 것도 명백한 것이 없을 때, 어떤 신념들은 사고의 대상일 수는 있지만 살아 낼 대상은 아니라는 것이다. 그래서 우리가 일탈에 대한 논의에서 보았던 것처럼, 데이비드 흄은 즐거운 시간을 보낸 후 회의주의에 대한 사색으로 돌아왔을 때, 그것들이 너무 "냉담하고 부자연스럽고 엉뚱하게 여겨져" 더 이상 추구할 수 없다고 생각했다. 그는 심연을 파헤쳐 연구하기를 좋아했지만 혼란스러운 것을 보았을 때 갑자기 그 일에서 손을 뗐고, 친구들과의 주사위 놀이로 다시 돌아갔다. 동료 철학자인 캐슬린 놋Kathleen Knott

이 흄에 대해 썼던 것처럼, 그는 "자신의 철학적 진술들을 마음에 적용하기를 거절함으로써" 스스로를 구원했다.

그와 반대로, 니체는 심연의 끝을 살펴보고 거기로 뛰어들었다. H. J. 블랙햄은 그에 대해 이렇게 썼다. "우리는 심연의 밑바닥을 내려다보고 자신이 그 아래로 던져질 가능성을 피할 수는 있지만, 시험적으로 뛰어내려 그 가능성을 탐사해 볼 수는 없다. 우리는 허무주의의 가능성을 생각으로 검열해 볼 수는 있지만……허무주의의 가능성을 따라 살기로 결심한다면, 더 이상 자신의 의지대로 독립적인 견지를 갖지 못한다.……우리는 실제로 휩쓸려 떠내려간다."

내 친구 밥이 받은 도전은, 그가 참이라고 믿는 것에 일관되게 살아야 한다는 것, 즉 대화 주제와 토론의 쟁점을 넘어 그의 신념을 선택하고 그것을 따라 일관되게 살기로 노력해야 한다는 것이었다. 그렇게 할 수 없거나 하지 않으려는 바로 그때가, 그 신념들이 충분한 것인지 아닌지를 질문해야 하는 순간이었다. 만일 충분한 것이 아니면 다른 신념들을 찾아가야 했다.

**그럼에도 불구하고**　　　　이제 내가 아는 구도자들에게 중대한 영향을 미쳤을 뿐 아니라 그 자체만으로도 영향력 있는 두 가지 이야기를 함께 생각해 보려고 한다.

우선 『선과 모터사이클 관리술』 *Zen and the Art of Motorcycle Maintenance*에 등장하는 로버트 피어시그 Robert Pirsig의 이야기로, 자신이 힌두교를 버리게 된 경위에 대한 것이다. 파이드루스라는 이름의 화자로 등장하는 그는, 베나레스의 한 교실에 앉아 어느 철학 교수의 강의를 듣고 있었다. 교수는 "50번째로 보이는 것을 위한" 세계의 환상적 본성에 대한 힌두교의 관점을 설명하는 중이었다. 파이드루스는 손을 들고, 원자폭탄이 히로시마와 나가사키에 떨어진 것도 환상일 뿐이냐고 냉담하게 질문했다. 교수는 미소를 지으며 그렇다고 대답했다. 대화는 거기서 끝났다.

하지만 파이드루스는 밥과 같이 베트남 전쟁 시대를 살고 있는 열정적인 젊은 미국인으로서 그 말을 전혀 수긍할 수 없었다. 피어시그는 "인도 철학의 전통 안에서는, 그 답이 정확했을지도 모른다"라고 썼다. 하지만 "파이드루스에게, 그리고 규칙적으로 신문을 읽고 인간의 대량 파괴와 같은 것에 관심을 갖는 사람들에게, 그 답은 절망적일 정도로 불충분했다. 그는 교실을 떠났고, 인도를 떠났으며, 공부를 포기했다."

장애물에 대한 훨씬 더 신랄한 예는 18세기 일본의 시인 고바야시 잇사 小林一茶에 대한 것이다. 그가 모든 하이쿠 시인 중에서도 가장 사랑받는 시인이 된 것은 작품에 드러난 그의 인간미 때문일 것이다. 그의 생애는 매우 비참했다. 서른 살이 되기 전에 다섯 명의 자녀가 모두 죽었고, 젊은 아내마저 세상을 떠났다. 딸 하나를 잃었을 때, 그는 선사禪師를 찾아가 그러한 고통을 어떻게 직면해야 하는지 물었다.

그 선사는 말했다. "세상이 이슬임을 잊지 마시오." 태양이 떠오르고 이슬이 사라지는 것처럼, 고통의 바퀴에서 슬픔은 순간적이고, 삶은 순간적이며, 인간도 순간적이다. 슬픔의 강한 감정에 빠졌다는 것은 이기적인 자만의 타성을 초월하는 데 실패했음을 말한다. 힌두교에는 이런 말이 있다. "마음의 분별이 있는 사람은 살아 있는 자들을 위해 슬퍼하지 않으며, 죽은 자들을 위해서도 슬퍼하지 않는다."

그것이 바로 그 선사의 종교적이고 철학적인 답변이었다. 잇사는 집으로 돌아오면서 그의 가장 유명한 시 중 하나를 썼다.

이슬의 세상은

이슬의 세상이지만,

그러나……

이 시를 좀 더 단순하게 번역하면 다음과 같다.

세상은 이슬이라네,

세상은 이슬이라네.

그러나

그러나……

이 시에 담긴 절제된 아름다움과 애수에도 불구하고, 그 속 뜻은 통찰력이 넘친다. "세상은 이슬이라네, 세상은 이슬이라네." 전반부는 불교의 논리를 표현하면서 한쪽 방향으로 나아간다. "그러나, 그러나." 후반부는 몸서리쳐지는 슬픔과 괴로운 사랑 때문에 선의 빛이 닿지 않는 어둠 속에서 울음을 터뜨릴 수밖에 없는 한 아버지, 남편, 인간의 마음을 표현하면서 그 반대 방향으로 나아간다. 동양으로 난 길에 들어섰던 수많은 서구인들이 잇사의 시를 읽은 후 방향을 다시 돌린 것은 당연한 일인지도 모른다.

현실은 존재한다. 그리고 그 현실의 진리를 탐구하는 길에 장애물도 나타난다. 진리를 확증하기보다 부정하게 되는 순간들도 있다. 장애물 때문에 길을 바꾸는 일도 흔하다. 그러므로 증거와 반증을 찾는 시간은 매우 중요하다. 인간됨과 우리가 우리의 삶을 위해 발견하는 의미의 자유가 달린 문제다.

당신은 진리를 주장하는 것이 거만하고 편협하다고 생각합니까?

진리, 현실, 인간됨, 자유 사이의 관계를

곰곰이 생각해 보았습니까?

당신이 가진 신념이 어디로 이끄는지 확인할 수 있도록

그 신념의 논리를 일관되게 따랐습니까?

아니면 당신의 신념은 실천 없는 사고만을 위한 것입니까?

당신의 생각과 마음을 집중하십시오.

그리고 집으로 향하는 긴 여정에서

증거들을 주의 깊게 살펴보십시오.

## 12. 삶이 철학을 낳는다

"나의 때는 아직 오지 않았다. 어떤 이들은 사후에야 태어나는 법이다." 프리드리히 니체가 이성의 마지막 끈을 놓기 불과 몇 달 전에 자신에 대해 말했던 이 과감한 예언은 충분히 이루어졌다. 1880년대에 프랑스의 에즈쉬르메르, 이탈리아의 토리노와 포르토피노, 스위스 생 모리츠 근처의 실스 마리아 등지를 여행하면서 끊임없는 고통을 겪는 가운데 집필활동을 했던 니체는 혁명적이고 영향력 있는 글들을 봇물처럼 쏟아냈고, 20세기는 니체에 대한 광범위한 주석이라는 말까지 생겨났다.

'사후의 탄생'이라는 말은 빈센트 반 고흐Vincent van Gogh에게도 동일하게 적용된다. 경매인들이 망치를 두드리고 고흐의 또다른 그림이 기록적인 가격으로 입찰될 때마다, 사람들은 짧고 외롭고 비참했던 실패의 인생, 비극적일 정도로 오해받았던 한 예술가를 주목하게 된다.

어떤 면에서 반 고흐는 여전히 오해받고 있다. 그의 그림은 세상에서 가장 잘 알려져 있지만, 그의 삶에 대해서는 무지와 왜곡이 넘쳐나기 때문이다. 반 고흐가 극심한 정신분열증 때문에 자살했다는 것은 널리 알려진 사실 아닌가? 1890년작 「까마귀가 나는 밀밭」에서 그의 자살 충동적인 우울증은 이미 예견되지 않았는가? 그의 우울증은 10년 전 가족들과 헤어졌을 때 생겨난 종교적 신앙의 붕괴에서 비롯된 것이 아닌가? 초기의 비정상적이고 병적이며 광신적인 신앙에서 완전히 헤어나와, 후기에는 자연 종교로 인해 평화까지는 아니지만 자유를 얻지 않았는가?

최근의 연구들이 정확하다면, 위의 질문들에 대한 대답은 모두 "그렇지 않다"이다. 사실 그동안 반 고흐에 대한 지식은 그가 폐쇄적인 장애 상태였다는 데서 벗어나지 못하고 있었다. 그러나 그의 신앙을 진지하게 고려해 보면 매우 다른 그림이 드러난다. 학술 논문들은 반 고흐의 신앙을 무시하고 있지만, 그의 편지들은 성경 인용, 기도, 선교활동 이야기, 믿음의 해석에 관한 논쟁으로 가득하다. 암스테르담 국립미술관

은 「피에타」나 「나사로의 부활」과 같이 반 고흐의 신앙이 좀
더 분명히 드러난 그림들은 금고에 보관해 두고 있을지도 모
른다. 하지만 반 고흐는 일반적으로 전시되는 그의 다른 작품
들보다 이 작품들에 대해 훨씬 더 많이 이야기했다. 「별이 빛
나는 밤」이나 「씨 뿌리는 사람」과 같은 그의 유명한 작품들도,
평생에 걸친 그의 신앙을 진지하게 고려할 때에만 이해할 수
있을 것이다.

**예수님처럼**　　　　　　　최근 전기 작가인 캐슬린 에릭
슨Kathleen Powers Erickson은 반 고흐
가 뚜렷한 선교활동을 했던 1875년에서 1880년 사이의 기간
뿐 아니라 전 생애에 걸쳐 종교심이 상당히 깊은 인물이었다
고 지적했다. 그렇기 때문에 반 고흐의 인생을 '광신적 시기'
와 '자연 종교의 시기'로 단순하게 나눌 수는 없다. 비록 그가
1880년에 교회를 떠난 것은 사실이지만, 그것은 신앙을 저버
린 것이 아니라 성직자들의 위선을 거부했던 것이다. 교회를
완전히 등진 이후에도 그가 신앙심을 지니고 있었다는 것은
다각도에서 발견된다. 예수에 대한 헌신, 이 땅의 하나님 나라
에 대한 믿음, 가난한 자들을 향한 관심, 자신과 같이 이 세상
에서 많은 고통을 겪은 이들이 죽어서 보상을 받게 될 것이라

는 확신이 바로 그것이다.

하지만 반 고흐의 생애 가운데 심각한 깨어짐의 순간이 있었던 것도 분명한 사실이다. 그것의 파괴적 파급 효과는 죽는 날까지 계속되었다. 종교와 예술이 언제나 긴밀하게 연결되어 있던 가정에서 태어난 반 고흐는, 목사인 아버지와 알미니안주의(칼빈주의가 아닌)에 헌신된 가문의 전통에 대해 깊은 존경심을 가지고 있었다. 그가 런던과 파리에 머무는 동안 복음주의적 회심을 경험하고 토마스 아 켐피스Thomas à Kempis의『그리스도를 본받아』나 존 버니언의『천로역정』, 찰스 스펄전Charles Spurgeon의 설교를 좋아하게 되면서, 그의 신비주의적 경건주의는 훨씬 더 깊어졌다.

반 고흐의 소망은 목회자가 아닌 평신도 복음 전도자로서 그의 아버지의 발자취를 따라가는 것이었다. 그는 동생 테오에게 이런 편지를 보냈다. "우리 가문에는 대대로 복음을 전하는 사람들이 언제나 있었지." 하지만 반 고흐의 노력들은 처참한 실패로 끝났다. 벨기에 탄광촌 사람들과 함께했던 열여덟 달간의 선교 활동도, 예술 방면의 가족 사업에 고용되었던 것도 모두 비참한 결말을 맞았다.

반 고흐로 하여금 선교활동을 그만두게 한 것은 그의 부족한 신앙심이 아닌 교회 위원회였다. 설교의 웅변술이 부족하다는 것이 그 이유였다. 사실 그들은 "병상에 있는 사람들과 상처 입은 사람들에게 그가 보여주었던 훌륭한 성품과, 그가 지속적으로 보여준 자기희생적 헌신에 대해서는" 높이 칭찬했다. 왜 그처럼 금욕적이고 희생적인 삶을 사느냐고 누군가가 물었을 때, 그는 이렇게 대답했다. "저는 예수님처럼 가난한 자들의 친구입니다."

반 고흐가 교회와 완전히 결별하게 된 것은, 그가 한때 가장 존경했던 두 명의 성직자인 삼촌 스트리커와 아버지에 대한 불신 때문이었다. 그들에게서 위선을 보고 이에 염증을 느낀 반 고흐는 모든 성직자와 제도적 교회를 '바리새주의'라고 단죄했다. 하지만 그가 믿음을 부인한 것은 아니었다. 그는 동생에게 이렇게 썼다. "어쩌면 물타튤리Multatuli가 「믿음 없는 자의 기도」를 끝내며 했던 말처럼, 우리 역시 '오 신이시여, 신은 없습니다!'라고 말할 때 비로소 진짜 하나님을 알기 시작하는 것이 아닐까. 성직자들이 말하는 하나님이 내게는 죽은 하나님으로 느껴지는구나. 이렇게 말하는 나는 무신론자인 것일까?"

반 고흐는 자신이 여전히 하나님을 믿고 있음을 열정적으로 주장했다. 테오에게 보낸 또 다른 편지에서 그는 이런 말을 했다. "네가 나를 광신도라고 여긴다 할지라도, 사랑하기 위해서는 하나님을 믿는 것이 절대적으로 필요하다(그렇다고 성직자들의 모든 설교를 신뢰해야 한다는 뜻은 아니다)는 것을 네게 말해 주고 싶구나. 나에게 하나님을 믿는다는 의미는, 죽어 있거나 박제된 하나님이 아닌, 거부할 수 없는 힘으로 우리에게 끊임없는 사랑을 재촉하시는 하나님이 존재한다고 느끼는 것이다."

그때부터 반 고흐는 '좋은 종교, 나쁜 종교', '하얀 빛, 검은 빛'과 같은 이분법적 표현을 하기 시작했다. 또 다른 편지에서 그는 "성직자들 그리고 특히 성직자의 아내들처럼 신앙심 없고 매정하고 세속적인 사람들도 없다"고 썼다. 이와 같은 위선에 대해 그가 사용했던 상징은 '회칠한 벽'이었다. 그는 교회를 평가하며 이렇게 말했다. "그곳에서 사람들이 굳어져 돌로 변하는 것은 당연한 일이다."

**걸어서 하늘로**　　　　　　　반 고흐의 「별이 빛나는 밤」이라는 그림을 보면 알 수 있듯이, 회칠한 교회는 풍경 중에서 밤하늘의 별빛을 반사하지 못하는 유일한 건물이다. 하늘은 빛과 믿음으로 휘황찬란한데, 교회만이 어두운 채로 남아 있다. 이 작품에 대해 평하면서 그는 "종교—이렇게 말해도 된다면—가 간절히 필요했다"고 이야기했다. 고흐는 그럴 때마다 밤에 밖에 나가 별들을 그렸다고 한다. 그는 1882년 테오에게 자신의 친구가 아이를 낳은 일을 언급하며 다음과 같이 썼다. "이러한 순간에 사람들은 그

분의 살아 계심을 느끼지. 마치 내가 '나는 하나님을 믿는다'
는 진지한 믿음의 고백을 기꺼이 하려 할 때와 같은 기분일 거
야."

　친구이자 동료 화가인 폴 고갱$^{Paul\ Gauguin}$은 반 고흐에 대해 이
렇게 썼다. "그의 네덜란드식 머리는 성경으로 불타고 있었
다." 반 고흐의 마지막 생애에서 그의 신앙을 보여주는 가장
강력하고 감동적인 증거는 1882년의 석판화 작품인 「영원의
문」일 것이다. 이 작품은 그가 프로방스 지역의 생 레미 정신
병원에서 건강을 회복하는 동안 유화로 다시 제작되었다. 그
그림에는 대머리의 노인이 움켜쥔 주먹으로 자신의 눈을 누르
며 의자에 웅크리고 앉아 있는 모습이 묘사되어 있다. 우리는
그것이 고뇌와 슬픔 그리고 가난한 자들의 가혹하게 힘겨운
운명을 상징한다고 생각한다. 하지만 그렇지 않다. 반 고흐는
그 농부가—반 고흐 자신과 같이—그 순간에도 신앙에 매달
리고 있다고 설명했다. "벌레들의 운명으로 귀속될 수 없는 뭔
가 고귀하고 대단한 것이 존재한다. 그것은 분명 신학과는 거
리가 멀다. 가난에 허덕이는 나무꾼, 화로 옆에 앉아 있는 농
부나 광부들에게도, 영원의 집이 있다는 것과 그것이 가까이
오고 있다는 것을 느끼는 감정과 영감의 순간들이 있다."

　반 고흐의 남아 있는 설교 중에는 이런 내용이 있다. "우리
는 순례자들이다. 우리의 인생은 이 땅에서 하늘로 가는 긴 걸

음이자 여정이다." 여정의 모티프는 그의 인생이 마치는 순간까지 계속해서 나타난다. 그는 아를에서 이렇게 썼다. "나는 언제나 다른 곳, 다른 목적지를 향해 떠나는 나그네처럼 느껴진다. 그게 정확히 어떤 것인지는 잘 모르겠다. 그러나 모른다는 그 느낌 때문에, 현재 우리의 삶을 편도로 가는 기차 여행처럼 생각할 수 있다."

그러므로 죽음, 심지어 자살도 '영원의 집'을 믿는 사람들에게는 끝이 아니다. 반 고흐가 주장하듯이, 죽으면 기차를 탈 수 없듯 살아 있는 동안에는 별에 갈 수 없다. "증기선이나 합승마차, 철도 등이 지상의 운송수단이라면, 콜레라나 결석이나 결핵, 암 등은 천상의 운송수단인지도 모른다. 늙어서 평화롭게 죽는다는 것은 그곳까지 걸어가는 것과 같다."

슬프게도 반 고흐는 그곳까지 걸어가기에는 너무 더디다는 결론을 내린 것 같다. 하지만 그때까지 팔리지 않은 그의 그림들을 친구들이 그의 시신 주변에 둘러 주었을 때, 평소 좋아했던 노란 꽃들을 그의 관 위에 수북이 덮어 주었을 때, 죽음에서 부활의 생명으로 가는 과도기의 예수, 빨간 머리의 고흐를 닮은 예수를 그린 「피에타」가 그의 관에 걸렸을 때, 이 모든 것은 반 고흐의 꺼지지 않는 신앙을 보여주었다. 반 고흐는 이렇게 말했다. "모든 싸움을 다 싸우고, 모든 고통을 다 견디고, 모든 기도를 다 드리고 나면, 그 끝은 비로소 평화일 것이다."

반 고흐의 비통한 이야기는 니체의 고통과 외로움에 견줄 만하다. 하지만 모든 것을 무릅쓴 이 화가의 신앙은 니체의 무신앙과는 극명한 대조를 이룬다. 반 고흐는 믿지 않을 수 있는 분명한 이유들이 있었음에도 불구하고 끝까지 신앙을 지켰지만, 니체는 그가 열정을 다해 공격했던 기독교 신앙의 증거를 단 한 번도 찾아보려 하지 않았다. 니체는 그리스도인들과 교회에 대해 나쁜 경험을 해본 적이 없었다고 솔직하게 이야기했다. 『이 사람을 보라』에서 니체는 이렇게 기록했다. "내가 기독교를 공격하는 데에는 그럴 만한 이유가 있다. 나의 그런 경향을 달갑지 않거나 불쾌하게 생각하는 사람을 단 한 번도 만나 본 적이 없는 것이다. 가장 진지한 그리스도인들조차 언제나 나에게 호의적이었다."

이는 구도자들에게 중요한 질문을 던진다. 즉 어떤 식의 증거라야 신앙을 부정할 수 있는 근거가 되는가? 우리는 이제 실제로는 그렇지 않지만 신념의 장애물이라고 여겨지는 두 가지 예들을 살펴볼 것이다. 이 두 가지는 겉으로 볼 때 신념에 대한 결정적 반론처럼 보이지만, 좀 더 깊이 살펴보면 더 심오하고 합리적인 신념으로 향하는 문을 열어 준다. 첫 번째 장애물은 오래된 상처(주로 심리학적 요인들)에서 비롯된 회의주의다. 또한 두 번째 장애물은 신념을 가진 사람들에게서 받은 좋지 못한 경험에서 비롯된 회의주의다. 두 가지 장애물 모두 충분히 이해할 수 있지만, 앞으로 살펴보겠듯이 그것들은 사실 진리에 대한 질문들을 회피하고 있다. 면밀한 조사를 통해 두 가지 경우 모두에서 철학은 일종의 일대기로 축소되었고, 합리적 논증은 인신공격적 논증―신념에 대한 증거를 공격하는 것이 아니라 그것을 증거하는 사람을 공격하는 것―으로 대체되었음을 보일 것이다.

**단지 투사일 뿐인가**　　　반 고흐는 왜 그토록 완고하게 신앙을 붙잡았고, 니체는 왜 그토록 맹렬하고 완전하게 신앙을 부정했을까? 이 질문에 대한 답은 현대 세계에서 종교에 대한 가장 치명적 공격인 투사 이론projection theory으로 우리를 인도한다. 한 연구에 따르면, 투사 이론은 의심 없는 공격자까지도 가격하고 돌아오는 부메랑처럼 기능한다.

　종교적 신념은 소망이 투사된 형태이고 따라서 환상일 뿐이라는 사상은 19세기 초기 철학자인 루트비히 포이에르바흐Ludiwig Feuerbach에게서 비롯되었고, 후에 "환상의 미래"(『문명 속의 불만』)에서 지그문트 프로이트에 의해 더욱 설득력 있게 제시되었다. 프로이트에 따르면, 종교적 신념들은 "환상이며, 인간의 가장 오래되고 강력하고 긴급한 소망들의 성취다. 그러므로 신의 섭리라는 자비로운 원칙은 인생의 위험들에 대한 공포를 덜어 준다."

프로이트의 명성과 과학의 권위라는 든든한 지지를 등에 업은 이러한 관점은, 종교적 신념을 통해 진리에 이르는 모든 주장의 거짓을 폭로하는 궁극적 수단으로 수년간 인식되어 왔다. 마르크스, 니체, 프로이트가 주장했던 것처럼, 종교가 사회적 혹은 심리적 요인들로 모두 설명될 수 있다면 종교적 신념의 진실성을 따져 보는 일은 시간 낭비다.

하지만 프로이트 이론은 면밀한 연구에 의해 심각한 결함이 있는 것으로 판명되었다. 이 연구로 인해 결국 프로이트 이론은 프로이트 자신에게, 그리고 종교에 대적하는 핵심 무기로서 투사 이론에 의지했던 모든 사람들에게 다시 그대로 적용되었다. 그의 투사 이론은 이제 정신분석학이나 과학이 아닌, 프로이트 자신의 개인적 견해로 간주되고 있다. 프로이트 자신도 이 사실을 친구에게 인정했다. "내 책의 관점이 분석 이론을 조금도 만들어 내지 못한다는 것은 자네나 나나 분명히 알고 있는 사실이네. 그건 내 개인적 관점일 뿐일세."

프로이트는 자신의 이론이 경험적 증거에 근거하고 있다는 점에 대해서도 증거를 제시하지 못했다. 놀랍게도, 이 정신분석학의 창시자는 하나님을 믿는 심리를 탐구하거나 종교적인 환자들을 돌보는 일에는 거의 경험이 없다시피 했다. 뉴욕 대학의 폴 비츠<sup>Paul Vitz</sup> 교수는 프로이트의 모든 저작을 섭렵한 뒤 다음과 같은 결론을 내렸다. "프로이트는 믿음을 가진 환자들에게서 얻은 임상학적 증거들에 근거해 하나님에 대한 믿음을 다루는 정신분석학을 그 어디에도 발표한 적이 없다. 그는 투사 이론이나 그의 종교 사상에 대한 진지한 심리학적 증거를 공개적으로 발표한 적이 없다."

프로이트 시대 이후로 이루어진 수많은 연구들은, 종교적 신념이 신경증적이고 파괴적인 것이라는 생각을 강력하게 부인했다. 오히려 종교적인 삶은 더 나은 건강과 심리적 안정 그리고 좀 더 긍정적인 사회적 영향력으로 이어진다는 것이 증명되었다.

더 놀라운 사실은, 프로이트의 이론이 종교적 신념보다는 무신론에 대해 더욱 신빙성 있게 설명한다는 점이다. 프로이트는 '부성<sup>父性</sup> 콤플렉스와 신을 향한 믿음 사이의 긴밀한 연관성'에 관해 쓴 적이 있다. 거기서 그는, 정신분석학이 "인격적인 신이란 논리적으로 따져 보면 신분이 높은 아버지에 지나지 않는다는 것을 어떻게 보여주는지, 그리고 아버지의 권위가 무너지면서 젊은이들이 종교적 신념을 잃어 간다는 것을 어떻게 보여주는지"를 언급했다. 그는 "무신론자들이 자신들의 아버지에게 실망하고 분노할수록 신을 부정하는 것을 정당화한다"고 지적했다.

마지막 요지는 폴 비츠의 저서 『무신론의 심리학』*Faith of the Fatherless*에 잘 나타나 있다. 프로이트의 주장을 살펴보기 위해 비츠는 니체, 흄, 러셀, 히틀러, 스딸린, 미오쩌둥, 사르트르, 카뮈, 쇼펜하우어, 매들린 머레이 오헤어와 그 밖의 가장 유명하고 맹렬한 무신론자들의 어린 시절을 탐구한 뒤 다음과 같은 결론을 내렸다. "이 모든 이들은 쇠약하고 무력하거나 학대하는 아버지를 둔 사람들이었다." 어떤 이들은 아버지를 어린 나이에 여의었다(니체는 네 살 때 아버지를 잃었다). 다른 이들은 아버지와 정서적으로 소원하거나, 학대하는 아버지를 두고 있었다.

비츠가 연구했던 많은 사례들을 통해, 무신론자들과 그 가족들은 무신론과 불완전한 아버지 사이의 관계를 공공연히 인정하게 되었다. 크리켓 광이었던 아버지에 의해 철저하게 버림받은 어머니를 둔 H. G. 웰스*Wells*는 이러한 경험이 어머니의 믿음에 어떤 영향을 주었는지 자서전에 기록한 바 있다. "한때 어머니는 보상받는 사랑과 끊임없이 돌봐 주는 하나님을 꿈꾸었지만, 어머니에게 안도감을 주는 곳은 꿈나라 이외에는 어디에도 없었다. 아버지는 언제나 크리켓 구장에 있었고, 어머니는 본질적으로 나아지지 않은 상태로 몇 년을 질질 끌면서 점점 더 강렬하게 깨달았던 것 같다. 어머니가 처음부터 과도하게 믿었던 우리 아버지와 우리 주님 역시 부재중이라는 것을 말이다. 그들은 별이 빛나는 우주의 한 모퉁이에서 그들만의 크리켓을 하고 있을지도 모를 일이었다."

내가 지금 투사 이론을 그 지지자들에게 되받아쳐 적용시킴으로써 무신론이 허위라는 것을 증명하려는 것으로 보이는가? 그렇지 않다. 그것은 별개의 문제다. 투사 이론은 사실 우상 숭배에 대한 고대 성경의 관점을—히브리 관점에서 우상이란 우주에 투사된 '하찮은 것들'nothings이었다—전도시킨 것이다. 똑같이 되갚아 주는 것이 공정한 시합이겠지만, 그런 시합은 영원히 오락가락하는 싸움이 될 수도 있다.

내가 강조하고자 하는 바는, 이러한 종류의 무신론이 전형적으로 회피하는 진리와 증거에 대해 토론할 필요가 있다는 점이다. 이러한 토론이 끝까지 지속된다면, 두 가지 사실이 분명해질 것이다. 첫째, 투사 이론을 통해 종교적 신념을 부정했던 무신론자들의 주장은 증거가 묻는 바를 철저히 외면했다는 점에서 비합리적이다(예를 들어, 니체는 『이 사람을 보라』에서 다음과 같이 인정했다. "나는 추론의 결과로서의 무신론에 대해서는 전혀 아는 바가 없다. 사건으로서의 무신론은 더더욱 그러하다. 나에게 무신론은 명백히 직관인 것이다"). 둘째, 그것은 증거를 제시하는 사람을 공격한다는 점에서 인신공격적이다.

**냉담하고 잔인한**　　　　　나는 철학이 인생 경험에 뿌리를 두고 있지만 그것은 일대기 그 이상이라고 말한 바 있다. 하지만 많은 저명한 무신론자들의 삶에서 철학은 그저 인생 경험으로 축소될 뿐이다. 좀 더 자세히 말하자면, 무신론에서 인생 경험은 가장 결정적인 요소가 되었고, 좀 더 광범위한 합리적 근거는 거의 찾아볼 수 없다. 니체의 경우 철학의 근원은 단순하다. 그를 가장 슬프게 했던 것은, 한때 존경하고 숭배했지만 나중에는 나약하다고 생각했던 아버지의 죽음이었다. 다른 사람들의 경우 그 근원은 좀 더 복잡했다. 이것은 두 번째 장애물, 곧 신념을 가진 사람들에게서 겪은 좋지 못한 경험들로 인한 회의주의와 관련된다.

새뮤얼 버틀러<sup>Samuel Butler</sup>는 폭군이자 성직자였던 자신의 아버지를 증오했다. 그래서 그는 아버지의 구타와 믿음에 반항으로 맞섰다. 그는 일반적으로 긍정적 아버지상을 갖고 있지 않았을 뿐 아니라, 자신의 실제 아버지에 대해서는 부정적 경험을 가지고 있었다. 아버지에 대한 증오는 그의 모든 저작에 영향을 미쳤다. 그의 전기를 쓴 맬컴 머거리지는 다음과 같이 말했다. "버틀러가 어린 시절에 대해 언급하는 모든 글 속에는 언제나 증오가 서려 있다. 그는 자신의 언어가 적들의 가슴에 꽂히는 독화살과 같다는 것을 깨달았고……아버지의 교회, 아

버지의 하나님, 아버지의 소망과 믿음과 행동 기준들을 하나
씩 무너뜨렸다."

나약하거나 학대하거나 혹은 부재하는 아버지에 대한 경험
들은 자녀의 삶에 지속적으로 영향을 미칠 수 있다. 그것은 신
념을 소유한 사람들에게도 마찬가지다. 에밀리 디킨슨에게는,
하나님이 종종 그녀의 변호사 아버지와 같이 쌀쌀맞고 무뚝뚝
하고 엄격한 분으로 느껴졌다. 한 친구가 그녀의 가족에 대해
물었을 때, 그녀는 자신의 아버지가 "소송 사건들로 너무 바빠
서 우리가 무엇을 하는지 알아차리지 못할 정도"라고 대답했
다. 에밀리는 아버지가 경배하는 신도 동일하게 멀리 떨어져
있다고 생각했으며 자신의 가족에 대해 이렇게 말했다. "나를
제외한 가족 모두가 종교적이며, 그들은 아침마다 '아버지'라
고 부르는 존재를 언급한다."

이런 이야기들에는 불완전한 아버지상에 대한 논의를 넘어
서는 어떤 핵심이 눈에 띈다. 즉 2천 년이 넘는 시간 동안 기
독교 신앙에 대한 결정적 반론의 구실을 해온 것이 바로 그리
스도인들이라는 사실이다. 믿음의 고백과 믿음의 실천—다른
사람들에게 믿음의 타당성을 보여주는 것—사이에는 분명히
직접적 연관성이 있다. 당신이 설교한 것, 당신이 믿음을 가지
라고 권면한 바로 그것을 실천하라. 그렇지 않다면, 당신은 믿
음과 모순된 삶을 보여주는 것이다. 예수께서는 제자들에게

이렇게 말씀하셨다. "너희가 서로 사랑하면, 이로써 모든 사람이 너희가 내 제자인 줄 알리라." 1,500년이 지나 에라스무스는 타락한 세상에 살고 있는 동시대인들에게 이렇게 상기시켰다. "터키인을 기독교로 개종시키려면 우리가 먼저 그리스도인이 되어야 한다."

이와 비슷한 핵심을 좀 더 신랄하게 표현한 경우도 있다. 조지 버나드 쇼George Bernard Shaw는 빈정대듯이 이야기했다. "기독교는 좋은 것이 될 수도 있었다. 어느 누구라도 그런 시도를 해본 적이 있다면 말이다." 대주교 윌리엄 템플William Temple은 슬프게도 이렇게 말했다. "나는 거룩한 가톨릭 교회를 믿는다. 다만 그것이 존재하지 않는다는 사실이 유감스러울 뿐이다." 진지한 구도자들에게 이 점은 결정적인 것이다. 십자군 전쟁의 대학살을 주도한 리처드 1세,Richard I 수많은 유대인과 이교도들을 화형에 처했던 스페인 종교 재판소장 토르케마다,Torquemada 악명 높은 창부 정치의 주인공이었던 보르지아 가문의 교황 알렉산더 6세Alexander VI 등의 역사를 살펴볼 때, 우리는 기독교 신앙을 언제나 겸손하게 고백해야 한다.

물론 이에 대해 수많은 반론들을 제기할 수 있다. 즉 신념에 대한 책임은 추종자들에게 전가되는 것이 아니며, 나쁜 예들은 언제나 부풀려지기 마련이라는 식의 주장 말이다. 어떤 이들은, 종교 재판소의 화형으로 수만 명의 사람들이 죽임을 당했지만 20세기의 무신론 사상 아래서는 수천만, 수억 명의 사람들이 학살되었다는 사실을 상기해야 한다고 말한다. 이 밖에도 수많은 반론들이 나올 수 있다.

하지만 이러한 모든 반론들은 핵심을 놓치고 있다. 잔학 행위가 한 명에게 행해지든, 열 명, 이백 명, 1만 명에게 행해지든, 잔학 행위는 잔학 행위다. 더욱이, 잔학 행위에 그 이름이 수모를 당한 분[예수]의 모범과 가르침을 철저히 위반하는 행위보다 더 잔학한 일이 있을까. 즉 어떻게든 고백의 필요성을 피할 길은 없다는 것이다. C. S. 루이스는 자신의 동료 그리스도인들에게 부탁하는 글에서 이렇게 인정한 바 있다. "지금은 쓸 생각이 없지만 만일 쓰게 될 책이 있다면, 그것은 분명 기독교가 인류의 잔혹성에 가담했던 사실들을 완전히 고백하는 책일 것이다. 우리가 저질렀던 과거의 수많은 사실들을 공식적으로 인정하지 않는 한, 세상 사람들은 우리의 말을 들으려 하지 않을 것이다. 왜 그럴까? 우리는 그리스도의 이름을 외쳐 왔지만, 몰렉(암몬 사람들이 섬기던 우상 신으로, 제사에 어린 자녀가 희생제물로 바쳐졌다—옮긴이)의 행위를 실천해 왔기 때문이다."

**진리에 대한 여전한 목마름**  하지만 이러한 것들이 믿음에 불리한 증거들로 작용하는가?

앞서 살펴보았듯이, 카뮈는 신념이 그것의 부산물을 통해서가 아니라 그 정점을 통해 판단되어야 한다고 주장했다. 그리스도인들의 행위가 그리스도의 가르침과 모범을 너무도 분명하고 완전하게 부정할 때, 이러한 주장은 특히 맞아떨어지는 것 같다.

이러한 모순들이 신자가 겸손해야 함을 상기시킨다면, 이러한 모순들을 오용한 기록들은 회의주의자들이 정직해야 함을 상기시킨다. 중요한 것은, 신자들이 그들의 믿음에 부족하게 행동했는가가 아니라, '그들의 믿음이 참인가'라는 것이다. 오래된 상처와 좋지 않은 경험들은 모든 종교와 이데올로기에 존재하는 슬프면서도 피할 수 없는 현실이다. 하지만 그것들 자체가 믿고 안 믿고를 결정짓는 근거가 되어서는 안 된다.

작가 앤 라모트는 의미를 향한 추구의 과정에서 다음과 같이 인정할 수밖에 없었다. "우리 가족 중 어느 누구도 하나님을 믿지 않았다. 아버지가 유년 시절에 겪었던 그리스도인으로서의 냉혹한 고통을 존중하는 의미로, 우리 모두가 하나님을 믿지 않는 데 동의하며 맹세를 한 것 같았다." 이것은 합리적인가? 그녀는 이 문제의 진실을 들여다보았는가? 두 질문에 대한 대답은 분명 "그렇지 않다"이다. 할아버지의 실패에 대한 그녀 아버지의 반응 역시 변명거리가 되지 못한다. 이제는 스스로 탐색해 보아야 했고, 그녀는 그렇게 했다. "나는 감히 진리라고 부를 수 있는 무언가에 목말라했다."

당신은 스스로 점검해 보지 않은 신념을

즉시 버릴 수 있는 근거를 가지고 있습니까?

신념에 대한 당신의 태도가 당신 삶의 역사와 경험들로

채색되어 있지는 않습니까?

당신의 태도는 어떤 점에서 합리적이며,

지극히 개인적인 경험에서 나온 부분은 없습니까?

당신의 태도 중 물려받은 부분은 무엇이며,

단지 위장에 불과한 부분은 없습니까?

당신의 생각과 마음을 집중하십시오.

그리고 집으로 향하는 긴 여정에서

증거들을 주의 깊게 살펴보십시오.

## 13. 완전한 일치

"감옥에 신의 축복이 있기를!"

알렉산드르 솔제니친<sup>Aleksandr Solzhenitsyn</sup>은 악명 높은 강제노동 수용소를 떠올리며 이렇게 외쳤다. 그는 『졸참나무와 송아지』에서 이렇게 쓴 적이 있다. "내가 **갇혀 있지** 않았더라면 어떤 작가가 되었을지 생각하기도 싫다."

이 '축복'은 수감생활에 대한 솔제니친의 부채감을 넘어 멀리까지 울려 퍼진다. 위대한 저작물 중에는 옥중에서 계획되거나 집필된 것들이 많다. 솔제니친의 작품들을 비롯하여 사도 바울의 옥중서신들, 보에티우스의 『철학의 위안』, 존 버니언의 『천로역정』, 디트리히 본회퍼의 『옥중서간』, 바츨라프 하벨$^{Vaclav Havel}$의 『올가에게 보내는 편지』 등이 이에 속한다. 보에 티우스와 본회퍼 같은 작가들은 실제로 사형선고를 받은 상태에서 책을 쓰고, 그 후 처형되었다.

마틴 루터 킹$^{Martin Luther King Jr.}$은 9일간의 짧은 수감생활을 마친 후 스무 페이지 분량의 『버밍엄 감옥에서의 편지』$^{Letter from}$ $^{Birmingham Jail}$를 썼다. 이 편지는 구약적 정의와 신약적 은혜의 혼합이자, 미국 시민권 운동에 대한 예언적 메시지였다. 또한 신념을 가진 저자가 소유한 개혁의 열정, 그리고 그러한 개혁을 일으키고 이끈 신념의 시각을 매우 훌륭하게 보여주고 있다. 하지만 처음에 이 편지는 그다지 긍정적 반응을 얻지 못했다.

**우주적 목소리**　　　　　　　　1963년 봄, 남부 전역에서 흑인 투표자가 더 많이 등록되도록 하기 위한 시민권 운동이 활발히 벌어지고 있었다. 처음에는 앨라배마 주 버밍엄에서 활동하던 마틴 루터 킹보다도 미시시피 주 그린우드에 본거지를 두고 주도적으로 운동을 펼치던 밥 모세스$^{Bob Moses}$가 전국의 집중적인 조명을 받았다. 그린우드는 코미디언 딕 그레고리$^{Dick Gregory}$가 전 국가적인 유명인으로서는 처음으로 지지활동을 폈던 첫 번째 지역이었다. 그레고리는 잘 알려진 한 연설에서 이렇게 말했다. "우리는 당신

들의 개들(시위 진압용 경찰견)을 지나 행진할 것이다! 코끼리를
끌고 나온다면 코끼리를 지나 행진할 것이며, 호랑이를 끌고
나온다면 호랑이를 지나 행진할 것이다."

'인종 차별의 감옥'인 버밍엄에서 킹이 계획한 시위는 많은
지지자들로부터 비판을 받았다. 그가 '충돌을 피하는 패배적
인 운동가'라는 좋지 못한 평판을 얻던 때였다. 개혁을 준비
중이던 그 도시의 시장 당선자는 "백인이든 흑인이든 모두가
태연하게 그 시위를 무시할 것"을 강력히 촉구했다. 법무장관
로버트 F. 케네디Robert F. Kennedy도 그러한 시위들에 대해 "때가
좋지 않다"고 평했다.

시위에 대한 시의 금지 명령으로 인해 킹은 진퇴양난에 처
했다. 그가 약속했던 대로 시위를 진행한다면, 많은 이들을 감
옥으로 보내는 것이나 다름없었다. 그들의 운동 조직에 더 이
상 그들을 위한 보석금이 남아 있지 않다는 것을 알면서도 말
이다. 킹의 아버지마저 시의 금지 명령에 복종하라고 권했다.
하지만 그는 동지들에게 이렇게 말했다. "나는 가야만 합니다.
혼자서 행진해야 한다면 그렇게 할 것입니다."

킹은 수난일Good Friday에 시위대를 이끌었고, 버밍엄 경찰에
의해 즉석에서 구속되어 독방으로 보내졌다. 몰래 반입된 신
문과 잡지들에서 킹은 슬프게도 그의 시위에 대한 반응이 어
떤지를 보게 되었다. 『타임』지는 그의 저항을 "시기적절하지

못한 시위"라고 평했고, 「워싱턴 포스트」지는 버밍엄의 현실
적 필요에 의한 것이라기보다 리더십 경쟁에 의해 불붙은 "의
심스러운 공공사업" 중 하나라고 공격했다. 특히 문제가 되는
것은 「버밍엄 뉴스」의 한 기사였다. 그 기사에는 "흑인들에게
시위에서 물러날 것을 촉구한 백인 성직자들"이라는 제목이
붙어 있었다. 킹을 지지하던 자유주의 성직자들이 시민 불복
종에 대한 킹의 도덕적 근거에 이의를 제기한 것이다.

이에 대한 그의 응답이 바로 『버밍엄 감옥에서의 편지』였다.
깊은 내면의 동요를 느낀 그는, 신문의 가장자리에 종교 지도
자들에 대한 대답을 적기 시작했다. 그의 친구이자 변호사인
클라렌스 존스Clarence Jones는 "해충 방역 광고와 가든 클럽 뉴스
란을 빙 둘러서 이런저런 성경 구절들이 적혀 있었다"고 회상
했다. 킹의 지지자들은 그가 끄적여 놓은 글을 판독하여 활자
화했고, 그 덕분에 그 편지는 나라 전체와 세계로까지 전달될
수 있었다.

뜨거운 열정으로 쓰인 『버밍엄 감옥에서의 편지』는 여러 가
지 면에서 놀랄 만하다. 어떤 문장들은 단호하면서도 똑똑 끊
어지는 간결함과 날카로움을 담고 있었다. 또 삼백 단어 길이
의 어떤 문장들은 마치 앞에 놓인 모든 것을 떠내려가게 하는
역사와 감정의 홍수 같기도 하다. 때로 킹은 시야를 넓혀 수백
만 사람들의 관점들을 아우르기도 했고, 어떤 경우에는 시선

을 집중해 어느 특별한 순간에 있는 한 아이를 바라보기도 했다. 그는 때로 설교하고, 때로 항변하고, 때로 저항하고, 때로 한탄한다. 그리고 열정을 다해 사람들을 설득했다.

역사학자 테일러 브랜치[Taylor Branch]가 "시대와 인종을 넘어서는 우주적 목소리"라고 말했던 것처럼, 그 편지는 "반론의 여지 없이 웅대한" 킹의 목소리를 담고 있었다.

그 편지에는 백인 온건주의자들에 대한 통렬한 공격, 정의의 원칙들에 대한 힘찬 선언이 담겨 있었다. 그는 버밍엄에서 자신이 주도한 불법 시위에 당황한 성직자들을 향해 이렇게 말했다. "당신들은 우리의 의도적인 법 위반 행위에 크게 우려하고 있다." 킹도 인정했듯이, 그들의 우려는 정당한 것이었다. 1954년 연방대법원이 공립학교에서의 인종 차별을 불법화한다는 판결을 내렸을 때, 그는 이 결정에 따르도록 사람들을 독려했다. 그런 면에서 지금 그가 주장하고 있는 시민 불복종은 과거의 행보와 모순되는 것처럼 보였다. "내게 이렇게 묻는 사람이 있을지도 모른다. '어떻게 당신은 어떤 법은 지키고 어떤 법은 어기라고 주장할 수 있습니까?'"

킹의 대답은 성경적 신앙에 의해 가능하게 된 개혁적 관점이 기준이 되었다. "두 가지 형태의 법, 곧 정당한 법과 부당한 법이 존재한다는 사실에서 그 답을 찾을 수 있다. 나는 '부당한 법은 더 이상 법이 아니다'라는 성 아우구스티누스의 말에 동의한다."

그는 버밍엄의 이번 시위 금지령이 "인종 차별을 유지시키고, 수정 헌법 제1조 평화 집회와 시위의 권리를 시민들에게 허용하지 않는" 데 사용되었던 것을 부당한 법의 한 예로 지목했다. 다른 상황에서는 합법적·도덕적으로 올바른 것을 이번에는 시민들에게 허용하지 않았던 것이다. 그러나 그러한 법을 위반할 경우에도 지켜야 할 올바른 태도들이 있다. "부당한 법을 위반하는 사람은 **열린 마음과 깊은 애정**을 가져야 하며, 처벌을 기꺼이 받아들일 수 있어야 한다." 그러한 법률 위반자의 의도는 법망을 빠져나가려는 것이 아니라, 법에 대한 보다 큰 그림을 제시하려는 것이다. "양심에 비춰 부당하다고 판단되는 법을 어기고 그 부당함에 대한 공동체의 양심을 일깨우기 위해 투옥의 처벌을 기꺼이 감수하는 사람은, 사실상 법에 대한 가장 큰 존경심을 표하고 있는 것이라 할 수 있다."

킹의 주장은 앞서 살펴보았던 성경적 신앙군의 이중 초점에서와 같은 긴장감이 드러나지만, 또한 여기에는 중요하고 새로운 적용점이 있다. 성경적 신앙들로 하여금 세상을 긍정하면서 또한 부정하게 만드는 창조와 타락의 진리 사이의 역동적 긴장은 개혁에 대한 본질적 충동을 불러일으킨다. 인간의 불의가 신적 정의와 대치하는 곳이면 어디서든, 구원과 개혁에 대한 도전은 단지 허용될 뿐 아니라 적극적으로 요구된다.

"나는 사람도 아니고 형제도 아닙니까?"

월리엄 월버포스와 조사이어 웨지우드가 노예들을 대신하여 던진 이 질문은 유럽인들에게 노예 제도의 폐해를 각성시키기 위한 것이었다. 킹은 편지에서 이렇게 외쳤다.

"모든 인종 차별 법규는 부당하다. 왜냐하면 인종 차별은 영혼을 왜곡시키고 인격을 훼손하기 때문이다."


**사실들이 들어맞지 않는다면**　　　이러한 이중 초점의 시각이 차이를 만들어 낸다는 것은 자명하다. 예를 들어 뒤틀린 세상과 직면했을 때 힌두교는 단념하라고 하는 반면, 유대인과 그리스도인들은 개혁의 의지를 보인다. 그러므로 누구든지 자신들의 문명 상태를 살펴보면 그 결과를 알 수 있다. 이러한 이중 초점의 시각은 참된 것인가?

이 질문에 답할 때 사람들이 범하는 두 가지 실수가 있는데, 이 둘은 똑같은 실수이기는 하지만 방향은 정반대다. 어떤 이들은 아무도 통과할 수 없는 진리에 대한 불가능한 기준들을 세운다. 그들은 어떤 것을 참된 것으로 받아들이기 전에 반드시 먼저 검증해야 한다고 말한다. 하지만 이러한 과정이 진리를 판별할 수 있다고 어떻게 검증할 수 있는가? 즉 우리는 또 다른 검증을 필요로 하게 되는 것이다. 그들이 바라던 확실성은 영구적인 순환 속으로 녹아들 뿐이다. 낙관주의자의 입장에서 확실성을 추구하던 합리주의자도 결국 비관주의자나 회의주의자가 되기 쉽다.

반면 어떤 이들은 진리에 대한 모든 질문을 쉽게 무시한다. 이토록 명백하고 일관성 있는 신념이 있는데, 증거가 받쳐 주든 그렇지 않든 무슨 상관이냐는 말이다. 종교 신자들은 흔히 이 부분의 주범이라는 비난을 받는다. 그래서 신앙은 종종 '증거를 무시하는 믿음'으로 정의된다. 하지만 세속주의자라고 공언하는 이들 가운데서도 그러한 비합리성을 드러내는 경우를 찾아볼 수 있다.

찰스 다윈은 자신의 형에게 『종의 기원』<sup>The Origin of Species</sup>을 보내 주었다. 형은 책을 읽은 후, 자연 선택 이론이 매우 설득력 있으므로 결정적인 부분에서 증거가 부족한 것은 그리 큰 문제가 되지 않는다는 답신을 보냈다. 형은 이렇게 썼다. "사실들이 완전히 들어맞지 않는다 해도 내 느낌에는 괜찮은 것 같아."

하버드 대학 생물학자인 리처드 르원틴<sup>Richard Lewontin</sup>은 『뉴욕 리뷰 오브 북스』지에 보낸 기고문에서, 자신과 같은 자연주의 과학자들은 "물질주의를 우선적으로 고려하기" 때문에 상식에 어긋나는 특정 입장들을 대수롭지 않게 받아들인다고 언급했다. "과학적 수단 때문에 우리가 현상 세계에 대한 물질적 설명을 받아들여만 하는 것이 아니다." 그 반대로 "물질적 원인들에 대한 우리의 선험적 집착 때문에, 우리는 물질적 설명을 가능하게 하는 실험 장치와 일련의 개념들을 만들어 내야 한다. 그것이 설령 반직관적이고 초심자들을 당혹케 하는 것일지라도 말이다. 더욱이 우리는 우리의 영역 안에 신이 발을 들여놓는 것을 허락할 수 없기 때문에 물질주의는 우리에게 절대적이다."

이 놀라운 고백이 맹신과 닫힌 마음을 드러내고 있다는 데는 오해의 여지가 없다. 분명히 진리, 증거, 열린 마음, 연구는 그러한 진화론자들에게 주요한 고려 사항이 아니다.

반대로, 신념들이 증거에 부합하는지 살펴보기 위한 조사에는 두 가지 방법이 있다. 의미를 추구하는 현 단계에서는 두 가지 모두 매우 중요하다. 한 가지 방법은 다음 장에서 살펴볼 주제로, 좀 더 가까이에서 특정한 신념들을 자세하게 점검하는 것이다. 지금 살펴보려고 하는 다른 한 가지 방법은 큰 그림을 보는 것이다. 이를 통해 세계관의 본질인 진리 주장이 서로 엮여 있는 커다란 망을 평가할 수 있다. 이는 대부분의 사실들을 설명하는 데 어떤 모델이 더 적합한지를 결정하기 위해 다양한 접근법들을 고려해 보겠다는 의미다.

이러한 평가는 과학에서 매우 중요하다. 코페르니쿠스와 갈릴레오가 발전시킨 지동설이 지지받으면서 우주에 대한 프톨레마이오스의 천동설이 결국 폐기되었던 사건을 그 예로 들

수 있다. 지금은 지동설이 잘 정착되어 있지만, 수 세기 동안 각 관점들은 저마다 자신들이 사실을 설명한다고 주장했다. 그러나 결국 승자가 된 것은, 광범위한 이론들을 통해 보다 많은 질문들에 답하고 다른 관점보다 더 많은 사실들을 구체화한 모델이었다.

**우주와 평화를, 세상과 전쟁을** 이와 같이 신념과 세계관에 대한 광범위한 조사는 많은 구도자들이 시도한 추구의 핵심 부분이며, 언제나 각 구도자들만의 고유한 것이다. G. K. 체스터턴은 마음속에서 갑자기 생겨난 감사의 느낌으로 인해 구도자가 된 후, 오로지 자신만의 탐구를 계속 진행해 나갔다(이는 우리 모두에게 해당된다). 그의 질문들은 아우구스티누스의 것도, 파스칼의 것도, C. S. 루이스의 것도, 당신이나 나의 것도 아니었다. 그리고 그는 자신이 조사한 모든 신념 앞에 자신만의 고유한 질문들을 던졌다.

특히, 체스터턴은 왜 자신이 세상으로부터 좋은 것과 나쁜 것을 **동시에** 경험했는지 알고 싶어 했다. 비관주의 그 자체만으로는 만족할 수 없었다. 그는 살아 있다는 것이 진정으로 감사했기 때문이다. 그러나 낙관주의 역시 그 자체로는 그에게 만족을 주지 못했다. 세상에는 무언가 심각하게 잘못된 것이 있었다. 그가 만일 어떤 신념을 받아들인다면, 그것은 그가 경험한 현실의 두 부분을 올바로 평가할 수 있는 것이어야 했다.

그가 연결시키고자 했던 바로 그 두 가지를 화해시키는 속성 때문에 기독교 신앙이 비난을 받아 왔다는 사실을 깨닫게 되었을 때 체스터턴이 얼마나 흥분했을지 상상할 수 있을 것이다. "우주에 대해서는 너무 낙관적인 동시에 세상에 대해서는 너무 비관적이라는 이유로 기독교는 비난을 받고 있었다. 그러한 우연의 일치가 나를 얼어붙게 했다."

체스터턴은 창조와 타락이라는 한 쌍의 진리를 둘러싼 이중 초점에 그 이유가 있음을 깨달았다. C. S. 루이스가 훗날 언급한 "복된 양날의 특성"을 성경적 신앙에 부여하면서 말이다. 체스터턴은 너무 놀라 꼼짝도 할 수 없었다. 이것이 진리라면 그의 딜레마가 풀리게 될 것이 분명했다. "이런 관점을 통해서라면, 적어도 비관주의자나 낙관주의자가 되지 않고도 행복과 분노를 함께 느끼는 것이 가능하다. 이런 체계를 바탕으로 인간은 이 세상의 깃발을 포기하지 않고도 존재하는 모든 세력과 맞서 싸울 수 있을 것이다. 인간은 우주와 평화롭게 지낼 수도, 세상과 전쟁을 할 수도 있을 것이다."

체스터턴의 흥분 상태는 그에게 갑작스러운 깨달음의 여명이 찾아올 때까지 계속 고조되었다. 그는 훗날 『정통』*Orthodoxy*에서 이를 "형언할 수 없는 경험"이라고 표현했다. "나는 세상에 태어난 이후로 줄곧 거대하고 다루기 어려울 뿐 아니라 서로 모양이 다르고 외관적으로 전혀 연관성이 없는 두 개의 기계 장치―곧 이 세상과 기독교 전통―를 다루지 못해 허둥대기만 했다." 한편으로 그는 다음과 같은 사실을 발견했다. "나는 이 세상에 구멍이 뚫려 있다는 사실을 알아차렸다. 즉 인간은 이 세상을 믿지 않으면서도 사랑하는 방법을 찾아야 한다는 사실이 바로 그것이다. 인간은 세속에 물들지 않되 이 세상을 사랑해야 한다." 다른 한편으로 그는 "기독교 신학 안에서 마치 단단한 대못처럼 도드라져 있는 어떤 특징"을 발견했다. 그것은 바로 "하나님이 인격을 갖추고 있으며, 이 세상을 자신으로부터 분리시켰다"는 교리상의 주장이었다. 그는 이러한 "교리가 이 세상의 구멍에 정확하게 들어맞으며, 분명히 그곳에 들어맞도록 계획되었다"는 사실을 깨달았던 것이다.

체스터턴은 이렇게 말을 이었다. "그런 후에 이상한 일이 일어나기 시작했다. 두 기계 장치의 두 부분이 차례로 결합되면서, 차례로 다른 모든 부분 역시 꼭 들어맞아 무시무시할 정도로 정확하게 그 속에 배치되었다. 나는 안도의 숨을 내쉬듯 차례차례 찰깍 소리를 내며 기계 장치에서 제자리를 찾아 들어가는 볼트소리를 들을 수 있었다. 시계가 정오를 알리는 종이 연이어 울려 퍼지듯, 한 부분이 바르게 맞춰지자 나머지 부분도 계속해서 모두 바르게 끼워 맞춰졌다. 교리 하나하나가 내

직감에 연이어 답을 주었다."

체스터턴은 자신이 전략적 요새를 점령하기 위해 적국으로 공격해 들어갔다가 이미 그 나라 전체가 무너져 버린 것을 발견한 장군이 된 듯하다고 말했다. 핵심적 진리들이 제자리를 잡자 뒤이어 다른 모든 것들도 알맞게 배치되었으며, 그의 인생도 의미를 가지게 되었다. 그는 "탈골된 뼈가 제자리에 맞춰졌을 때"와 같은 안도감을 느낀다고 말했다. 이러한 기독교 진리는 명료하게 들어맞았고, 그는 잘 맞는 것을 찾았다는 데 편안함과 더불어 들뜬 기분을 동시에 느꼈다.

체스터턴이 "끊임없이 마음속에 떠오르는 직관"이라고 표현한 인생의 기쁨은 마침내 그 이유를 찾았다. 그는 살아 있음으로 인한 감사에서 나온 초월의 신호를 따라 정확하게 인도받고 있었다. 또한 그의 타고난 낙관주의는 한없이 넘쳐나는 기쁨을 지탱해 줄 강력한 기반을 발견했다. 또한 그 낙관주의의 근거도 방향을 바꾸어 더욱 깊어졌다. 그는 이렇게 설명했다. "나는 비관주의의 너무도 명백한 신성 모독을 피하기 위해 나 자신을 종종 낙관주의자라고 생각해 왔다. 그러나 그 시절의 낙관주의는 모두 거짓이었다. 낙관주의는 늘 우리 인간이 이 세상과 조화를 이루고 있음을 입증하려고 노력해 왔지만, 그것이 거짓이었기 때문에 우리를 낙심에 빠뜨렸다. 기독교의 낙관주의는 우리가 세상과 조화를 이루지 **못한다는** 사실에 기초한다."

그는 자연주의의 거짓 낙관주의가 약속하는 즐거움은 "지루할" 뿐이지만 "기독교의 즐거움은 시적이라는 것"을 발견했다. "왜냐하면 그것은 초자연적인 것에 비추어 모든 것이 부자연스러움을 강조하기 때문"이었다. "부자연스러움"에 대한 진정한 발견은 그에게 놀라운 영향을 미쳤다. "현대의 철학자들은 내가 올바른 자리에 있다고 되풀이하여 말했고, 그 말은 아무리 못 들은 척하려고 해도 나를 우울하게 했다. 그러나 내가 **잘못된** 자리에 있다는 말을 들었을 때, 내 영혼은 봄날의 새처럼 기쁨에 가득 차 노래를 불렀다. 그 깨달음은 유아기의 어두운 집에서 잊힌 방들을 찾아내어 비추어 주었다. 나는 이제 왜 항상 나에게는 풀잎이 거인의 푸른 수염처럼 이상해 보였는지, 그리고 내가 왜 집에 있으면서도 집을 그리워하는 감정을 느꼈는지를 알게 되었다."

## 사실들의 축적

당신은 이러한 **양가적** 주장이 당신의 낙관주의와 비관주의를 하나로 결합시키는 것을 느껴 본 적이 있는가? 많은 사람들이 경험해 보았을 것이다. 파스칼은 이렇게 말했다. "인간은 천사도 짐승도 아니다. 그러나 불행한 점은 천사처럼 행동하려고 노력하는 사람이 사실 짐승처럼 행동한다는 것이다." C. S. 루이스는 한 친구에게 이런 편지를 썼다. "사실 인간은 인생에 대해 만족스럽다고도, 쓸모없다고도 말할 수 없는 것 같다네." 또한 빅터 프랭클은 이렇게 말했다. "인간은 아우슈비츠의 가스실을 발명해 낸 존재다. 하지만 주기도문이나 쉐마 이스라엘*Shema Yisrael*을 암송하며 똑바로 서서 가스실에 들어가는 존재이기도 하다."

체스터턴이 발견한 가장 중요한 내용인 양가적 주장은 개인적 발견일 뿐 아니라 지적인 확증이었다. "왜 기독교를 믿느냐는 전적으로 이성적인 질문을 받는다면, 나는 그저 증거에 근거하여 이성적으로 믿게 되었다는 대답밖에 할 수 없다. 하지만 내 경우에 그 증거란 이런저런 논증 속에 있는 것이 아니라, 작지만 서로 일치하는 사실들의 거대한 축적 속에 있다." 그의 신념은 이제 그가 보았던 큰 그림에 완벽하게 부합하게 되었다.

체스터턴은 기독교 신앙에서 색다른 낙관주의와 색다른 비관주의를 경험했고, 이 두 가지가 동시에 정당할 수 있는 이유를 찾아냈다. 이 과정에서 그는 기독교 신앙이 진리임을 깨달았고, 그것은 그의 인생과 인생 너머의 여정을 준비하는 기초가 되었다.

당신은 세상에서 온전히 내 집에 있다고 느끼지 못하는 이유를
말할 수 있습니까? 왜 우리는 인생 너머에까지 이르는 갈망으로
'집에 대한 향수'를 느낍니까?
세상이 지금의 세상과는 달랐어야 한다고 느끼는 이유를
말할 수 있습니까?
왜 '도처에 있는 불의가 도처에 있는 정의에 대한 위협'이며,
이 모든 문제들에 답할 수 있는 신념을 알고 있습니까?
당신의 생각과 마음을 집중하십시오.
그리고 집으로 향하는 긴 여정에서
증거들을 주의 깊게 살펴보십시오.

# 14. 최고의 소식

똑바로 쳐다보았을 때 미치지 않을 수 없는 두 가지가 있다고 한다. 하나는 하나님의 영광이고, 다른 하나는 인간의 악이다. 후자에 관한 주장을 뒷받침하는 시대를 들자면, 20세기를 들 수 있겠다. 전쟁으로 1억 명 이상이 목숨을 잃었고, 정치적 탄압으로 또 다른 1억 명이 학살을 당했으며, 인종 분쟁이나 종파 간의 갈등으로 셀 수 없이 많은 사람들이 살해되었다. 20세기는 역사상 가장 잔인하고도 불행한 세기였다. 남북 전쟁 대학살 이후 앰브로즈 비어스Ambrose Bierce가 말한 "인간의 결정적 특징은 잔인함이다"라는 것을 확증하는 듯했다.

인간의 잔인함에 대한 이야기는 마음을 어둡게 하지만, 그럼에도 불구하고 우리는 악으로부터 반복적인 교훈들을 얻는 다. 첫째, 악은 눈물이 완전히 마를 때까지 마음을 강퍅하게 하며, 마음을 다시 여는 데는 선이 필요하다. 둘째, 하나님에 대한 믿음이 약해질 만큼 고통스러울 때, 그런 지옥 같은 상황 의 다른 한편에서는 더 강한 믿음이 생긴다. 빅터 프랭클은 수 용소에서 살아남은 자로서의 경험을 근거로 이렇게 말했다. "아우슈비츠를 경험한 이들 가운데 더욱 깊은 신앙심을 갖게 된 이들의 수는 신앙을 포기한 이들의 수를 훨씬 능가했다. 그 들은 수용소의 경험 때문이 아니라, 수용소의 경험에도 불구 하고 신앙이 더 깊어졌다."

물론 이 두 가지 교훈은 서로 연결되어 있다. 악의 비밀 한 가운데서 분명해진 것은 선의 비밀이 깊고 더 강력하게 존재 한다는 것이다. 악이 주는 시련 가운데서 마음을 감동시키는 선과 맞닥뜨리면 믿음이 부쩍 강해진다. 필립 핼리[Philip Hallie]가 르 샹봉-쉬르-리뇽이라는 지역을 발견하게 된 이야기가 그 좋은 예다.

**메마른 사람을
눈물의 사람으로**

아우슈비츠를 비롯한 많은 강 제 수용소들이 20세기에 인간 악의 가장 어두운 면모를 보여주었지만, 그 당시 대부분의 사람들은 그것을 못 본 체하거나 반대편으로 지나가 버렸다. 그런 시기에 르 샹봉의 주민들은 보기 드문 빛과 같았다. 르 샹봉은 3천 명이 거주하는 남부 프랑스의 마을로, 독일군의 점령하에 있었다. 400년 동안 박해를 받아 온 위그노 교도들로 구성된 이 용감한 주민들은, 강제 수용소로 보내질 뻔한 5천 명 이상의 유대인 아이들을 구하고 숨겨 주었다.

유대인이자 철학 교수인 필립 핼리는 제2차 세계대전에 참전했고, 훗날 나치의 강제 수용소와 그 가해자들의 사악함에 대해 집중적으로 연구하게 되었다. 그러나 오랜 시간 동안 르 샹봉에 대해서는 아는 바가 없었다. 그는 제도화된 잔인성에 특별한 관심을 가졌고, 그 주제를 깊이 파고들면서 자신마저 피해자가 되었다고 느꼈다. 그는 훗날 이렇게 쓴 바 있다. "나는 내 연구들에 대해 '객관적'인 자세를 취하려 했고, 결국 이러한 잔인한 관계들의 가해자와 피해자 모두에게 무심해질 수 있었다. 나는 냉정해졌다. 그리고 짓밟히는 아이를 무심히 바라볼 수 있는 또 다른 괴물이 되어 버렸다."

절망스러웠던 1975년 어느 날, 핼리는 남부 프랑스 산악 지역의 호트 루아르에 있는 한 작은 마을에서 우연히 짧은 글을 읽게 되었다. 그는 여느 때처럼 잔인성과 그에 대한 저항을 다루는 사건을 더 찾아보기 위해 객관성을 유지하며 책을 읽는 중이었다. 그는 후에 이렇게 회상했다. "이 마을에 대한 내용

중 세 페이지를 절반 정도 읽었을 때, 내 뺨 위로 무언가 성가신 물질이 느껴졌다. 하지만 너무나 간결하고 사실적으로 쓰인 책의 내용 때문에 나 자신의 느낌보다는 이야기 자체에 더 집중하고 있었다. 계속 그 이야기를 읽어 내려가면서, 그리고 그중 몇 가지가 박해의 전형적인 양식에 얼마나 교묘히 맞아떨어지는가를 생각하면서, 나는 성가신 먼지를 닦아내려고 뺨에 손을 가져갔다. 그때 내 손가락 끝에서 느껴진 것은 눈물이었다. 그것은 그저 한두 방울의 눈물이 아니었다. 내 뺨은 온통 젖어 있었다."

핼리는 그 눈물이 "도덕적 찬사의 표현"이라고 했다. 그는 나중에 르 샹봉에 대한 이야기인 『무고한 피를 흘리지 않도록』*Lest Innocent Blood Be Shed*이라는 책에서 이렇게 소개했다. "내가 처음 르 샹봉에 대한 짧막하고 그다지 정밀하지도 못한 이야기를 읽었을 때 눈물을 흘린 이유 중 하나는, 잔인성과 반대되는 선의 구현을 발견했기 때문이다. 나는 역사 속의 살아 있는 존재들이, 다시 말해 특정한 때에 특정한 장소에서 특정한 이름을 가진 사람들이 역사적 악몽의 시간 속에서도 선을 구현하고 있었음을 발견했다. 즉 세상의 그 어떤 권위 있고 종교적인 윤리학자도 부정할 수 없는 한 가지가 있다면, 그것은 바로 선이라는 사실일 것이다."

핼리의 이야기는 계속되었다. 유대인구호연합United Jewish Appeal

이라는 자금 조달 기관을 대상으로 했던 미니애폴리스의 한 강연에서 그는 르 샹봉에 관한 이야기를 꺼냈다. 강연이 끝난 후에 강한 프랑스 억양을 구사하는 한 여성이 일어나 질문을 던졌다. 그녀는 핼리가 소개한 마을이 호트 루아르에 있는 르 샹봉인지를 물었다(프랑스에는 같은 이름을 지닌 마을들이 몇 군데 있었다). 핼리는 그렇다고 대답했다. 의미심장한 침묵이 흐른 뒤 그녀의 말이 이어졌다. "그렇다면 당신은 내 세 자녀의 목숨을 구해 준 마을에 대해 이야기한 것입니다."

그녀는 핼리의 책에 대해 감사를 표하고 난 후, 강연장 앞으로 나와 청중 쪽을 향해 섰다. "홀로코스트는 폭풍우이자 천둥번개이고, 바람이자 비였습니다. 그리고 르 샹봉은 무지개였습니다."

강연장의 몇몇 사람들은 숨이 멎을 만큼 놀랐다. 모두 유대인이었던 그들은 그녀의 말을 잘 이해할 수 있었다. 핼리는 이렇게 말했다. "우리는 무지개가 성경에서 가장 귀중한 이미지 중 하나라는 것을 알고 있습니다.……무지개는 생명이 하나님께 소중하다는 것, 그리고 하나님이 감상적 희망이 아닌 약속을 주신다는 것을 하나님과 사람 모두에게 상기시켜 주지요. 그 약속은 바로 그분의 궁극적인 뜻이 죽음이 아닌 생명이라는 것입니다."

희망을 증언했던 미니애폴리스에서 이 여인의 말을 들었을 때, 핼리는 히틀러를 멈추게 했던 피비린내 나는 전쟁보다 르 샹봉의 이 작은 이야기가 자신에게 훨씬 더 웅장하고 훌륭하게 다가온다는 것을 깨달았다. 그는 이런 말을 남겼다. "르 샹봉의 이야기는 때묻지 않은 기쁨을 느끼게 해준다.……그 이야기는 무언가 불가사의한 힘을 지니고 있다."

그는 "힘이 아닌 사랑으로 구원을 베푼" 장소가 바로 르 샹봉이라고 썼다. 그런 의미에서 핼리는 샹봉 마을 사람들에 의해 구원된 유대인들 중 하나였다. 물론 핼리에게 그 구원은 전쟁이 끝난 지 30년 후에 찾아왔지만 말이다.


**하나님께로 인도하는 악?**   필립 핼리를 비롯한 몇몇 저명한 철학자들에게 악은 믿음의 장애물이 아닌 믿음으로 가는 통로 역할을 했다. 자전적 수필 『악의 거울』에서 하나님께로 나아간 경험을 소개한 엘레오노레 스텀프Eleonore Stump도 그런 철학자들 중 하나였다. 그녀는 조간신문에서 소름끼치는 고통의 이야기를 읽고 난 후 이렇게 썼다. "이러한 악은 우리에게 거울과 같다. 그것은 우리의 세계를 보여주며, 우리 자신의 모습을 보여준다.……우리들 곧 당신과 나는 그런 일을 저지르는 종種의 구성원이다." 그녀는 사람들이 이러한 사실을 접할 때 보이는 각양각색의 반응들을 하나씩 열거했다. 어떤 이는 재빨리 눈길을 돌리는가 하면, 차마 시야를 가리지 못하는 이도 있다. 누군가는 잊어버리려고 애쓴다. 또 어떤 이는 세계적 개혁가가 되고, 세상 혹은 그들 자신에 대한 강한 혐오감을 드러내는 이도 있다.

스텀프는 "악의 거울에 비친 역겨운 참사에서 눈길을 돌릴 수 없는 경우"의 한 예로, 나치의 잔인성에 대한 필립 핼리의 연구를 인용하며 다음과 같은 질문을 제기한다. "나치 의사들이 유대인 아이들에게 행한 고문이 악이라는 것을 우리는 어떻게 알 수 있는가?"

철학자 스텀프가 내놓은 답은 이성이나 기억이나 지각이 아니라 직관이었다. 그녀에 의하면 우리에게는 "직관적으로 악을 분간하는 인식적 능력"이 있다. 합리적으로는 그 능력을 이해할 수 없을지도 모르지만, 우리는 그 능력에 의지하고 있으며 항상 그것을 사용한다. 더욱이 이러한 능력은 "평범한 잘못과 진정한 사악함"의 차이를 식별하고, 사악함과 반대되는 것—스텀프는 이를 '참된 선'이라 칭한다—을 인식하게 한다.

그녀는 여기서 눈물이 개입된다고 말한다. 마음이 완악해져서 악에 관심을 기울이지 않게 될 때까지 우리는 악과 나쁜 소식들에 점점 길들여진다. "그러나 좋은 소식들은 마음을 감동시킨다.……우리는 참된 선 앞에서 놀랄 때 이따금 눈물을 흘린다."

우리는 타인, 자연의 아름다움, 수학, 음악 같은 것에서 이러한 참된 선을 언뜻 발견하기도 한다. 스텀프는 이렇게 썼다. "하지만 나는 궁극적으로 마음을 감동시키는 선은 하나님의 선임을 믿게 되었다."

스텀프의 이 같은 결론은, 모든 악을 하나님의 존재에 대한 부정으로 이해하는 피상적 회의주의에 정면으로 도전하는 것이다. "악의 거울은 기묘한 방식으로 우리를 하나님께로 이끈다. 혐오스러울 정도로 이 세계와 우리 자신의 악에 집중할 때, 그 가운데서 참된 선을 경험한다면 더욱 놀랄 것이며, 참된 선이 우리를 데려가는 종착지를 보게 될 때까지 그 경험을 더 굳게 따를 것이다. 결국 그 경험이 이끄는 곳은 최고의 참된 선이다.……악의 거울은 점점 투명해지고 우리는 그것을 통해 하나님의 선하심을 볼 수 있다. 나뿐 아니라 다른 많은 사람들도 악에 초점을 맞추는 것이 하나님께로 가는 길임을 이미 경험했다."

**코르크 따개 비틀기**  엘레오노레 스텀프는 겸손한 결론을 내린다. "이것은 나의 이야기를 전하는 최선의 방법이다." 그녀와 필립 핼리가 성실하게 논증하며 강조한 이 접근법은 의미를 향한 추구의 세 번째 단계에서 절정에 속한다. 구도자는 세계관의 광범위하고 다양한 증거들을 살펴본 후, 그 주축이 되는 신념을 더 상세하게 점검하기 위해 여정을 계속해야 한다.

기독교 신앙에서 주축이 되는 신념은 나사렛 예수의 정체성이다. 널리 퍼져 있는 오해와 정반대로, 그 신념을 가장 확실하게 탐색하는 방법은 가장 사실적이고 역사적인 것뿐 아니라 그 이상의 것—셀 수 없이 많은 사람들이 인정하게 된 한 사람에 대한 증거—을 검토해 보는 것이다. 그러고 나서야 인간이 마음을 깨뜨려 행할 수 있는 궁극적 선의 형태 곧 신뢰와 경배를 드리게 된다.

나사렛 예수는 누구였으며, 누구인가? 그는 구도자들과 함께한 3년이라는 시간의 정점에 이르렀을 때, "너희는 나를 누구라 하느냐?"라는 도발적인 질문을 던졌다. 나는 추구의 여정에서 이 질문과 씨름하면서, 그리고 그것을 검토하는 다른 사람들과 동행하면서, 종종 이러한 검토의 과정을 코르크 따개를 비트는 것에 비유한다. 칼의 직선적인 절단법과는 대조적으로, 코르크 따개의 경우는 나선형으로 비틀어야 한다. 마개가 저절로 튀어나와 병이 개봉되고 와인이 나올 때까지 코르크 따개를 비틀며 점점 더 아래로 뚫고 내려가야 한다.

이 경우 맨 처음 코르크 따개를 비트는 것은, 예수 탄생 후 2

천 년이 지난 지금까지 예수에 대해 논박의 여지가 없었던 결론들을 탐구하는 것이다. 어떤 면에서나 나사렛 예수는 세계 역사상 가장 영향력 있고 매혹적인 인물이며, 민주주의, 자본주의, 과학, 대학, 자선 단체, 의학, 인권을 담지하는 가장 강력한 문명에서 최고의 권위를 지닌 인물이다. 이러한 영역들은 각각 예수께 일정 부분을 빚지고 있다. 사실, 서구 문명 최고의 이상과 개념 중 대부분은 하나님의 이름을 경배하는 믿음에 의해 발전되거나 중재되어 왔다.

서구 문명의 어느 한 구석도 예수의 영향력이 미치지 않은 곳이 없다. 탄생에서 죽음까지, 가족에서 정치까지, 개인의 이름에서 공휴일 이름까지, 예술에서 과학까지, 학교와 대학, 병원과 단체에 이르기까지 그 모든 것을 한번 생각해 보라. 역사학자 W. E. H. 렉키는 예수의 가르침을 "인간의 상황에 적합한 가장 강력하고 도덕적인 수단"이라고 설명했다.

하지만 예수를 경배하는 신앙이 유럽인이나 서구인들만의 것이라는 배타적인 결론을 내려서는 안 된다. 서아시아에서 시작된 기독교 신앙은 처음으로 전 세계에 보편화된 종교다. 전 대륙에 걸쳐 존재하는 기독교 신자들은 전 세계 인구의 3분의 1을 차지하고 있다. 게다가 기독교 교회는 지구상에서 가장 별난 사회 집단이라는 평가를 받아 왔다.

그러나 역사, 문명, 영향력에만 초점을 맞춰 예수에게 접근하는 것은 어리석은 일일 수 있다. 한 가지 이유는, 그런 시각이 훗날 콘스탄티누스와 기독교 승리주의가 가공한 역사에 의해 왜곡된 부분이 있기 때문이다. 또 다른 이유는, 실제 예수가 당시 세상의 권력과 영광을 지속적으로 멸시했다는 사실 때문이다. 마찬가지로, 예수가 현대의 인물이었다면 오늘날의 권력자들 역시 그를 멸시했을 것이다. 그의 거처 없는 생활양식으로 미루어 가정해 보면, 예수는 유럽의 경찰들에게 시달리며 자리를 옮겨 다녀야 했을 것이다. 정식으로 결혼식을 올리지 않은 십대의 어머니를 생각해 보면, 그녀가 미국에서 임신했을 경우 예수는 자동적으로 낙태 대상자가 되었을 것이다. 그리고 그의 유대인 혈통을 고려해 볼 때, 그가 1930년대 독일에 살았다면 분명 노란별을 달고 가까운 강제 수용소로 옮겨졌을 것이다.

다시 우리는 코르크 따개를 비튼다. 권력이나 영광과는 거리가 멀었던 실제 예수에 대한 기록은, 그렇다면 왜 예수는 그토록 중요한 인물이 되었는지에 대한 의문을 남긴다. 「한 고독한 생애」One Solitary Life라는 오래된 묵상글은 예수의 이러한 이면을 잘 설명해 준다.

　　그는 한 벽촌에서 어느 시골 여인의 아들로 태어났다. 그는 다른 마을로 가서 성장했고, 그곳에서 서른이 될 때까지 목수로 일했다.

그 후 3년 동안 순회 전도자로 살았다. 그는 책을 쓴 적도 없고, 지위에 오른 적도 없으며, 가정을 이루거나 주택을 소유한 적도 없다. 대학에도 다니지 않았고, 대도시에 나가 본 적도 없으며, 태어난 곳에서 300킬로미터 반경 밖으로 벗어난 적도 없다. 흔히 위대한 인물에 따라붙는 그런 조건이 그에게는 하나도 없었다. 자신 이외에 보증이 될 만한 것은 전혀 갖지 못했다. 세상이 그를 등졌을 때, 그는 겨우 서른셋이었다. 친구들은 달아났고, 그중 한 사람은 그를 부인했다. 그는 적들에게 넘겨져 재판을 받으며 비웃음을 당했다. 그는 두 강도 사이에서 십자가에 못 박혔다. 그가 죽어 갈 때……그를 십자가에 매달았던 이들은 그의 유일한 소유물이었던 옷을 놓고 제비를 뽑았다. 그가 죽자, 연민을 느낀 친구가 빌려 준 무덤이 그의 안식처가 되었다.

이와 같은 이력서는 기업 임원이나 노벨상 수상자, 대통령 후보자의 프로필이라고 보기 어렵다. 나폴레옹, 줄리어스 시저, 알렉산더 대왕, 징기스칸 등 역사의 위대한 지도자들과도 물론 거리가 멀다. 그렇지만 이 이야기는 이런 종류의 지도자가 아닌, 인류의 중심인물 예수에 대해 말하고 있는 것이다. 이 묵상글은 다음과 같이 결론을 맺는다. "진격했던 군대가 얼마나 많았고, 출항했던 함대가 얼마나 많았으며, 나라 일을 논했던 회합이 얼마나 많았고, 권세를 휘둘렀던 왕이 얼마나 많았던가? 그러나 그 어떤 것도 고독한 생애를 살았던 이 사람보다 더 세상에 영향을 미치지는 못했다."

월 듀런트<sup>Will Durant</sup>는 『문명 이야기』*The Story of Civilization*에서 로마 세력—아마도 전무후무하게 막강한 권력이었을 것이다—과 예수 사이의 엄청난 대결이 어떻게 끝났는지 간결하게 언급한다. "로마 황제와 그리스도는 원형 경기장에서 만났다. 그리고 그리스도가 승리했다." 로마 황제 율리아누스는 이렇게 말했다. "오 창백한 갈릴리인이여, 그대가 이겼노라." 나폴레옹도 예수가 다른 이들과는 완전히 다른 탁월한 존재라는 것을 인정했다. "그리스도의 모든 것이 나를 놀라게 한다. 그의 영은 나를 굴복시키며, 그의 뜻은 나를 부끄럽게 한다. 그 어떤 말로도 예수를 세상의 다른 이와 비교할 수 없다. 그는 진정으로 유일한 존재다.……나는 예수 그리스도와 닮은 것을 찾으려고, 복음과 근접한 것을 찾으려고 역사 속을 헛되이 헤매었다."

겉보기에 조화롭지 않은 예수에 대한 이 두 개의 그림—무기력함과 전능함—은 어떻게 조화를 이룰 수 있는가? 현실에서 그는 누구였는가? 위대한 도덕 교사이자 모범이었는가? 국가주의적 선동가이자 실패한 유대인 혁명가였는가? 눈 속에 세계의 묵시적 종말에 대한 징후가 비치는 몽상적 예언자였는가? 방랑하는 냉소적 설교자였는가? 지혜로운 갈릴리의 성인이었는가? 아니면 자신의 주장대로, 그 모든 것을 뛰어넘는 어떤 존재인가?

이러한 질문들은 역사상 다른 위대한 인물들에게 던질 수 있는 질문들을 넘어서는 것이다. 예수의 경우, 정체성에 대한 그 유일한 답이라는 것이 우리의 감정을 몹시 뒤흔들고 인생의 변화를 촉구하는 것이어서, 혹은 너무 비상식적이고 불쾌한 것이어서 완벽하게 냉정한 평가를 내리기가 불가능하기 때문이다.

**대단히 확실한 것**　　예수에 대한 우리의 탐구는 코르크 따개를 또 한 번 비틀면서 더 깊이 있게 진행된다. 그의 주장들은, 만일 그것이 사실이 아닐 경우 그를 공경하던 사람들이 욕설을 퍼붓고 돌아서도 무방할 정도로 터무니없는 것들이다. 이것은 예수에 대해 무엇을 말해 주는가? 그리고 역사상 가장 영향력 있는 인물인 그의 위치에 필적할 만한 아무런 경쟁자가 없다는 것은 무엇을 뜻하는가? 달라스 윌라드는 역사 속 예수의 우월성에 주시하면서 발뺌하는 자들에게 응답한다. "당신이 염두에 두고 있는 다른 어떤 존재가 있는가?"

사색하는 구도자의 추구는 진리와 진리의 증거를 위한 것이기 때문에, 그 방법으로써 나사렛 예수에 대한 사실적이고 역사적인 조사를 간과할 수 없다. 현 시점에서 다음 네 가지 사항은 불분명한 부분들을 살펴보는 데 도움이 될 것이다.

첫째, 기독교 신앙의 핵심에 있는 예수에 대한 기독교적 관점은 특별한 변론을 요구하지 않는다. 이는 다른 진리 주장들과 마찬가지로 조사되고 점검되어야 한다. 그 누구도 그저 맹신해서는 안 되며, '아무튼 그냥 믿는 것'도 허용되지 않는다.

둘째, 예수의 정체성을 연구하는 최선의 방법은 역사적 증거들을 검토하는 것이다. 거짓된 관점이 문제가 되는 이유는 그것들이 거슬려서가 아니라 허구이기 때문이다.

셋째, 예수에 대한 역사적 증거를 조사하는 최선의 방법은, 1세기 유대교가 품었던 기대로부터 앞으로 나아가는 방법과 사복음서의 증거들로부터 뒤로 거슬러 가는 방법을 통합한 이중적 접근법을 취하는 것이다.

넷째, "예수는 누구였는가?"라는 질문에 대한 대답으로 나온 결론들은 역사의 핵심적 세 가지 문제들을 충분히 다루고 있어야 한다. 예수는 스스로를 어떻게 이해했는가? 예수는 왜 죽었는가? 기독교 교회의 폭발적 탄생의 배경은 무엇인가?(이 질문은 예수께서 죽음을 이기고 부활했다는 주장을 고려하지 않고서는 답할 수 없다) 각각의 질문에 관해 반드시 그 증거를 점검해야 한다.

위의 세 가지 질문과 관련해 결론은 언제나 사실 가운데서 나타난다. 어떤 이들의 주장처럼, 이는 오랫동안 아무런 도전 없이 유지되어 온 정통성에 도전장을 던지기 위해 어설픈 현대적 질문들을 제기하고 있는 상황이 아니다. 오히려 오랫동안 지켜져 온 정통적 결론이야말로, 비범하면서도 때로 혼란스러운 다양한 역사적 증거들을 올바르게 다룰 수 있는 유일한 것이다.

C. S. 루이스는 추구의 과정에서 이러한 증거들에 대해 매우 고전적인 방식으로 접근했다. 어느 공격적인 옥스퍼드의 무신론자가 모들린 칼리지에 있는 자신의 연구실에 앉아 복음이 역사적으로 확실한 진정성이 있다고 말하는 것을 듣고는 루이스의 불신앙은 심한 타격을 받았다. 확실하다고? 사실일 가능성이 있다고? 그 주장의 함의가 무엇인지를 즉시 이해한 루이스는 혼란을 느꼈다. 그의 정직함은 그를 앞으로 나아가게 했다. 특히 『영원한 인간』*The Everlasting Man*에서 G. K. 체스터턴이 그 문제에 대해 설명했던 것은 그에게 더욱 자극이 되었다.

루이스는 "우리는 예수 그리스도에 대해 어떻게 생각해야 하는가?"라고 질문했다. 역사적으로, 먼저 예수에 대해 중요한 두 가지 증거를 조화시키는 것이 필요했다. 그 한 가지는 '예수의 도덕적 가르침의 깊이와 온건함'이었고, 다른 한 가지는 '예수의 신학적 견해의 섬뜩한 본질'이었다.

모든 지식과 연구를 동원해 봤을 때, 루이스가 내릴 수 있는 결론은 한 가지였다. 그 결론은 오해의 여지 없이 명백했고, 그 때문에 루이스는 더욱 당황스러웠다. 그 어떤 위대한 도덕 교사도 자신이 하나님이라고 주장한 적이 없지 않은가. 사실 위대한 교사일수록 그런 주장을 할 가능성이 더 적다. 그렇다면 공자, 부처, 조로아스터, 소크라테스, 무함마드가 모두 멈춰선 마당에, 가장 위대한 교사라는 이가 단순하고 직접적이고 반복적으로 그런 주장을 했다는 것은 무엇을 의미하는가? 더군다나 하나님이 인간으로 오실 수 있다는 개념을 신성모독으로 거부할 성향이 농후한 유일한 민족 곧 유대인 앞에서 그런 주장을 하지 않았는가?

그러나 옥스퍼드 모들린 칼리지에 있는 루이스의 동료 교수들은 이 논의에 대해 진지하지 않았고, 예수에게 위대한 도덕 교사로서 경의를 표하는 데 만족하면서 그와 반대되는 증거는 무시했다. 하지만 문학 역사학자인 루이스는 그럴 수 없었다. 그는 좀 더 깊이 파고들었다. "마치 선심 쓰듯이 예수가 위대한 도덕 교사였다고 말하는 어리석은 짓은 하지 말자. 그는 우리 앞에 자신이 도덕 교사였다고 드러낸 적이 없다. 그는 그럴 의도가 없었던 것이다." 역사적 기록은 증거의 두 가지 측면을 동시에 보여주었고, 루이스는 그 반대 주장들을 설명하는 수많은 이론이 있음을 알게 되었다.

아마도 나사렛 예수는 거짓말쟁이였을 것이다. 아마도 그는 미치광이였을 것이다. 아마도 그는 추종자들에 의해 꾸며진 전설의 인물이었을 것이다. 루이스는 각각의 가능성을 차례로 고찰했고, 증거에 기초하여 하나씩 부정해 나갔다. 루이스는 마지못해, 최후에 남은 하나의 가능성을 살펴볼 수밖에 없었다. 만일 예수가 그를 통해 말씀하시는 하나님으로서 말한 것이라면, 그리고 그의 안에서 행하시는 하나님으로서 행한 것이라면, 그는 분명 **하나님으로서** 말하고 행한 것이었다. 예수는 **이스라엘의 하나님 여호와가 인간의 몸을 입고 권능으로 임한다**는, 그런 상상할 수도 없는 일을 실제로 구현하는 것처럼 말하고 행동했다. 이것이 사실이라면, 유일하게 할 수 있는 일은 예수를 주와 하나님으로 경배하는 것이었다. 예수의 첫 번째 제자들이 그랬던 것처럼 말이다.

**2인칭으로 참여하기** 그러나 수많은 구도자들에게 이런 논리는 충분한 설득력이 없다. 3인칭으로 서술할 때는 여전히 개인적으로 다가오지도 않고 납득되지도 않는 논리인 것이다. 이제 코르크 따개를 또 한 번 비틀어 2인칭의 참여로 들어가야 할 때다. 2인칭의 참여란, 예수에 대한 사실적·역사적 증거를 예수의 개인적 사명과 구도자들의 개인적 추구로부터 분리해 낼 수 없음을 인식하는 것이다. 사복음서에서 나타나는 분명한 사실이 있다면, 그것은 바로 예수 스스로가 무언가를 찾는 중이었다는 것이다. 그는 아버지와 멀어진 모든 사람을 찾고 있었다.

이 단계에서 사람들은 C. S. 루이스의 접근법을 종종 오용했다. 사람들은 "우리는 예수 그리스도에 대해 어떻게 생각해야 하는가?"라는 질문에 대해, "거짓말쟁이, 미치광이, 전설의 인물 혹은 하나님?"처럼 고작 수초 안에 그에 대한 답을 낼 수 있다고 여기는데, 루이스의 접근법은 결코 그런 단순한 언어유희의 접근법이 아니다. 논의 자체가 지면 위의 말들일 뿐일 때, 그것은 분명 충분하지 않다. 대신 이 논의는 요리법처럼 실천을 요구하고, 지도처럼 여행을 요구하며, 대화처럼 참여를 요구한다. 복음서 기록이 보여주듯이, 수많은 주장과 증거들을 직접 보고 들었던 예수의 초기 제자들도, 그 증거들이 굉장히 설득력 있었지만 압도적인 수수께끼 같은 요소들 때문에 결론에 도달하는 데 최소 3년이 걸렸다(물론 결론에 도달했을 때 그들의 세계는 완전히 뒤집어졌다).

결국 전적으로 사실이어야 하는 것은 가장 중요하지만, 동시에 중요하지 않다. 그것은 신념의 본질적인 부분이지만, 또한 작은 부분이다. 노련한 로마의 백부장은, 그의 아들이 곧 낫게 될 것이라고 예수께서 말한 바로 그 순간 아들이 나았음을 하인들에게서 전해 들은 후 예수를 믿게 되었다. 사실적이고 증거에 의하고 역사적인 것은 핵심 역할을 하지만, 인격적인 것이 그것들을 흡수하고 압도한다.

예수와 관계를 맺게 된 사람들은 저마다 '비교할 수 없는 뛰어난 그 무엇'으로 인해 그 자리에서 멈춰 섰다. 예수의 첫 번째 제자들은 예수가 누구인지도 모를 때, 직관적 순종의 행위로 그의 부름에 응답했다. 그의 가르침은 엄청난 권위로 청중을 놀라게 했지만, 이는 예수의 성장 배경만 보면 이해되지 않는 권위였다. 그의 제자들은 폭풍우를 잠잠하게 하는 영향력에 놀라 휘청거렸다. 간음 중에 현행범으로 잡혀 온 한 여인은 자신에게 돌을 던지지 않고 감싸 주는 예수께 감동을 받았다. 수수께끼 같은 낯선 이와 엠마오로 가던 두 제자는 내면 깊은 곳에서부터 마음이 뜨거워지는 것을 경험했다.

매번 예수에 대해 드러난 증거들이 있었다. 어떤 의미에서 진리는 명백하다. 하지만 예수와 만난 이들의 예수에 대한 첫인상과 마지막 인상은 그것을 훨씬 뛰어넘는 것이었다. 마음을 여는 궁극적 선이 인간의 형태로 찾아와 말하고 행하고 있었다. 그들은 저마다의 방식으로 감사하고 경이로워하며 그분을 인정했다. 예수께서 하나님 통치의 도래에 대한 '좋은 소식'이라고 선포했던 것은 예수 자신에 대한 소식이 되었다. 이는 놀라운 일 아닌가? 그의 제자들은 이를 전무후무하게 결정적이며 가장 확실한 좋은 소식, 곧 역사상 최고의 소식으로 보게 되었다.

'슬픔의 사람' 그리고 '다른 이들을 위한 사람'인 예수께서 세상에서 가난한 자들과 고통받는 자들에게—심지어 제자들의 공식적 활동 범위 밖에 있는 수많은 사람들에게도—그처럼 깊은 영향을 주었다는 것 역시 놀라운 일 아닐까? 체임 포톡Chaim Potok의 소설 『내 이름은 애셔 레브』My Name is Asher Lev에서, 등장인물 애셔는 플로렌스 두오모에 있는 미켈란젤로의 「피에타」상을 보고 얼마나 깊은 영향을 받았는지 증언한다. "나는 엄격한 유대인이었다. 그러나 그 조각상은 아침 파도 위의 갈매기 울음소리처럼, 멀리 울려 퍼지는 랍비들의 양각 나팔 소리처럼 나를 꿰뚫었다. 나는 신성모독을 할 생각은 없다. 내 삶의 기준은 내가 살아온 삶에 의해 형성되어 왔다. 나는 그러한 「피에타」상에 독실한 그리스도인들이 어떻게 반응하는지는 잘 모른다. 다만 그것을 내가 살아온 과거 속 요소들과 관련시킬 수 있을 뿐이다. 나는 그것을 가만히 들여다보고, 또 그 주위를 천천히 돌아보았다. 그 조각상을 처음 본 그날 얼마나 오랫동안 거기에 머물러 있었는지 기억도 나지 않는다. 사람들로 붐비는 밝은 광장으로 돌아왔을 때, 내 눈가가 온통 젖어 있는 것을 깨닫고는 놀라움을 금할 수 없었다."

**진리와 그리스도**　　　　　아마도 마음을 여는 선의 이러한 역할은, <u>도스토예프스키</u>의 유명한 신조<sup>Credo</sup>에 담긴 수수께끼를 설명해 줄 수 있을 것이다. <u>도스토예프스키</u>는 깊은 낙담에 빠진 친구를 위로하는 편지에서, 자신이 "불신앙과 의심의 자식"이며 그것이 인생 끝까지 이어질지도 모른다고 고백했다.

신앙을 향한 목마름은 나에게 얼마나 많은 끔찍한 고뇌를 안겨 주었는지 모릅니다. 그러나 지금도 나는 그 고뇌를 겪고 있습니다. 내 영혼에서 그 목마름이 강해질수록 그것과 반대되는 논거들이 더 많이 생겨나는 것을 느낍니다. 하지만 하나님은 때로 내가 온전히 고요해질 수 있는 순간을 허락하십니다. 그런 순간마다 내가 사랑하고 있음을, 또한 내가 다른 사람들에게서 사랑받고 있음을 느낍니다. 그리고 그러한 때에, 나는 나 자신을 위한 신조를 만들었습니다. 그 신조는 내가 모든 것을 명확하고 신성하게 느끼도록 해줍니다.

그는 자신의 신조를 이렇게 소개했다.

나의 신조는 매우 단순합니다. "나는 그리스도보다 더 아름답고 심오하고 연민이 있고 합리적이며 용기 있고 완벽한 것은 없다고 믿는다." 나는 그런 것이 존재하지 않을 뿐 아니라 존재할 수도 없다는 배타적 사랑으로 이 신조를 읊조립니다. 심지어 그리스도가 진리 밖에 있으며 사실은 진리가 그리스도 밖에 있음을 누군가가 내게 증명해 보인다 하더라도, 나는 진리보다는 그리스도와 함께 있는 편을 택할 것입니다.

진리보다는 그리스도와 함께 있겠다는 것. 그렇다면 우리는 극단적 단순함과 불합리함으로 돌아가는 것인가? 도스토예프스키는 솔직하게 고백하지 못했던 자신의 무신론을 드러내고 있는 것 아닌가? 추구의 이 마지막 단계에서 구도자는 나쁜 신앙의 형태를 곧이곧대로 받아들이도록 요구받고 있는 것인가? 결단코 그렇지 않다. 도스토예프스키는 무모한 방식으로 말하고 있기는 하지만, 자신의 주장을 분명히 하고 있다.

'진리'와 '그리스도'는 궁극적으로, 절대적으로 분리될 수 없다. 무엇보다 그리스도께서 자신이 **진리임을** 주장했다. 그리고 진리와 그 증거가 그리스도를 가리키지만, 그리스도가 진리의 근거이자 보증이라는 사실이 그것보다 중요하다. 또한 그리스도는 자유, 기쁨, 희망, 사랑, 인간됨 자체의 근거이자 보증이기도 하다. 궁극적으로, 도스토예프스키가 열정적으로 믿었듯이 진리와 인간됨은 하나님이 존재하실 경우에만 존재한다. 그리고 하나님에 대한 논증 가운데 예수보다 분명한 것은 없다.

프랑스 철학자 시몬느 베이유는 훗날 자신의 열정적 탐구에 대해 이렇게 말한 바 있다. "우리가 진리에 대해 순수한 애정으로 씨름하지 않는다면, 하나님과 결코 충분히 씨름할 수 없을 것이다. 그리스도는 우리가 그분보다 진리를 더 사랑하기를 원하신다. 왜냐하면 그분은 그리스도이기 이전에 진리이시기 때문이다. 누군가가 그분에게서 돌아서서 진리를 향해 간다면, 그 사람은 얼마 지나지 않아 그분의 팔에 안기게 될 것이다."


**화염에 휩싸이다**　　　　　예수께서 찾아오신 세상은 제국들 간의 격돌로 휘청거리고 있었고, 정복군들이 지나간 흔적이 아직 남아 있었다. 세상은 가난에 억눌려 있었고, 불의와 고통의 채찍에 위협당하고 있었다. 하지만 그 낡은 세상은 여전히 정의와 평화에 대한 오랜 꿈들로 불타고 있었기에 최고의 소식은 바싹 마른 갈망들을 화염처럼 활활 불태웠다. 이제 그 화염은 이 세상을 에워싸고 있다.

예수의 첫 제자들과 도스토예프스키와 오늘날 사색하는 구도자들은, 있는 그대로의 사실 속에서 나사렛 예수에 대한 진리를 직면하고 점검하고 이해할 수 있다. 하지만 그러한 진리의 확증은 사실들을 점검한 뒤 인격을 직관적으로 인식하는 참여를 통해서만 가능하다. 예수에 대한 증거는 우리가 확신할 수 있는 무엇이다. 하지만 마음을 깨뜨리는 하나님의 선에 대해 예수께서 보여주신 것을 인정하는 일은 우리가 열정을 보여야 할 무엇이다.

당신은 예수를 누구라고 생각합니까?

그 증거들을 살펴보았습니까? 아니면 복잡한 논쟁에 빠져

길을 잃고 말았습니까?

나사렛 예수가 교사나 선지자일 뿐 아니라

그것을 훨씬 뛰어넘는 존재라는 결론으로 모든 사람을 인도한

사건과 주장들에 대해 어떻게 생각합니까?

당신의 생각과 마음을 집중하십시오.

그리고 집으로 향하는 긴 여정에서

증거들을 주의 깊게 살펴보십시오.

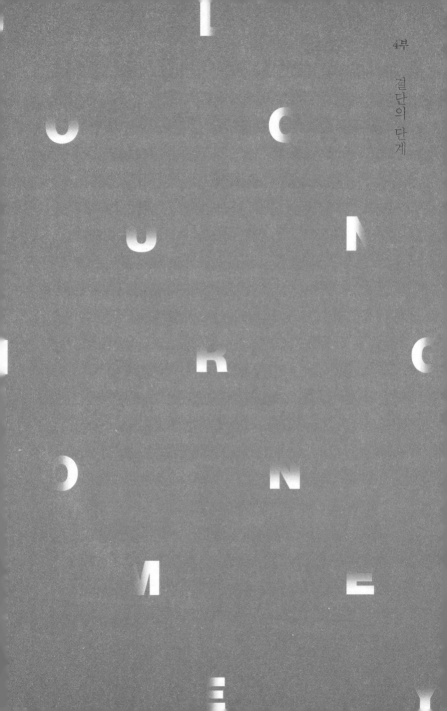

## 15. 나 자신이 되는 순간

"우리가 이 세상에서 소유하고 있는 것은 '나'라고 말할 수 있는 힘 이외에는 아무것도 없다." 제2차 세계대전 직전의 암흑기에 시몬느 베이유가 했던 이 말은 세대를 초월한 외침이다. 우리는 예기치 않게 불치병에 걸리거나 강도를 맞는 등 살벌한 위협에 직면할 수도 있고, 해고나 금융 위기 혹은 이혼 등으로 인해 별안간 해를 당할 수도 있다. 좀 더 일반적으로 말하자면, 우리는 때로 현대의 삶의 속도와 규모에 압도되곤 한다. 하지만 그 어떤 상황에서도 우리는 우리 자신이 되는 힘을 상실하지 않는다. 우리의 통제력을 벗어난 상황에 반응할 때조차 우리는 여전히 '나'라고 말할 수 있다.

**요금을 낼 것인가, 말 것인가**  그러한 책임을 당연한 것으로
받아들여서는 안 된다. "인간
의 신비는 그가 가진 책임의 신비다"라고 바츨라프 하벨은 말
했다. 하벨이 체코슬로바키아에서 소련 세력을 퇴거시킨
1989년 '77헌장' 운동의 중추적 리더가 될 수 있었던 것은 그
러한 신비를 발견했기 때문이었다. 토목 기사의 아들로 태어
난 그는 고등교육을 받고자 했던 계획이 정치적인 이유로 좌
절되자, 1950년대에 프라하 극장의 무대 감독이 되었다. 그는
천천히 명성을 쌓아 가며 유럽 최고의 극작가들과 이름을 나
란히 하게 되었고, 새로이 태동하고 있던 인간 권리를 위한 운
동들의 영향력 있는 대변자가 되었다.

하벨은 전체주의의 본질에 대한 수많은 에세이들을 썼고,
그뿐 아니라 1975년 그 유명한 「마르틴 후사크(체코 공산주의
지도자)에게 보내는 공개 서신」를 쓰기도 해서 정부의 주요 감
시 대상이 되었다. 그는 어디를 가나 경찰들의 미행을 당했고,
거리에서 붙잡힐 경우를 대비해 언제나 '비상 상자'—치약, 담
배, 면도칼 같은 것들이 들어 있었다—를 들고 다녔다.

결국 체포의 날이 이르렀다. 1979년 5월 29일 새벽 5시. 하
벨과 열네 명의 반체제 인사들은 루진 감옥으로 보내졌다. 하
벨의 죄목은 '국가 전복' 혐의였다. 5년에 가까운 수감생활을
하면서 하벨은 자신의 삶을 되돌아보는 시간을 가졌다. 그는

아내인 올가에게 한 주에 한 번씩 편지를 보내면서, 인생과 현대 사회에 대한 자신의 진지한 생각들을 전했다. 그는 다음과 같은 말을 썼다. "진정한 철학자들의 책을 읽으면 참으로 좋을 것 같소. 하지만 상황이 여의치 않으니 유일하게 의지할 수 있는 것은 나 자신에 대해 깊이 사색하는 것뿐이라오."

후에 『올가에게 보내는 편지』라는 책으로 출간된 그의 편지는 개인적이면서도 철학적이고, 서술적이면서도 성찰적이었다. 그가 말했던 소위 '내면의 속삭임'에 대한 그의 '증언'은 거의 모든 영역에 걸친 것이었지만, 인간의 책임만큼 계속 반복되는 주제는 없었다. 그의 편지에는 다음과 같은 글귀가 있었다. "현대 인간의 비극은 인생의 의미를 잘 알지 못한다는 데 있지 않고, 인생의 의미가 우리를 별로 괴롭히지 않는다는 데 있다."

하벨은 인간의 책임이라는 주제가 수감생활 훨씬 이전부터 자신의 마음 깊숙한 곳에 자리 잡고 있었음을 편지에 내비쳤다. "사랑하는 올가에게"라는 말로 시작되는 1982년 7월의 편지에는 다음과 같이 쓰여 있다.

책임이라는 주제에 관해 수년간 혼자 생각해 보고 다른 사람들과 이야기를 나눌 때마다 한 가지 작은 사건이 생각난다오. 어느 날 밤 나는 한 정거장을 가려고 전차의 뒤칸에 탔소. 전차 요금은 1크로나였고 당시 전차에 탑승한 승객은 한 명도 없었소. 물론 안내원도 없었다오. 나에게는 두 가지 선택이 있었소. 1크로나를 요금함에 넣는 것과 넣지 않는 것. 설령 내가 요금을 내지 않더라도 아무도 알아채지 못했을 것이고, 나의 과실을 증언할 수 있는 증인도 한 명도 없었소. 그때 내가 갖고 있던 돈이 얼마였든 상관없이 나는 큰 딜레마에 빠졌소. 요금을 내야 할지 말아야 할지에 대해서 말이오.

하벨의 질문은 이것이었다. 아무도 보는 이가 없을 때 요금을 낼 것인가, 말 것인가? 금반지를 문지르면 투명인간이 되어 원하는 것을 무엇이든 할 수 있는 플라톤의 목동 기게스와 같이, 하벨은 책임과 비가시성을 연결시켰다. 일상적인 관점에서 보면 요금을 내는 것은 어리석은 일이었다. 요금함에 동전을 넣는 것은 "하수구에 동전을 던지는 것과 같다." 그렇다면 하벨이 선택을 내리는 데 어려움을 느꼈던 이유는 무엇이었을까? 한 가지 분명한 것은 그것이 결과 때문은 아니었다는 사실이다. 왜냐하면 그가 요금을 내는지 여부를 알 수 있는 사람이 없었고, 고로 그의 행동을 칭찬하거나 비판할 수 있는 사람도 없었기 때문이다. 친구나 시민이나 교통위원회나 주정부도 그 자리에 없었고, 따라서 그들은 그 사건과 전혀 무관했다. 갈등은 전적으로 하벨 자신 안에 있었다. 그렇다면 왜 무언가가 그에게 요금을 내라고 부추겼을까? 요금을 내지 않는다는 생각이 그에게 죄책감을 주었던 이유는 무엇일까?

하벨은 여기서 '나'를 사이에 둔 대화에 대해 생각했다. 그것은 선택하는 것과 선택에 대해 생각하는 하벨의 자유, 그리고 하벨 바깥에 있는 무엇과의 대화였다. 그렇다면 이 대화에서 '상대방'은 과연 누구인가? 비록 보이지 않지만 우리가 피할 수 없고 우리보다 높은 곳에 있는 그 '상대방' 말이다. 어떤 이들은 그것이 단지 양심이나 내면의 목소리라고 말하겠지만 하벨의 생각은 달랐다. 그것은 분명 그의 양심에 발언하고 있지만, 그의 밖에 그보다 높이 있는 무엇이었다.

"그렇다면 나와 대화를 하고 있는 것은 대체 누구인가?" 분명 그것은 교통위원회, 친구들, 그가 당면한 실제적인 관심들보다 높이 있는 무언가 혹은 누군가다. 또한 그 상대방은 모든 곳에 존재하고 있으며 모든 것을 알고 있다. 왜냐하면 우리가 어디에 있든지 동일한 난제는 항상 있을 것이기 때문이다. "그렇다면 그것이 누구란 말인가?" 하벨은 질문했다. "하나님일까?"

이 편지를 쓴 직후 하벨은 검찰에 출두했다. 이 일로 그는 공산주의자들에게 굴복했다고 느꼈고, 후에 그 일을 깊이 수치스러워했다. 그다음 편지에서 하벨은 이렇게 썼다. "여호와 하나님을 생애 처음으로 직접 연구하고 있다는 사실에 대해 나는 감사할 수가 없었소. 이전에는 그처럼 가까이에서 그분의 얼굴을 본 적이 없었고, 그분의 꾸짖는 음성을 들어 본 적도 없었다오. 나는 깊은 당혹감 가운데 그분 앞에 서 있었소. 너무나 창피하고 혼란스러웠다오. 그처럼 통렬하게 수치감을 느껴 본 적이 없소. 나를 변호하는 그 어떤 발언도 너무나 볼품없게 느껴졌다오."

자신이 저지른 일에 대한 깊은 깨달음 속에서, 하벨은 책임과 비가시성의 관계를 좀 더 도전적인 관계 곧 책임과 정체성의 관계로까지 끌고 나갔다. "나의 책임감에 대해 회의가 들었고, 그로 인한 충격은 나의 정체성에 대한 회의로 이어졌소."

**온전한 참여**　　　　　"여호와 하나님을 연구하는"
하벨의 인식은 의미를 향한 추구의 네 번째 단계 곧 결단의 단계를 잘 설명해 주는 실례다. 우리의 결론들이 한곳에 모이면, 결국 그것은 책임 있는 행동으로 나타난다. 이렇게 앞으로 나아갈 때, 비로소 우리는 진정으로 말할 수 있다. 이제 우리는 믿고 있으며, 하나님께로 가는 집으로의 여정을 시작했다고 말이다.

이 단계에서 흔히 저지르는 실수는 또다시 기술의 유혹을 허용하는 것이다. 구도자들은 종종 신앙을 단순화하고 '판매'

하려는 사람들을 만나게 된다. 그들은 신앙을 어떤 공식처럼 축소하고, 체인점처럼 자신들의 방법을 전수하려고 한다. 결과적으로, 윌리엄 윌버포스가 이야기했던 회심의 '위대한 변화'는 뒤로 물러난다. 그리고 회심으로 이어지는 결단은 인간의 온전성과 다양성 그리고 하나님의 주권적 자유를 위협하는 단순하고 정형화된 수단으로 전락한다.

앞서 언급했듯이, 신앙을 소유한 사람만큼이나 신앙에 이르는 길은 무수히 많다. 이러한 다양성은 다른 단계들과 마찬가지로 네 번째 단계에서도 적용된다. 회심은 점진적으로 일어나기도 하고 갑작스럽게 일어나기도 한다. 회심은 조용하게 일어날 수도 있고 극적으로 일어날 수도 있다. 회심은 다른 사람들에게 아주 분명하게 목격되기도 하고 거의 주목받지 못하기도 한다. 이러한 다양성은 무한하다. 다만 중요한 것은 그 경험의 진실성이다.

하지만 무수한 다양성에도 불구하고 몇 가지 분명히 중첩되는 주제들이 있다. 그중 하나는 개인의 책임이라는 환원 불가능한 요소다. 신앙이 있는 가정에서 자라났다고 하더라도, 신앙은 물려받는 것이 아니라 반드시 선택되는 것이며, 참여를 요구한다. 신앙의 인식이 새벽 미명과 같이 조용한 걸음으로 다가온다 할지라도, 밝게 빛나는 진실한 신앙은 우리의 온전한 참여를 요구한다.

기독교 신앙에서 복음의 좋은 소식은 예수를 통해 하나님이 우리에게 제공하신 언약 관계에 있다. 제공된 것의 필요를 이해하는 것(1단계)과 조건들의 매력과 신뢰성을 이해하는 것(2, 3단계)만으로는 충분치 않다. 계약이란 서명을 했을 때만 구속력을 갖는다. 서명은 우리 각자가 서로에게 전인全人을 주겠다는 구속력 있는 선포다.

현대 서구 사회에서 일반적으로 신앙의 온전한 결단이 희석되어 있는 데는 몇 가지 분명한 이유들이 있다. 2천 년의 전통으로 인해 신앙은 형식이 되었고, 지식을 이론적으로 이해하는 경향 때문에 신앙이란 추상적이고 동떨어진 것이 되었다. 현재 유포되어 있는 애매하고 불충분한 설명으로 인해 신앙은 근거 없고 비합리적인 것이 되어 버렸다. 예를 들어 흔히 신앙을 설명하는 데 사용되는 '어둠 속의 도약'이라는 말은, 신앙이 마치 이성에 근거하지 않은 무모한 것이라는 인상을 줌으로써 심각하게 잘못된 서술을 하고 있다.

'신앙의 도약'leap of faith이라는 용어를 대중화시킨 사람은 19세기의 철학자 키에르케고르였다. 그는 당시 추상적인 헤겔 철학에 반대하며, 신앙이 가진 열정적·인격적·주관적 성격을 강조하기 위해 이 표현을 사용했다. 하지만 이 표현을 사용했던 많은 이들 역시 극단적으로 과장된 비합리성 쪽으로 기울어졌다.

이러한 비합리성에 대한 암시를 피하기 위해 나는 '신앙의 도약'보다 '신앙의 걸음'이라는 표현을 선호한다. 신앙 고백은 분명 인간의 이성 이상의 것이다. 신앙의 서약을 하는 것은 결국 전인이며, 전인이란 분명 걸어 다니는 머리 이상의 것이다. 하지만 그럼에도 불구하고 신앙은 이성적인 것이다. 정리하면 신앙이 이성 이상인 것은 우리가 전인적 존재이기 때문이고, 그럼에도 불구하고 신앙이 여전히 이성적인 이유는, 우리가 지난 세 단계에서 보았듯이 그것은 이성에 반反하지도 않고 이성이 결여되어 있지도 않기 때문이다. 그것은 전적으로 이성적이면서 동시에 전적으로 인격적이다.

**사자의 사냥법**　　　　　신앙의 사색적 단계에는 중요한 세 가지 요소가 있다. 그것은 **지식**으로 시작해 **확신**으로 자라나 **신뢰**로 변한다. 신앙에 지식이 포함되는 이유는, 우리가 전혀 알지 못하는 대상을 신뢰하도록 요구받지 않기 때문이다. 그리고 신앙에는 확신도 포함되어 있다. 우리는 신앙에 대한 지식에 매력을 느낄 뿐 아니라, 결국 그 신앙의 진리를 확신하게 되기 때문이다. 또한 신앙에는 신뢰도 포함되어 있다. 왜냐하면 신앙을 소유하는 것은 단지 무언가를 확신하는 데 그치지 않고, 누군가에게 자신을 전적으로 헌신하는 것이기 때문이다. 의미를 향한 추구의 길 위에 있는 예수 그리스도의 제자들에게 다음의 진술은 언제나 참이다. **그리스도인은 믿기 위해 이해하고, 이해하기 위해 믿는다.**

이 모든 것은 우리의 책임에 놀라운 중요성을 부여한다. 하나님을 믿기로 결정하고 그분을 찾아 집으로의 여정을 시작하는 것은, 우리의 삶에서 가장 자유롭고 능동적이며 책임감 있는 행위다. 그때만큼 우리 자신이 될 수 있는 때는 없다.

한 유럽인은 케냐에서 마사이족 사람과 믿음에 관한 대화를 나누었던 일을 떠올렸다. 그는 믿음을 정의하기 위해 몇몇 단어들을 사용했는데, 마사이족 사람은 콧방귀를 뀌며 그 유럽인의 정의를 부인했다. 그 유럽인이 사용했던 마사이족의 단어는 '승인' 혹은 '동의'를 의미하는 것이었다. 마사이족 사람은 이 불충분한 단어를 "멀리서 총으로 동물을 쏘는 백인 사냥꾼"에 비유했다. "백인 사냥꾼은 눈과 손가락만으로 사냥을 한다"는 것이 그의 설명이었다.

마사이족 사람은 진정한 믿음이란 마치 먹잇감을 추격하는 사자와 같다고 말했다. "사자의 코와 눈과 귀는 오로지 먹이를 향해 있고, 다리는 먹이를 잡을 수 있게 속력을 낸다. 마침내 몸에 있는 모든 힘으로 힘껏 날아올라 앞발로 먹이의 목에 일격을 가한다. 이 일격으로 먹이는 목숨을 잃는다. 이것이 바로 우리가 믿는 방식이다. 이것이 바로 믿음이다."

이처럼 책임 있는 믿음을 온전히 수용하는 태도는 무신론자에서 신앙인으로의 여정을 보여준 C. S. 루이스에게서 매우 두드러지게 나타났다. 그가 추구를 시작할 수 있었던 것은 '예기치 못한 기쁨'의 지속적인 경험들 때문이었다. 하지만 루이스가 잘 알고 있었듯이, 중요한 것은 이정표들을 보며 놀라는 것이 아니라 여정 그 자체다. "숲에서 길을 잃었을 때 이정표를 발견하는 것은 매우 중요한 일이다. 하지만 일단 길을 발견하고 나면 이정표들이 나타날 때마다 멈추어 서서 그것을 바라봐서는 안 된다"고 루이스는 이야기한다. 중요한 것은 목적지를 향해 서둘러 가는 일이다.

하지만 루이스가 신앙의 문턱에 다다랐을 때, 그의 마음가짐은 또다시 변화를 겪게 된다. 루이스가 느끼는 것은 '예기치 못한 기쁨'에서 오는 무신론자의 경이로운 놀라움도, 가능성 있는 답들을 평가하는 구도자의 훈련된 진지함도 아니었다. 그것은 존재의 중심으로부터 시작된 엄청난 혼란이었다. "생애 처음으로 나는 매우 실제적인 이유로 나 자신을 성찰했다. 그리고 거기서 나를 오싹하게 만드는 것들—정욕의 동물원, 야망의 정신병원, 두려움의 보육원, 증오의 성전—을 발견했다. 나의 이름은 군대였다."

루이스는 선택에 대한 독특한 도전을 경험했다. 그는 자신에게 '온전히 자유로운 선택의 순간'이 왔음을 깨달았다. 헤딩 튼 힐의 모들린 칼리지에서 집으로 가는 이층버스에 앉아 있을 때, 그는 자신이 무언가를 강력히 차단하고 있음을 알게 되었다. 루이스의 회상에 따르면, 그는 당시 갑옷과 같은 아주 단단한 옷을 입고 있거나 가재처럼 보호 껍질을 두르고 있는 듯 느껴졌다고 한다. 그것을 던져 버리는 것은 전적으로 그에게 달린 일이었다. "나는 그때 거기서 나 자신에게 자유로운 선택권이 주어졌다고 느꼈다. 문을 열 수도 있었고 닫을 수도 있었다. 갑옷을 벗을 수도 있었고 입을 수도 있었다. 그 어떤 선택도 의무 사항이 아니었다. 그 어떤 선택에도 위협이나 약속이 달려 있지 않았다. 다만 문을 열거나 갑옷을 벗는 일이, 헤아릴 수 없는 무엇을 의미한다는 것을 알았다. 선택은 매우 중요해 보였지만, 나는 이상할 정도로 감정에 치우치지 않았다. 그 순간 나는 어떤 욕망이나 두려움에도 동요되지 않았다. 어떤 의미에서 나는 그 어떤 것에도 동요되지 않았다."

루이스는 그 버스에서 마침내 결정을 내렸다. "나는 문을 열고, 갑옷을 벗고, 고삐를 풀기로 선택했다. '나는 선택했다'라고 말하기는 했지만, 그 반대가 가능할 것 같지는 않았다. 한편 나는 그 선택에 대한 어떤 동기도 인식하지 못했다. 당신은 내가 자유로운 주체가 아니었다고 주장할 수도 있을 것이다. 하지만 나는 그 선택이 내가 했던 다른 어떤 선택들보다 가장 완벽하게 자유로운 행위였다고 생각한다."

　루이스는 "나의 존재는 곧 나의 행동이다"라고 결론지었다. 행동의 선택이 동기가 무엇이냐의 문제를 넘어서는 때가 있다. 왜냐하면 동기에 대한 인식조차도 우리를 책임에서 벗어나게 만들 수 있기 때문이다. 믿음의 순간에는 우리의 어떠한 부분도 배제될 수 없다. 그 어떤 '조건'이나 '면제 조항'도 없이, 우리는 선택에 대처해야 하며 우리의 답에 책임을 져야 한다는 도전을 받는다.

## 깊은 데로 가라

이는 분명 나의 경험과 동일했다. 우리 가문의 강하고 오랜 신앙의 전통은, 대대로 이어져 내려오는 양조업을 시작한 굳건한 믿음의 소유자였던 아서 기니스^Arthur Guinness^까지 여섯 대를 거슬러 올라간다. 하지만 그의 신앙은 나와 가깝지도 않고, 현실적으로 느껴지지도 않는다. 부모님이 중국 공산당들에 의해 가택연금 상태에 계셨을 당시, 나는 영국에서 기숙학교를 다니고 있었다. 어떤 의미에서 나는, 나를 매료시키거나 나에게 혐오감을 줄 수 있었던 것들, 곧 공산당원들이라든가 가문의 신앙으로부터 철저히 배제되어 있었다.

　나는 언제나 독서광이었다. 그중에서도 역사와 전기를 특히 좋아했다. 내가 다녔던 학교들은 대체로 전통 영국 교육에 초점을 맞추었는데, 나는 파스칼, 키에르케고르, 도스토예프스키, 니체, 사르트르, 카뮈와 같은 대륙의 지성인들의 작품들을 개인적으로 읽어 나감으로써 정규 교육의 빈 공간을 메웠다. 그중 개인적으로 니체, 사르트르, 카뮈가 좀 더 나은 논증을 전개했다고 생각했는데, 알베르 카뮈는 단연 나의 우상이었다. 그의 따뜻한 인간성이 좋았고, 니체의 과장과 사르트르의 냉담한 지성주의에 열정적으로 도전하는 그의 철학을 사랑했다.

이후 G. K. 체스터턴과 C. S. 루이스의 재기와 지혜, 그리고 신앙인이었던 친구들의 삶으로부터 영향을 받은 나는 사고의 전환기를 맞게 되었다. 카뮈, 사르트르, 니체의 생각 속에 있던 균열과 틈은 점점 더 확연히 드러났고, 파스칼, 도스토예프스키, 체스터턴, 루이스의 심오함이 승리를 거두었다.

나의 탐구는 망설임 가운데 진리의 확신에 이르렀지만, 여전히 나에게는 진리에 대한 거리감이 있었다. 나는 나의 필요를 잘 알고 있었다. 답들이 선사하는 깨달음의 힘에 이끌렸고, 나에게는 모든 것의 진리를 설명하는 적합성을 볼 수 있는 능력이 생겼다. 하지만 여전히 나는 이 모든 것으로부터 안전한 거리를 유지하면서 나 자신을 분리시켰다. 나의 탐구를 통제하기 위해서 말이다.

어느 날 밤, 모든 것이 완전히 달라졌다. 한 스코틀랜드인이 누가복음에서 예수께서 베드로에게 하셨던 말씀을 나누었을 때였다. "깊은 데로 가라." 난데없이 강한 해류가 밀려드는 것처럼, 그 말을 들었을 때 내 삶의 모든 것이 갑자기 달라졌다. 멀리 있던 것이 가까워졌다. 희미하던 것이 분명해졌다. 미세한 소리가 굉음으로 변했다. 움직이지 않던 것이 살아 있는 진리로 내 앞에 나타났다. 나는 내가 부름받고 있음을 알 수 있었다. 친구들 없이 나 홀로 말이다. 내가 나 자신이 되어야 한다면 이 선택을 피할 수 없어 보였다.

깊은 데로 가라? 단순히 예수의 말씀이니까? 말도 안 된다. 고기를 잡는 일이라면 베드로가 전문이었다. 그는 어부였고 예수는 랍비였다. 베드로는 예수의 말씀을 하루 종일 듣곤 했고, 그분이 무리를 가르칠 수 있도록 자신의 배까지 빌려 주었다. 하지만 고기 잡는 일만큼은 전혀 다른 문제였다. 그것은 그의 직업이었고, 이미 그는 그날 한 마리의 고기도 잡지 못한 상태였다. 그럼에도 불구하고…….

베드로의 그물을 고기들로 가득 차게 했던 예수의 명령은 나의 눈을 사로잡았고 나의 영혼을 자극했다. 프란츠 카프카 Franz Kafka의 우화 『그 남자』의 등장인물처럼, 뒤에서는 과거가 압박해 오고 앞에서는 미래가 압박해 오고 현재는 마치 거센 기류와 같이 윙윙거리고 있는 길 위에 놓여 있음을 깨달았다.

그리고 그 틈 사이, 갈등의 현장에 서서 이전에 내가 했던 그 어떤 선택들보다 훨씬 더 큰 용기를 요구하는 선택을 하는 것 외에 나에게는 그 어떤 탈출구도 대안도 없었다. 나는 엎드려 주저함 없이 예수께 나 자신을 드렸고, 그때부터 지금까지 그 모험을 쉬지 않고 있다.

**매 순간에 책임지다**　　　　　키에르케고르는 사회에서 그리 스도인의 신앙이 지닌 중요성 은 "모든 이들이 삶의 매 순간에 대해 영원한 책임을 지며 살 아가게 하는 데 있다"고 말했다. 그러나 '일탈'과 '협상'이라는 두 가지 충동은 우리가 그러한 책임을 지며 살아가는 것이 어 렵다고 생각하게 만든다. 하지만 키에르케고르의 요점은 여전 히 유효하며, 특히 추구의 네 번째 단계에서는 더욱 그렇다. 우리의 신앙에 부합하는 선택에 참여하는 때만큼 우리가 진정 우리 자신이 되는 순간은 없다. 그 결단에 나타나는 전인적 책 임은 점점 더 책임이 많아지는 인생에서 시작점이 될 것이다.

"굳건히 설 수 있는 이 누구인가?" 디트리히 본회퍼는 나치 의 통치 아래 있었던 끔찍한 나날들 속에서 이 같은 질문을 던 졌다. "최종적 기준이 자신의 이성, 원리, 양심, 자유, 미덕에 있지 않은 사람, 하나님에 대한 믿음과 전적인 충성으로 순종적이고 책임감 있는 행동을 요구받을 때 모든 것을 희생할 준비가 되어 있는 사람, 그리고 하나님의 요청과 부르심에 자신의 전 존재를 답으로 드리기 위해 노력하는 책임감 있는 사람만이 굳건히 설 수 있다."

당신은 삶에서 계속 제기되는 질문들을
회피하고 있지는 않습니까?
당신의 추구가 여전히 형식적이고, 추상적이며,
동떨어져 있지는 않습니까? 아니면 온 마음과 목숨과 뜻을 다해
당신의 도전에 직면하면서, 최대한의 책임의식을 가지고
하나님과 인생이 당신에게 던지는 모든 질문에
대답할 준비가 되었습니까?
당신의 생각과 마음을 집중하십시오.
그리고 집으로 향하는 긴 여정에 당신의 전 존재를 거십시오.

# 16. 하늘의 사냥개

소르본 대학을 다니고 있었을 때 그녀의 별명은 '붉은 처녀'였다. 그녀의 급진주의와 정절 때문에 생긴 별명이었다. 그녀의 정신은 결코 타협을 몰랐기 때문에 한 교수는 그녀를 가리켜 '치마를 걸친 지상 명령'이라고 불렀다. 그녀가 존경하는 멘토였던 또 다른 교수는 그녀를 '화성인'이라 불렀는데, 그 이유는 "그녀가 우리와 닮은 구석이라곤 하나도 없고 군주처럼 모두를 심판한다는" 이유였다. 친구였던 한 학생은 그녀를 가리켜 '마실 수 없는 사람'undrinkable으로 표현했다. 또 다른 학생은 그녀에 대해 "전혀 다른 곳에서 와서 우리의 시대와 사회적 환경과는 전혀 다른 사고의 과정을 소유하고 있다는 인상을 받았다"고 기록했다.

시몬느 베이유는 이렇듯 언제나 강력하고 모순된 반응을 불러일으켰다. 그녀는 너무나 기이하고 외고집이어서, 그녀의 친구, 동료, 스승, 전기 작가, 그리고 점점 더 늘어 가는 그녀의 독자와 추종자들에게 러시아에 대한 처칠의 논평과 같은 충격을 선사했다. "불가사의 속의 신비에 둘러싸인 수수께끼."

**세속적 성인**                   1909년 파리에서 태어나 1943
                                 년 켄트 주의 애쉬포드에서 결
핵과 영양실조로 쓸쓸한 죽음을 맞이한 시몬느 베이유는 짧고
슬프면서도, 외관상 실패와 시간 낭비처럼 보이는 삶을 살았
다. 하지만 죽음 이후 그녀는 최고의 영적 사상가이자 당대의
가장 통찰력 있는 정치적 사상가라는 갈채를 받아 왔다. 그녀
는 앙드레 지드<sup>André Gide</sup>에게 '모든 아웃사이더들의 성인'이었
고, 알베르 카뮈에게 '세속적 성인'이었다. 카뮈는 이렇게 기
록했다. "시몬느 베이유가 주장했던 모든 요구를 고려하지 않
고서는 유럽의 부활을 상상할 수 없다."

물론 베이유의 비판자들도 있었다. 그들은 그녀가 굉장히
똑똑하지만 오만하고 혐오감을 주며 자학적이라고 이야기했
다. 그녀가 사람들을 불편하게 만든다는 것이었다. 그녀는 진

리에 대해서 지나치게 헌신적이고, 억압받는 이들과 함께 고통을 당하는 것에 대한 굽히지 않는 신념에 있어서 너무 극단적이라고 그들은 말했다. 그녀는 모든 것에서 너무 지나친 듯했다. 예를 들어, 그녀는 전쟁 중에 있는 프랑스인들과 함께하기 위해 실제로 아무 음식도 먹지 않았고, 결국 그것은 그녀의 죽음을 앞당겼다.

하지만 모순은 항상 존재하기 마련이다. 베이유는 결코 합쳐질 수 없는 것들의 총합이었다. 그녀는 철학자이자 행동주의자였으며, 또한 신비주의자였다. 안정적인 중산층 가정의 딸로 태어난 그녀는 노동자 계급의 열렬한 지지자가 되었다. 열 살 때 스스로 공산당원이라 선언하고, 작업복 주머니에 공산당 기관지인 「뤼마니떼」를 넣고 다녔던 것으로 유명했다. 그녀는 후에 마르크스주의의 엄중한 비판자가 되었다. 열렬한 평화주의자였던 그녀는 스페인 시민 전쟁에서 싸웠고, 프랑스 레지스탕스 운동과 샤를르 드 골Charles de Gaulle의 자유 프랑스 인민에 가담했다. 외로운 사람이었지만 또한 아름다움을 사랑하는 글을 쓸 수 있었던 그녀는 친구들과의 그 어떤 육체적인 접촉도 거절했다. 유대인이었던 그녀는 예수께 자신을 드렸고, 세례를 받고 가톨릭 교인으로 입교하려 했지만 바로 직전에 그만두었다. 그리스도인들이 자신들을 구약의 계승자로 이해하는 데 대해 심한 반감을 가지고 있었기 때문이었다. 베이유의 유명한 전기 작가인 데이비드 맥렐런David McLellan은, 극단적 현실주의자였지만 한순간도 희망을 놓지 않았던 베이유를 가리켜 '이상주의적 염세주의자'라고 칭했다.

베이유의 추종자들 중 어떤 이들은 이러한 모순을 완화시키려고 노력했다. 그녀의 삶의 양태가 뚜렷이 구별되는 시기들 (사색가·정치적 행동주의자·구도자·신비주의자)이나 그녀의 다양한 독자층(노동조합원·가톨릭 사제·레지스탕스 지도자)으로 그 모순이 부분적으로나마 설명될 수 있다. 하지만 그러한 모순들이 완전히 사라지는 것은 불가능할 것이다. 베이유의 유별난 인격과 의미를 향해 끊임없이 표류하는 열정적인 추구가 있는한, 그러한 모순들은 계속해서 남아 있을 것이다. 조지 오웰 George Orwell과 같이 시몬느 베이유는 언제나 우리에게 미해결 과제로 남을 것이다. 왜냐하면 그녀는 결국 어떤 목록으로도 분류될 수 없고, 어떤 집단에도 귀속될 수 없기 때문이다.

하지만 베이유의 인생의 굴곡을 관통하는 강력하고도 일관된 맥락이 있다. 구도자로서 그녀가 가진 두 가지 중요한 요소, 곧 진리를 향한 열정과 고난에 대한 깊은 감각이 바로 그것이다. 특히 그녀는 삶의 유일한 사명이 고난이라는, 내면으로부터의 강한 확신을 갖고 있었다.

베이유에게 고난은 고통 이상의 것이었다. 고난은 훨씬 더 참혹하고 모욕적인 고통의 형태였다. 미숙련공 여성 근로자로서 공장에 취직한 그녀는, 그곳에서의 경험에 대해 "노예 낙인이 찍힌 것 같았다"고 기술했다. 하지만 그녀는 그 경험을 견디기로 결심했다. 왜냐하면 공산당의 위대한 지도자 중 그 누구도 "공장 안에 발을 들여놓으려 하지 않았기" 때문이었다. 그녀는 "고난을 경험하면서 내 젊음이 죽었다"고 이야기했지만, 고통받는 자들에 대한 그녀의 깊은 연민은 다른 이들을 놀라게 했고 그들의 마음을 사로잡았다.

1927년 소르본 대학의 시험 결과가 발표되었을 때, 시몬느 드 보부아르Simone de Beauvoir는 모든 이들이 자기보다 아래에 있다고 생각했다. 오직 한 사람, 시몬느 베이유를 제외하고 말이다. 하지만 훗날 사르트르의 벗이 된 보부아르를 놀라게 했던 것은 베이유의 명철함이 아닌 그녀의 동정심이었다. "중국에서 엄청난 기근이 발생했을 때, 나는 그녀가 그 소식 때문에 울었다는 이야기를 들었다. 철학자로서의 그녀의 재능보다 그때의 그 눈물이 나로 하여금 그녀를 존경하게 만들었다. 나는 전 세계를 뒤흔들 수 있는 마음을 지닌 그녀가 부러웠다."

진리에 대한 베이유의 강렬한 열정 또한 너무나 분명했다. 망상, 위선, 부정직, 선동으로 점철되었던 1920년대와 1930년대에 그녀는 나태한 사고나 선의의 거짓말, 또는 어떠한 종류의 타협도 용인하지 않았다. 그녀와 수업을 같이 들었던 한 학생은 다음과 같이 회상했다. "그녀 앞에서는 어떤 거짓말도 생각할 수 없었다. 때로는 나를 발가벗기고 쥐어뜯으며 괴롭히는 그녀의 눈에서 도망쳐야겠다는 생각이 들곤 했다. 그녀의 눈은 자신이 바라보는 상대방을 삼켜 버리고 무력하게 만들었으며, 그들의 의지를 신의 깊이까지 이르도록 부추겼다."

베이유는 자신에게도 상당히 엄격했다. 그녀는 『신을 기다리며』에서 이렇게 기록한다. "나는 가시적인 성공이 없어도 전혀 상관없다. 하지만 나를 정말 슬프게 하는 것은, 진정으로 숭고한 자들만이 들어갈 수 있으며 진리가 지속되는 초월적 왕국에서 배제되면 어찌할 것인가 하는 생각이다." 그녀에게 죽음도 불사하지 않을 수 있는 한 가지 이유가 있다면, 그것은 바로 진리를 얻는 것이었다. 죽음의 순간은 "삶의 중심이자 목적이며……무한소의 짧은 시간에 순전한 진리, 숨김없고 확실하고 영원한 것이 영혼으로 들어오는 순간이다."

**내려오신 그리스도**　　　이러한 동기들이 베이유로 하여금 전 생애에 걸쳐 의미를 추구하게 만든 자극제가 되었음은 의심의 여지가 없다. 하지만 그녀는 추구를 아름답게 표현하는 것에 대해서는 달갑게 생각하지 않았다. 그녀는 『과학, 필연성, 그리고 신의 사랑에 대하여』에서 다음과 같이 기록한다. "인간이 신을 찾거나 믿는 것이 아니다. 인간은 그저 신이 아닌 다른 모든 것에 대한 사랑을 거부하기만 하면 된다. 이러한 거부는 어떠한 신념도 전제하지 않는다. 자명한 사실을 인식하는 것으로 충분하다. 그 자명한 사실이란, 과거에 존재한 것이든 현재에 존재하는 것이든 미래에 존재할 것이든, 현실이든 상상이든, 이 세상에 존재하는 모든 것은 유한하고 제한적이며, 우리 안에서 끊임없이 불타오르는 영원한 것과 완전한 선에 대한 열망을 결코 만족시킬 수 없다는 것이다."

그렇다면 시몬느 베이유는 어떻게 그 열망을 만족시키는 것을 발견했을까? 그녀의 여정 가운데는 '진정으로 중요한 가톨릭 신앙과의 만남들'이 몇 차례 있었다. 첫 번째 경험은 르노 자동차 공장을 포함한 공장 노동을 하던 시절 이후, 포르투갈에서의 어느 휴일에 찾아왔다. 『신을 기다리며』에서 이야기했듯이, 어떤 마을의 해변을 따라 걸어가고 있을 때 그녀는 성모 통고Our Lady of the Seven Sorrows 기념일을 경축하는 장면을 우연히 보게 되었다. "어떤 것도 그때 그 생각을 제대로 전달할 수 없다. 볼가 강의 뱃사공이 불렀던 노래만큼 마음에 사무치는 것을 들어 본 적이 없었다. 불현듯, 기독교야말로 정녕 종들의 종교라는 강한 확신이 들었다. 종들은 무언가에 속해 있어야만 한다. 나 역시 그들과 마찬가지였다."

두 번째 경험은 베이유가 1937년 아시시에서 이틀을 보내는 가운데 찾아왔다. 성 프란체스코가 종종 기도했던 12세기의 산타마리아 델리 안젤리 성당에 홀로 있었던 그녀는, 신앙으로 더 가까이 가게 만든 그 무엇과 조우했다. "그것은 내 생애 처음으로 무릎을 꿇어야 한다는 생각을 갖게 만든 아주 강력한 무엇이었다."

세 번째 경험이자 절정의 경험은 북서부 프랑스 지역에 위치한 솔렘 베네딕트 수도원에서 부활절을 보내기 위해 열흘간 머무르던 때에 찾아왔다. 그 수도원은 아름다운 단선율 성가로 유명했고, 베이유가 그곳을 선택한 것도 미적 이유들 때문이었다. 극도로 심한 만성 두통에 시달렸던 그녀는 조지 허버트[George Herbert]의 17세기 시 「사랑」을 명상했다. 극심한 통증을 느끼는 중에 수정같이 순전한 성가를 들으며, 고난 가운데 있는 신적 사랑의 가능성에 대해 깊이 생각했다.

그녀는 이렇게 기록했다. "극심한 육체적 고통의 순간 가운데 나는 사랑을 위해 노력하고 있었다. 비록 나에게는 그 사랑에 이름을 붙일 수 있는 어떤 권리도 없다고 생각했지만, 또 내가 전혀 준비되어 있지 않다고 느꼈지만(당시 나는 신비주의자들의 책을 읽어 본 적이 없었다), 나는 인간보다 훨씬 더 인격적이고 확실하며 실제적인 존재를 느꼈다."

그리고 잠시 후 그녀는 다음과 같이 말했다. "그리스도가 내려와 나를 소유하셨다." 그 전까지 그녀는 이런 경험들에 대한 이야기를 혐오했다. 하지만 이제 그녀는 자신이 경험한 것을 부정할 수 없었다.

학생이었을 때의 젊은 베이유는 신에 대한 관념 자체를 아예 부정했다. 신에 대한 질문은 답이 없었고, 신에 대한 문제는 해결될 수 없었다("잘못된 해결책이야말로 내가 생각할 수 있는 최고의 악이었다. 여기에 이르지 않기 위해서는 그냥 내버려두는 것이 최선이라는 생각이 들었다. 그래서 나는 그냥 내버려두었다"). 이 때문에 성인이 되어서 겪었던 그 실제적 경험은 그녀의 경계심을 완전히 무너뜨렸다. "해결할 수 없는 신의 문제에 관해 스스로 논쟁하면서 나는, 이 땅에서 인간과 신이 인격적이고 실제적인 만남을 가질 수 있다는 가능성을 전혀 예견하지 못했다. 또한 신비주의 저작들을 한 권도 읽지 않았다. 왜냐하면 그것들을 읽어야겠다는 생각이 전혀 들지 않았기 때문이다. 하지만 하나님은 그분의 자비 가운데 내가 그것들을 읽지 못하도록 하셨던 것이다. 전혀 예상치 못했던 그와 같은 만남이나 자신에 의해 이루어진 것이 아니라는 확신을 주시기 위해서 말이다."

**하나님에 의해 발견되다**　　　젊은 시절 시몬느 베이유의 우상은 블레즈 파스칼이었다. 하지만 의미를 향한 인간의 탐구에 대해 파스칼이 남긴 유명한 진술—"네가 아직 나를 발견하지 못했다면, 너는 나를 찾지 않을 것이다"—에는 한 번도 동의한 적이 없었다. 하지만 부정할 수 없이 강렬한 경험을 한 후, 그녀는 파스칼이 옳았음을 깨닫게 되었다. 우리는 우리의 내면과 우리 주위에 존재하는 감출 수 없는 하나님의 진리와 그것이 만들어 내는 식지 않는 열망 때문에 그분을 추구한다. 우리가 하나님을 발견하는 것은 우리가 하나님에 의해 발견되었기 때문이다. 성 아우구스티누스는 십수 세기 전에 다음과 같이 말했다. "당신이 먼저 나를 발견하지 않았다면, 나는 당신을 찾지 않았을 것입니다."

베이유의 이야기는 결단의 단계에 대한 하나의 보편적 특징을 강조한다. 즉 추구를 시작한 것이 우리라 할지라도, 우리가 발견되는 것으로 결말을 맺는다는 분명한 인식 말이다. 우리는 자신이 무언가를 찾는다고 생각하지만 결국 깨닫게 되는 것은, 우리가 누군가에 의해 발견된다는 것이다. 프랜시스 톰슨Francis Thomson이 그의 시에서 묘사했듯이, 하늘의 사냥개는 결국 우리를 쫓아오기 마련이다.

어떻게 그것이 가능할까? 믿음의 걸음을 내딛고 하나님에 의해 완전히 사로잡히는 그 순간에, 우리는 어떻게 온전히 우리 자신일 수 있을까? 이것은 의미를 향한 네 번째 단계에서 나타나는 굉장히 보편적인 경험이다.

사자가 먹잇감을 추격하는 것처럼 믿음을 이해했던 마사이 족 사람은 이야기의 또 다른 면을 알고 있었다. 그는 유럽인에게 말했다. "당신은 높으신 하나님에 대해 우리에게 이야기했습니다. 우리가 그분을 어떻게 찾아야 하는지 말해 주었고, 그분을 찾기 위해서는 우리의 땅과 우리의 민족을 떠나야 한다고도 말했습니다. 하지만 우리는 그렇게 하지 않았습니다. 우리는 우리의 땅을 떠나지 않았고, 그분을 찾지도 않았습니다. 그분이 우리를 찾으신 것이지요. 그분은 우리를 찾다가 결국 발견해 내십니다. 우리는 항상 사자가 우리라고 생각하지만, 사자는 바로 하나님이십니다."

**정말로 두려운 것**　　　　　C. S. 루이스가 이와 동일한 경험을 했을 때, 그는 커다란 두려움을 느꼈다. 그는 자신의 신앙이 '완전히 자유로운 행위'라는 것을 깨달았다. 하지만 동시에 그는 자신의 추구가 더 이상 통제 가능한 것이 아니라고 느꼈다. 그가 개인적으로 매력을 느꼈던 이상주의자들의 '정신'Spirit과 그가 원하지 않았던 '통속 종교의 하나님'에 대한 훌륭한 철학적 구별은 완전히 무너져 버렸다. 사람들은 종종 그에게 신앙이 위안이라고 이야기했지만, 그가 발견한 사실은 "신앙이 위안에서 시작되는 것이 아니라 두려움에서 시작된다"는 것이었다.

무엇보다 루이스는 자신의 삶이 누군가에 의해 간섭을 받는 다는 것이 싫었다. 물론 하나님도 예외가 아니었다. "내 사전 에 간섭이라는 단어만큼 깊은 증오심을 표출한 단어는 없다" 고 그는 『예기치 못한 기쁨』에서 말한 적이 있다. 루이스의 무 신론은 권위에 대한 뿌리 깊은 불신, 그리고 간섭받기 싫은 소 망과 깊이 연결되어 있었기 때문에 그것을 포기하는 데는 상 당한 대가가 따랐다. 그가 『고통의 문제』$^{The Problem of Pain}$에서 말했 듯이, "오랫동안 우리 자신의 것이라고 주장해 왔던 의지를 반 환하는 일은 그것 자체로 매우 고통스럽다. 오랜 시간 동안 불 법적으로 사용하여 염증이 생기고 부어오른 자기 의지를 포기 하는 것은 일종의 죽음과도 같다."

하지만 정말로 루이스를 압박했던 것은 죽음이 아니라 삶에 대한 위협이었다. 그가 갖게 된 신앙은 다행히도 추상적이거 나 동떨어진 것이 아니었다. 그 신앙은 자신이 동경하는 것이 었지만, 동시에 자신이 통제할 수 있는 이상$^{理想}$이었다. 하지만 그것이 별안간 살아나 움직이기 시작했다. 루이스는 셰익스피 어와 햄릿이 만났다면, "그것은 셰익스피어가 성사시킨 일임 이 틀림없다. 햄릿이 주도해서 시작할 수 있는 일은 하나도 없 다"고 말한 바 있다.

하지만 이 비유는 쥐덫처럼 루이스를 죄어 왔다. "정말로 두려운 것은, '하나님' 혹은 '정신'을 믿는 즉시 전혀 새로운 상황이 펼쳐진다는 데 있었다. 에스겔의 환상에서 죽음의 골짜기에 있던 메마른 뼈들이 움직이고 합쳐졌던 것처럼, 지성으로 이해되었던 철학적 공리들이 이리저리 움직이더니 수의를 벗어 던져 버리고는 똑바로 일어나 살아 있는 존재가 되었다. 나는 이제 더 이상 철학 놀이를 할 수 없었다. 나는 내가 이야기했던 '정신'과 '통속 종교의 하나님'이 어느 정도 다른 것이라고 생각했다. 하지만 나의 적수[하나님]는 그와 같은 구분을 무시했다. 나의 구분은 전혀 대수롭지 않은 것이 되어 버렸다. 그는 그것에 대해 논쟁조차 하려 하지 않았다. 그는 그저 이렇게 말했다. '나는 여호와니라', '나는 스스로 있는 자니라.'"

본성상 종교적인 사람들은 이러한 상황에서 느끼는 두려움을 절대 이해하지 못할 것이라고 루이스는 덧붙였다. 하나님을 추구하는 것에 대해 기분 좋게 이야기하는 우호적인 불가지론자들도 마찬가지다. "그때도 그랬지만, 나는 이런 사람들이 고양이를 찾는 쥐에 대해 이야기하는 편이 더 낫다고 생각한다." 루이스에게 다시 돌아간다는 것은 생각할 수도 없는 일이었다. 그가 만난 그분은 전적인 포기를 요구하셨다.

루이스는 다음과 같이 기록한다. "당신은 모들린 칼리지의 방에서 밤마다 홀로 있는 내 모습을 상상해 보아야 한다. 연구에 몰두하다가 단 일 초라도 생각을 내려놓을 때면, 내가 그토록 만나고 싶지 않았던 그분이 어김없이 계속 찾아오는 것을 느꼈다. 내가 가장 두려워했던 것이 드디어 나에게 찾아오고야 말았다. 1929년 트리니티 학기에 마침내 나는 하나님께 항복했고, 하나님이 하나님이심을 인정했다. 그리고 무릎을 꿇고 기도를 드렸다. 그날 밤 영국 전체에서 나는 가장 의기소침해 있고 주저하는 회심자였을 것이다."

**다른 목적, 다른 수단**　　　하나님의 간섭에 대한 인식은 신앙의 결정적 요인일 뿐 아니라, 예수 그리스도의 제자들에게 관점의 전환을 가져온다. 이러한 전환은 의미를 향한 추구를 전혀 다른 시각으로 보게 한다. 앞에서 우리는 신앙에서 가져야 할 책임에 대해 살펴보았다. 책임은 분명 중요한 것이다. 그것은 의심의 여지 없이 추구가 단순한 이성적 활동만이 아닌 인격적 여정이라는 사실을 부각시킨다. 하지만 우리의 신앙에서 하나님의 참여를 인식하는 것은 그것보다 훨씬 더 중요하다. 그것은 다른 신념이나 철학에서 유례를 찾아볼 수 없는 추구에 대한 새롭고도 독특한 설명을 제공해 준다.

추구에 대한 성경적 관점은 진리를 향한 인간의 상승을 평가하는 방식에서 독특하다. 대부분의 신념과 철학에서 추구란, 자신들이 욕망하는 목적을 향한 구도자들의 '위대한 상승'이다. 예를 들어, 그리스인들과 대부분의 고대인들에게 에로스$^{eros}$는 욕망하는 대상―존경, 인식, 진리, 정의, 미, 사랑, 하나님, 그 외의 무엇이든 간에―의 매력적인 특징들로 인해 생겨난 소망, 동경, 욕망으로서의 사랑의 방식이다. 이 때문에 추구한다는 것은 사랑을 동경하는 것이고, 소망과 사랑을 그 대상에 맞추는 행위다. 이렇게 함으로써 구도자들은 대상을 소유하게 되고, 이는 행복으로 이어진다. 즉 추구하는 것은 사랑하는 것이며, 사랑하는 것은 소망하는 것으로, 소망하는 것은 소유하는 것으로, 소유하는 것은 행복으로 이어진다. 키케로$^{Marcus}$ $_{Tullius\ Cicero}$가 『호르텐시우스』$^{Hortensius}$에서 "우리는 모두 행복해지기를 원한다"고 이야기했듯이 경험이 이를 증명하고 있으며, 합리적 사고 역시 최대의 행복은 최대의 선을 소유함으로써 얻어질 수 있다는 것을 암시한다.

추구에 대한 이러한 관점―힌두교와 불교에서와 마찬가지로―의 중심에는 이와 같은 상승이 성취될 수 있다는 확신이 있다. 정신과 의지의 노력만 있다면, 구도자는 선에 이를 수 있다. 산은 오를 수 있는 대상이고, 정상은 인간이 닿을 수 있는 범위 내에 존재한다.

이에 반해 성경적 신앙군은 신앙 내에 하나님의 참여를 인정함으로써 그러한 확신을 단호하게 거부한다. 에로스의 방식은 한계가 있다. 오로지 인간의 능력과 욕망만을 신뢰하는 것은 결말 없는 여정과 실패로 끝나는 추구의 공식일 뿐이다. 성공을 위한 유일한 희망은 에로스가 아닌 아가페*agape*로서의 사랑의 방식이다. 이러한 관점에서 추구의 비밀은 우리의 '위대한 상승'에 있지 않고, 우리를 향한 하나님의 '위대한 하강'에 있다. 구도자가 사랑을 찾는 대신, 사랑이 구도자를 찾아온다. 구도자가 사랑받을 만한 가치가 있어서가 아니라, 사랑의 본질이 사랑받는 사람의 가치와 공적에 관계없이 사랑하는 것이기 때문이다.

성경적 관점은 욕망이 인간 존재의 중심이라는 그리스와 동양의 관점에 동의한다. 성경적 관점은 그리스의 관점과 같이 (그러나 동양의 관점과는 달리), 욕망은 그 자체로 악한 것이 아니라 선한 것이거나 혹은 선한 것이 될 수 있음을 믿는다. 욕망의 정당성은 욕망의 대상의 정당성에 달려 있다.

하지만 성경적 아가페의 방식은 두 가지 면, 곧 추구의 목적과 수단에서 에로스의 방식을 완전히 깨뜨린다. 첫째, 아가페의 방식은 다음과 같이 이야기한다. "사랑하는 것도 좋고 욕망하는 것도 좋다. 하지만 당신이 **무엇을** 사랑하고 **무엇을** 욕망하고 있는지 주의 깊게 생각하라." 우리가 욕망하고 있다는 사실이 바로 우리가 피조물이라는 증거다. 우리는 불완전한 존재들이기에, 우리를 완전하게 해줄 수 있다고 손짓하는 것이라면 그것이 무엇이든 간에 욕망하게 되어 있다.

이 때문에 행복을 욕망하는 것은 옳은 일이지만, 우리의 욕망이 우리를 어디로 이끌든지 그곳에서 행복이 발견될 수 있다고 믿는 것은 그릇된 생각이다. 진리이신 하나님만이 욕망을 만족시키실 수 있다. 왜냐하면 하나님만이 그분 외에 다른 어떤 것도 필요로 하지 않는 존재이시기 때문이다. 그분만이 가장 높고 영원히 지속되는 선이시다. 따라서 하나님이 아닌 우리가 욕망하는 모든 대상들은 그릇된 것이거나(왜냐하면 그것들은 진리가 아니기 때문에), 우리 자신과 마찬가지로 유한하고 불완전한 것이다(그래서 우리가 그것들을 우리의 절대적 욕망의 목적으로 삼았을 때 반드시 실망하게 된다).

진정한 만족과 쉼은 가장 높고 영원히 지속되는 선 안에서만 발견될 수 있기 때문에, 하나님에 대한 추구가 없는 추구는 결코 안식에 이르지 못할 것이다. 성 아우구스티누스는 이렇게 고백했다. "하나님, 당신을 위해 우리를 창조하셨으므로 우리 마음이 당신 안에서 안식을 얻기까지는 평안이 없나이다."

성경적 아가페의 방식은 추구의 수단에서도 에로스의 방식과 구별된다. 창조주와 피조물과의 간격을 의식할 때, 어떠한 구도자도—아무리 헌신되어 있고, 탁월하고, 덕을 갖추고 있고, 한결같다 할지라도—그 간격을 메울 수 없다. 우리는 하나님 없이 하나님을 발견할 수 없고, 하나님 없이 하나님께 다다를 수 없으며, 하나님 없이 하나님을 만족시킬 수 없다. 즉 하나님이 시작하고 끝내지 않으신다면 우리의 모든 추구는 언제나 결핍되어 있다는 뜻이다. 도움이 결핍된 추구는 언제나 절망적일 것이다.

요약하면, 우리의 추구의 중요한 부분은 하나님을 향한 인간의 상승이 아닌, 우리를 향한 하나님의 하강이다. 하나님의 하강 없이는 인간의 상승도 없다. 추구의 비밀은 우리의 탁월함에 있는 것이 아니라, 하나님의 은혜에 있다. 우리를 추구의 길 위에 있게 만드는 것은 길을 발견해 가는 우리의 용기와 창의성에 있지 않고, 우리보다 먼저 그 길을 걸어가셨던 분의 계시에 있다.

여정의 네 번째 단계에서 우리는 변화의 크기와 상관없이 변화 그 이상이 필요하다는 것을 깨닫게 된다. 우리에게는 회심을 가져오는 완전한 변화가 필요하다. 태양의 그림자들로부터 벗어나기 위해 고개를 돌려야만 했던 플라톤의 동굴의 죄수들처럼, 다메섹 도상의 사울처럼, 진리를 추구했던 시몬느 베이유처럼, 우리는 모두 완전한 방향 전환 곧 회심이 필요하다. 그것은 우리를 올바른 방향으로 이끌어 줄 것이다.

길 위에서 예수와 함께했던 첫 번째 제자들처럼, 지옥의 층들을 통과해 가는 여정에서 베르길리우스와 함께했던 단테처럼, 천상의 도시로 들어가는 여정을 다룬 존 버니언의 『천로역정』처럼, 우리는 모두 인도자가 필요하다.

하지만 완전한 회심과 확실한 인도는 하나님이 참여하실 때에만 주어진다. C. S. 루이스는 한 편지에서 이렇게 썼다. "진지하게 그분을 추구하는 일을 계속하십시오. 그분이 당신을 원하지 않았다면, 당신은 그분을 원하지 않았을 것입니다." 그가 1929년 회심의 경험을 했던 것처럼, 그 후에 아내 조이 데이빗먼<sup>Joy Davidman</sup>을 만났던 것처럼, 구도자에게 중요한 사건은 '하나님이 들어오시는' 결정적인 순간이다.

당신의 추구는 여전히 동떨어져 있고 거리를 두고 있습니까?
아니면 그것은 움직이고 살아 있다는 느낌을 줍니까?
당신은 여전히 당신의 추구를 철저하게 주도하고 있습니까?
아니면 당신보다 훨씬 더 큰 무언가 혹은 누군가가
당신 스스로 발견해 가는 일에 대해 의문을 제기하고 있습니까?
당신의 생각과 마음을 집중하십시오.
그리고 집으로 향하는 긴 여정에 당신의 전 존재를 거십시오.

## 17. 진리가 아니면 아무것도 아니다

헨리크 입센의 「유령」은 1881년 노르웨이의 첫 관중을 시작으로 지금까지 많은 이들을 경악케 한 연극이다. 하지만 저명한 미술사가였던 케네스 클라크<sup>Kenneth Clark</sup>처럼 그 연극을 보며 기절까지 한 사람은 많지 않을 것이다. 한 번도 아닌 두 번씩이나 말이다. 첫 번째는 케네스가 윈체스터 칼리지 학생이었을 때였고, 두 번째는 많은 시간이 흐른 뒤 런던국립극장에서 관람하던 때였다.

「유령」은 과부인 어머니와 겨울을 함께 지내기 위해 파리에서 돌아온 젊은 예술가 오스왈드 알빙에 관한 이야기다. 오스왈드의 어머니는 10년 전에 죽은 남편을 기념하며 고아원을 막 시작하려는 중이다. 오스왈드는 그동안 존경했던 아버지가 사실은 건달이었고 방탕한 삶(자신의 집 하녀인 레지나는 그의 아버지 캡틴 알빙이 낳은 사생아였다)을 살았다는 것을 서서히 알게 된다. 그는 또한 자신의 아버지로부터 물려받은 매독 때문에 정신 이상 증세가 나타나고 있다는 것을 깨닫는다.

알빙 여사는 이러한 비극 속에서 자신의 역할을 찾아야 한다는 압박을 느낀다. 하지만 의무감에 기초해서 모든 행동을 해왔던 그녀는 냉혹하기만 하다. 극중의 '유령'이란 그녀로 하여금 사랑을 거부하게 하고 진실을 감추게 하며 '삶의 즐거움'을 누리지 못하게 하는 죽은 전통과 믿음들이다. "그것은 우리가 부모로부터 물려받아 여전히 우리 속에 존재하는 것으로서, 모든 종류의 낡은 생각과 죽은 믿음들이다. 우리 모두는 비참하게도 빛을 두려워한다."

아버지가 지은 죄의 피해자였던 오스왈드는 미쳐 가기 시작한다. 그는 어머니에게 치사량의 모르핀을 달라고 다그치며 이렇게 말한다. "내가 언제 낳아 달라고 했어요? 내게 준 이 생명이 도대체 뭐라고! 더 이상 원치 않으니, 당장 가져가세요!"

케네스 클라크는 첫 번째로 기절했을 때, 연극의 어느 부분에서 그랬는지 기억하지 못했다. 하지만 두 번째는 정확히 기억하고 있었다. 그것은 말 그대로 그를 '쓰러뜨린' 결말 부분이었다. 어린 시절의 기억들이 되살아났기 때문이었다. 클라크는 방치된 상태로 성장했고, 언제나 자신이 둘로 나뉘어 있다고 생각했다. 그것은 부유하고 방탕하고 신경질적인 아버지와, 순종적이고 감정이라고는 조금도 찾아볼 수 없는 어머니 사이에서 생긴 느낌이었다. 갑작스럽게 자신이 물려받은 것의 무게를 감당할 수 없다는 느낌이 밀려들자, 공포를 느끼며 기절했던 것이다.

**달걀 포장 작업**       이 이야기는 클라크의 자서전을 읽는 독자들에게 충격으로 다가왔다. 클라크의 해박한 지식, 우아한 세련미, 고상한 매너와 같은 그의 공적 이미지와는 너무도 어울리지 않는 이야기였기 때문이다. 당시 미술사가와 비평가로서 그와 견줄 만한 사람은 아무도 없었다(클라크는, 런던이 파리의 예술적 유명세에 자랑스레 내놓은 인물이었다). 그는 최연소 나이로 영국국립미술관의 관장으로 임명되었고, 제2차 세계대전 중에도 국가의 예술소장품들을 잘 지켜 냈다. 그는 저명한 저자이자 영국에서 가장 탁월한 강연자였고, 전 세계에 방영된 「문명」이라는 BBC 연작물의 텔레비전 진행자였다. 그는 당대에 가장 많은 존경과 부러움을 사며 끊임없이 화제에 오르는 사람들 중 하나였다. 그의 사명은 단순히 '예술을 가지고 대중에게 다가가는 것' 또는 적어도 소수의 세련된 취향과 대다수인 나머지 사람들의 예술적 무지 사이의 간극을 잇는 것이었다.

케네스 클라크는 무엇보다도 눈부신 성공을 거둔 사람이었다. 하지만 그의 인격에 또 다른 면이 있다는 것, 그리고 그가 우울증 기질과 방치되었던 어린 시절을 숨기기 위해 엄청난 대가를 치르고 있다는 것은 소수의 사람들에게만 알려진 사실이었다. 『뉴 스테이츠먼』지는 그를 가리켜 "하나의 인격을 찾고 있는 여섯 남자"라고 표현했다. 클라크의 친구인 그레이엄 서덜랜드Graham Sutherland는 "나는 K가 누군지 정말 몰라"라고 다른 친구에게 대답했고, 그 친구는 다시 "우리 중에 그를 아는 사람은 아무도 없지"라고 맞장구쳤다.

저명한 화가였던 서덜랜드는 후에 클라크의 초상화를 그리기로 했다. 친구들에게 K라고 알려졌던 케네스 클라크는 영광으로 생각하며 기꺼이 포즈를 취했다. 하지만 클라크를 그리려고 했던 다른 화가들과 마찬가지로 서덜랜드는 결코 만족스러운 그림을 그릴 수 없었고 결국 포기하고 말았다. 클라크는 고정되어 있기에는 너무 변덕스런 사람이었다. 그의 표정은 수시로 흔들렸고, 그가 전달하고 싶어 하는 내면의 인격이 도대체 어떤 것인지 감을 잡을 수 없었다.

좀 더 온전한 관점에서 보면, 클라크의 세련된 태도는 가면과 보호 장치에 지나지 않았다. 역설적 초연함과 자기부정이 그의 스타일이 되어 굳어 버린 것이다. 그는 자신의 자서전을 쓰는 도중 "책 전체에서 나는 초연하면서도 약간은 비꼬는 듯한 어조를 발견했다"고 말했다. 하지만 어떤 이들은 이러한 어조를 훨씬 더 일찍 발견했다. 윈체스터 대학 동기 중 한 명은 그것을 가리켜 "커즌(영국의 정치가로 인도 총독을 역임했다—옮긴이)George Curzon식의 우월함"이라고 불렀고, 옥스퍼드 대학 동기는 원숙한 학식과 세련됨이 그를 대학생이 아닌 사십대의 학장처럼 만들었다고 말했다.

물론 클라크는 학창 시절의 자신을 전혀 다른 눈으로 바라보았다. "나는 어떤 그룹에도 속할 수 없었다. 아홉 개의 모임에 선발되었고 입회비도 모두 냈지만, 한 곳을 제외하고는 모두 탈퇴할 수밖에 없었다. 다른 회원들과 이야기하는 것이 몹시 당혹스러웠기 때문이다." 가까운 한 친구의 말에 의하면, 클라크는 종종 "나 자신을 중요하게 생각하지 않는다"고 말했음에도 불구하고, 정말로 누군가가 그를 중요하게 생각하지 않으면 화를 내며 방어적으로 반응하곤 했다.

클라크의 자서전 제2권 『다른 반쪽』The Other Half을 읽은 몇몇 평론가들은 그의 세련됨 이면에 있는 악마를 보았다. 크리스토퍼 부커Christopher Booker는 다음과 같이 썼다. "끝까지 자신의 다른 반쪽을 감히 직시하지 못했던 한 남자에 대한 묘사로서, 등

골이 오싹해지는 책이다." 하지만 클라크의 친구들은 친절하고 너그럽게도, 그는 자신을 보호하기 위한 장치들을 개발한 것뿐이라고 이야기했다. 그러한 것들 중 하나는 삶의 여러 부분들을 분류하는 그의 방식이었다. 한 친구는 그것을 '달걀 포장 작업'이라 불렀다. 달걀 포장 작업 덕분에 클라크는 어두웠던 어린 시절의 기억들이나 몇몇 연인들과 관련된 일과 같은 것을 자신으로부터 안전하게 분리시킬 수 있었다.

**난처한 문제**  종교에 대한 클라크의 반응 역시 이런 보호 장치에서 기인했다. 젊은 시절 그에게는 어떠한 종교적 모범이나 가르침도 없었다. 성적으로 억제되어 있고 절대 웃지 않으며 자신의 감정을 표현할 줄 몰랐던 그의 어머니는 교회에 가는 것을 두려워했다. 교회가 그녀의 감정을 자극할 수도 있었기 때문이다. 클라크를 신앙으로 이끈 것은 전혀 다른 것이었다. 그것은 바로 그에게 가장 중요했던 세 가지, 곧 자연에 대한 깊은 사랑(어린 아이였던 클라크에게 처음으로 종교적 경험을 선사해 주었던 것), 미술에 대한 열정, 그리고 영적 뿌리가 없었다면 문명의 고결함은 결코 존속되지 못했을 것이라는 그의 궁극적 확신이었다.

클라크는 계속적으로 종교적인 경험을 했고, 그것들이 참된 것임을 의심하지 않았다. 그중 한 가지 사건은 그가 어릴 때 살던 집 근처인 서퍽 주 올드버러의 한 호텔에서 책을 쓰고 있을 때 일어났다. 클라크가 플랑드르의 바로크 화가인 피터 폴 루벤스에 대한 집필을 막 마쳤을 때, 그는 비범한 창조의 힘을 접하고는 감정적으로 몹시 동요되었다. 너무나 강렬한 느낌이었기 때문에 그는 자신을 진정시키기 위해 밖으로 나가 해변을 거닐어야 했다. 예술적 영감과 영적 깨달음은 분명 종이 한 장 차이였다. 후에 그는 이렇게 고백했다. "나는 내가 영감 있는 작가라고 생각하지는 않는다. 하지만 나는 영감을 얻는다는 것이 어떤 느낌인지 잘 알고 있으며, 이는 비평가로서 내가 다른 사람들 안에 있는 영감을 더 잘 인식할 수 있게 만든다."

얼마 지나지 않아 그는 버나드 베런슨의 손님으로 플로렌스에 있는 이타티 저택(이곳에서 버트런드 러셀은 『자유인의 예배』라는 수필을 썼다)에 머물게 되었다. 클라크는 당시를 이렇게 회상했다. "내가 항상 즐겨 읽던 종교 역사 서적들에 둘러싸여 홀로 시간을 보냈다." 이러한 시간이 그가 나중에 길게 서술한 '신기한 사건'의 경험으로 이어졌는지도 모른다.

"산 로렌초 성당에서 내게 종교적 체험이 있었는데, 조화로운 건축미와는 무관한 것 같았다. 잠깐 동안 내 존재 전체가 천상의 기쁨 같은 것으로 빛을 발했다고밖에 말할 수 없다. 이전에 알던 그 무엇보다도 훨씬 강렬했다. 그런 마음 상태가 몇 달 동안 지속되었다. 경이롭기는 했지만 행동과 관련하여 어색한 문제를 야기했다. 내 삶은 흠투성이이므로 개혁이 필요할 것이고, 가족들도 내가 미쳤다고 생각할 것이다. 정말 망상이었는지도 모른다. 어느 모로 보나 나는 그렇게 넘치는 은혜를 받을 자격이 없으니 말이다. 점차 강도가 약해졌으나 나도 굳이 붙들어 두려 애쓰지 않았다. 그런 내가 옳았던 것 같다. 나는 세상에 너무 물들어 있어 노선을 바꿀 수 없었다. 하지만 "하나님의 손가락을 느꼈던" 것만은 아주 분명하며, 비록 그 경험의 기억들이 소멸되었다고 하더라도 그것은 여전히 내가 성인聖人들의 기쁨을 이해하는 데 큰 도움을 준다."

위의 글에서 피할 수 없는 두 가지 결론이 있는 것 같다. 클라크가 "하나님의 손가락을 느낀"것에 대해 확신했다는 것, 그리고 그와 동일한 강한 확신으로, 그에 대해 반응하기를 거부하여 결국 그 경험에 대한 기억이 사라졌다는 것이다.

매우 지적인 그리스도인이었으나 자신을 회심시키려 하지는 않았던 한 친구와 대화를 나눈 후, 클라크는 이렇게 말했다. "그는 내가 무언가를 찾고 있음을 알고 있다고 말하는 정도까지만 대화를 이끌어 갔다. 나는 그때도 무언가를 찾고 있었고, 지금도 마찬가지다."

케네스 클라크에 대한 수많은 비밀들이 있었지만, 1985년 5월에 그가 죽은 후에야 그 여정의 결말이 밝혀졌다. 그의 장례식은 피카딜리의 성 제임스 성당에서 장엄하게 치러졌다. 수많은 세기의 지성들과 문화계 지도층 인사들이 참여했다. 그들은 클라크가 죽기 몇 달 전 신앙에 귀의하여 가톨릭 교인이 되었다는 소식을 전하는 아일랜드인 사제의 말을 듣고 충격을 받았다. "이 위대한 사람은 그때 나에게 이렇게 말했습니다. '신부님, 감사합니다! 신부님은 제가 그토록 원했던 일을 해주셨습니다.'"

클라크의 친구들 사이에 일어난 파장은 실로 엄청났다. 임종의 회심은 조작과 거짓의 가능성이 있었기 때문에 충분한 논란거리가 되었다. 하지만 클라크 부인은 사제의 보고가 틀림없다고 말했다. 신앙에 대한 남편의 헌신은 은밀한 것이었지만 이미 오랫동안 지속되어 온 것이었다고 이야기했다. 생의 끝자락에서 그는 이전에 놓았던 하나님의 손을 다시 붙잡은 것이다.

**무릎을 꿇을 것인가,
발길을 돌릴 것인가**

케네스 클라크의 이야기는 의미를 향한 추구의 네 번째 단계에 있는 또 다른 중요한 요소를 강조한다. 진리는 분명해 보이고 결론은 설득력 있어 보이지만, 여전히 이 시점에서 신앙과 결단의 필연성이란 존재하지 않는다. 우리는 자유인이다.

우리 앞에는 언제나 두 가지 선택이 놓여 있다. 무릎을 꿇는 것과 발길을 돌리는 것 말이다. 이러한 순간은 구도자로서 우리의 추구가 정직한지를 시험하고 드러낸다. 우리는 우리의 욕망을 진리에 맞추려 함으로써 확신에 이르거나, 진리를 우리의 욕망에 맞추려 함으로써 회피에 이른다.

니체는 '위험한 지점'<sup>danger point</sup>이라는 용어를 사용해, 사람들이 허무주의의 절망적인 결말—삶에 어떠한 의미도 없다는 것—을 온전히 인식하는 순간을 묘사했다. 그리고 그는 얼마나 많은 사람들이 그 결말을 정면으로 마주하지 않고 왜곡하는지 주목했다. 하지만 사실 훨씬 더 위험한 지점은, 결국 구도자가 신앙의 진리를 보게 되었는데도 여전히 진리의 논리와 설득력을 회피하려고 하는 때다. 돛의 방향을 바꾸는 요트 조정자나 코너에 몰렸다가 링의 반동을 이용해 빠져나가는 권투 선수처럼, 그들은 변명과 회피의 연막을 치면서 그 문제에서 도망친다. 정말 모순적인 일이다.

매우 흔히 일어나는 이와 같은 모순에 대해서는 G. K. 체스터턴이 이미 지적한 바 있다. "어떤 합리주의자가 기독교를 악몽이라고 부르자마자, 또 다른 합리주의자는 기독교를 바보들의 천국이라고 부르기 시작했다. 이것은 나를 의아하게 만든다. 그러한 공격들은 모순된다. 기독교는 하얀 세상에서 검은 마스크를 쓰고 있으면서, 그와 동시에 검은 세상에서 하얀 마스크를 쓰고 있을 수는 없다. 그리스도인은 현재 상태가 너무 안락해서 벗어나지 않으려는 겁쟁이이면서, 그와 동시에 너무 불편한 현재 상태를 그냥 견디기만 하는 바보일 수는 없다."

C. S. 루이스는 회의주의자들에게 있는 동일한 연막을 발견했다. "그들은 여섯 살짜리 아이에게나 적합한 기독교에 대한 견해를 놓고, 그것을 공격의 대상으로 삼는다. 그래서 교육받은 성인들이 따르고 있는 실제적인 기독교 교리를 설명해 주려고 하면, 머리가 복잡하다고 투덜거린다. 그러고는 하나님이 정말로 존재한다면 '종교'를 단순하게 만들었어야 한다고 주장한다."

루이스는 자신의 추구에 존재하는 모순들도 발견했다. 그것들은 훨씬 더 개인적이고 감정적인 것들이었다. 그는 『예기치 못한 기쁨』에서 다음과 같이 고백한다. "나는 당시에 많은 무신론자와 반신론자들과 같이 모순의 연속인 삶을 삶았다. 나는 하나님이 존재하지 **않는다**고 주장했다. 하지만 나는 하나님이 존재하지 않는다는 데 무척 화가 났다. 그가 이 세계를 창조한 것에 대해서도 마찬가지로 화가 났다."

이처럼 서로 충돌하는 생각과 감정들이 한데 얽혀 있는 것은 진리의 이 단계에서 흔히 있는 일이다. 하지만 그러한 상태는 결코 오래가지 않는다. 회전하고 있는 동전이 영원히 회전할 수는 없는 법이다. 우리의 마음도 영원히 미결정 상태로 남아 있을 수는 없다. 왜냐하면 결정하지 않는 것조차 결정이기 때문이다. 동전이 앞면이나 뒷면을 드러내고 정지하듯이, 우리에게도 서너 가지가 아닌 오로지 두 가지 선택만이 있다. 우리의 욕망을 진리에 맞추거나, 아니면 진리를 우리의 욕망에 맞추거나 둘 중 하나다.

선택을 해야 한다는 이 냉담한 도전은, 인간이 그 본성상 "진리가 아니면 아무것도 아니다"라는 막스 베버의 말을 유일한 모토로 하는 진리의 구도자들이라는 현대의 신화에 반대한다. 우리의 경험을 정직하게 평가해 보면, 성경적 신앙군이 항상 가르쳐 온 사실이 재차 강조된다. 즉 인간은 본성상 진리의 구도자들이지만, 타락한 인간은 본성상 진리의 왜곡자들이라는 사실 말이다. "진리가 아니면 아무것도 아니다"라고 진심으로 외쳤던 사람들은, 위기의 순간이 오면 "진리가 아니면 무엇이든 괜찮다"라고 이야기한다. 프랑스 영화 감독인 프랑수아 트뤼포François Truffaut가 인정했듯이, "내 안에는 알고자 하는 욕망만큼이나 배우기를 거절하는 마음이 강하다."

『거짓의 사람들』People of the Lie에서 스캇 펙Scott Peck은 샬린이라는 여성과의 상담에 대해 이야기했다. "모든 것이 의미 없는 것 같아요"라고 그녀는 반복해서 불평했다. 열심히 관찰한 결과, 스캇 펙은 그녀가 사실 잘 정리된 종교적 세계관을 가진 종교적인 사람이라는 것을 알게 되었다. 그녀는 실제로 2년 동안 자신의 종교적 신념을 가르치는 전문적인 일을 했다. 스캇 펙은 질문을 던졌다. "그렇다면 왜 당신의 신념은 모든 것이 무의미하다고 느끼는 당신의 인식에 영향을 주지 못했을까요?"

잠시 동안 정적이 흘렀다. 그리고 그녀는 외치듯이 이야기했다. "나는 그렇게 할 수 없어요. 거기에는 **나**를 위한 공간이 없다고요. 그것은 마치 내가 죽는 거나 다름없어요. 나는 하나님을 위해 살고 싶지 않아요. 그러지 않을 거예요. 나는 나를 위해 살고 싶어요. 나 자신을 위해서 말이에요!"

### 진리의 왜곡

우리는 앞에서 살펴보았던 것을 다른 형태로 다시 대면하고 있다. 우리가 최상의 상태일 때는 인생 경험이 철학을 압도할 수 있다. 우리들 중 날카로운 이성과 감정에 결코 치우치지 않는 냉정함을 갖추고 순수한 진리만을 추구할 수 있는 사람은 아무도 없다. 우리는 모두 진리의 왜곡자들이다. 한 가지 불편한 사실은, 우리의 이성이 우리의 감정이나 의지만큼이나 비판의 대상이라는 점이다. 사실 고도의 이성을 소유한 사람일수록 유동적인 마음의 소유자일 때가 많다. 높은 교육을 받은 사람일수록 그 합리화가 교묘해지는 경향이 있다.

합리화는 가끔씩 뻔뻔스럽기까지 하다. 기괴한 평론집이었던 『목적과 수단』 *Ends and Means* 에서 올더스 헉슬리는 세상에 어떤 의미도 없다는 것을 "당연하게 받아들인다"고 고백했다. 그는 다음과 같이 썼다. "나에게는 의미 있는 세상을 원하지 않을 만한 동기들이 있었다. 따라서 나는 세상에 어떠한 의미도 없다고 가정했고, 별 어려움 없이 그러한 가정에 대해 만족스러운 이유들을 발견할 수 있었다." 헉슬리는 이러한 관점을 '비지성적 근거들'(파스칼이 '열정'이라고 불렀던 것)이라고 말했다. 그렇게 그는 실제적 근거가 아닌 근거를 제시함으로써 합리화에 도달했다. 그것은 파스칼이 '나쁜 신앙'이라고 불렀던 전형적 예다.

헉슬리는 자신의 무덤을 더 깊이 팠다. "그렇다면 우리의 지성을 어떻게 어떤 주체에게 사용할 것인지를 결정하는 것은 결국 우리의 의지다." 그는 계속해서 말을 이었다. "이 세상에서 의미를 발견하지 못한 철학자는 형이상학적 문제에만 관심을 쏟지 않는다. 그들은 자신이 원하는 대로 행동해서는 안 될 아무런 합당한 이유가 없으며, 자신의 친구들이 정치적 세력을 얻어 자신들에게 가장 유리한 방법으로 통치를 해서는 안 되는 합당한 이유도 없다는 것을 증명하는 데도 관심을 갖는다."

헉슬리의 비합리성은 뻔뻔스럽다. 그는 나쁜 신앙, 이기적 투사, 자신과 엘리트 친구들을 위한 거짓말, 이데올로기(이 단어에 대해 그가 제시했던 완전한 정의는, 개인의 이익을 위한 사회적 무기로서 작용하는 사상의 체계였다) 등 이 모든 점에서 유죄를 인정한 뒤, 장엄한 결론으로 자신의 주장의 비정당성에 쐐기를 박았다. "나 자신과 동시대의 사람들 대부분에게 무의미의 철학은 분명 특정 정치적·경제적 체계로부터의 해방이자, 특정 도덕적 체계로부터의 해방이었다. 우리가 도덕을 반대한 이유는 그것이 우리의 성적 자유를 방해했기 때문이다."

올더스 헉슬리만큼 솔직한 사람도 드물 것이다. 하지만 그와 같은 사람이 또 있었다. 위대한 경제학자인 존 메이너드 케인스[John Maynard Keynes]는 자신이 속한 블룸스베리 그룹의 입장을 '배덕주의'背德主義―"우리는 관습적 도덕, 관행, 전통적 지혜를 전적으로 부정했다"―라고 설명했다. 또한 그는 그들의 철학이 "그늘에서 자라기에 딱 좋은 것"이라고 주장했다. 페이비언협회(영국의 점진적 사회주의 사상 단체―옮긴이) 회원으로 명성을 날렸던 비어트리스 웹[Beatrice Webb]은 이러한 철학과 그것의 분명한 동기들을 보며 개탄했다. "자신이 좋아하는데 다른 사람들이 인정하지 않는 일을 하기 위한 형이상학적 정당성을 확립하려는 것 외에 내가 이 철학에서 발견할 수 있는 것은 전혀 없었다."

**단기적인 것 vs 장기적인 것**　　　진리를 우리의 욕망에 맞추려는 전략은 단기적으로는 좀 더 쉽고 매력적인 것으로 보이지만, 장기적으로는 훨씬 더 어려운 것이다. 그것은 우리가 모든 것을 통제할 수 있게 해주지만, 우리를 진리에서 멀어지게 함으로써 결국 우리를 진실에서도 멀어지게 한다. 또 그것은 다시 끊임없는 회피로 이어지게 하는 장애를 가지고 있다. 더 나쁜 것은, 그로 인해 우리는 진실과 진리로부터 멀어지게 되어, 결국 실망과 상실로 끝맺게 된다는 점이다.

반대로 우리의 욕망을 진리에 맞추려는 결정은 단기적으로는 어려워 보이지만, 장기적으로는 더 쉬운 것이다. 우리는 통제해야 된다는 필요를 포기하고 우리의 바깥에 있는 진리에 순종한다. 그 순종은 회개를 요구한다(우리가 이전에 진리에 대한 그릇된 관점을 가지고 있었다면). 우리는 우리의 체계 속에 진실을 끼워 맞추려고 노력하기보다 그것과 대면해야 한다. 그것의 장기적인 결과는 자유다. 왜냐하면 우리가 본래 그대로의 진실과 마주할 때, 진리는 곧 **자유이기** 때문이다.

요약하면, 추구의 네 번째 단계는 지식에 도덕적 측면이 있다는 사실을 우리에게 다시 한 번 상기시켜 준다. 앞서 살펴보았듯이, 구도자들이 의미를 찾는 것은 광부들이 금을 찾는 것이나 측량 기사들이 석유를 찾는 것과는 다르다. 모든 이들은

목적을 찾고 있다. 하지만 성장과 변화에 대한 개방성은 구도
자의 성공적인 발견을 위한 전제 조건이다.


**진리의 포로**　　　　　　　　　지그문트 프로이트는 자신을
　　　　　　　　　　　　　　　　정복자로 생각한다고 말한 바
있다. "나는 사실 과학의 사람도, 관찰자도, 실험자도 아니
다.……나는 다만 기질적으로 정복자요 모험가일 뿐이다." 그
러나 진리를 좇는 구도자들은 정복자가 아니라 탄원자다. 자
기 자신보다 더 쉽게 속일 수 있는 사람은 없으며, 우리가 진
리를 추구하는 것과 진리를 왜곡하는 것 사이에 존재하는 간
격보다 더 큰 단절은 없기 때문에, 진리(그리고 그것의 결과로서
의 자유)로 가는 유일한 길은 그것을 정복하려고 하기보다 그
것에 의해 변화되는 것이다.

우리는 우리 자신을 진리에 맞추어야 한다. 좀 더 정확히 말
하자면 진리의 포로가 되어야 한다. 우리 각자를 위한 궁극적
질문은 우리가 얼마나 철저하게 진리를 찾았는가가 아니라,
진리가 얼마나 철저하게 우리를 성찰했는가에 있다.

우리는 성찰 없는 인생이란 살 가치가 없다는 이야기로 이
책을 시작했다. 이제 변화 없는 인생은 추구할 가치가 없다는
이야기로 이 책을 맺으려고 한다. 키에르케고르는 『마지막 날

들』에서 다음과 같이 말했다. "진리는 덫이다. 그것에 의해 잡히지 않고서는 그것을 소유할 수 없다. 당신이 진리를 잡음으로써 그것을 소유하는 것이 아니라, 진리가 당신을 잡음으로써 그것을 소유하게 된다."

당신의 추구는 "진리가 아니면 아무것도 아니다"입니까,
"진리가 아니면 무엇이든 괜찮다"입니까?
당신이 발견한 진리를 당신의 욕망에 맞추려고 합니까,
아니면 당신의 욕망을 당신이 발견한 진리에 맞추려고 합니까?
당신의 생각과 마음을 집중하십시오.
그리고 집으로 향하는 긴 여정에 당신의 전 존재를 거십시오.

## 18. 인생의 기업가들

"여러분도 아시다시피, 나는 직업적으로 꽤 성공했고 돈도 상당히 많이 벌었습니다. 내가 상상했던 것보다 훨씬 더 많이, 평생 써도 못다 쓸 만큼 말이지요. 나의 가족이 필요로 하는 것보다 훨씬 더 많은 돈을 벌었죠." 옥스퍼드 대학 근처에서 열린 한 집회에서 저명한 사업가가 한 말이다. 그의 얼굴에서 결의에 찬 면모와 기질이 배어 있었지만, 일순간 주저하는 모습은 강인한 외모 뒤에 감춰진 감정들을 드러내고 있었다. 잘 그을린 그의 뺨을 타고 눈물 한 방울이 서서히 흘러내렸다.

"솔직히 말하자면, 그토록 돈을 많이 벌고자 애썼던 동기는 아주 단순한 것이었습니다. 돈으로 사람을 사서 내가 하고 싶

지 않은 일을 맡기고 싶었죠. 하지만 한 가지 일에 대해서만은
그 누구도 나를 대신할 수가 없더군요. 그것은 바로 내 인생의
목적을 발견해서 그것을 성취하는 것입니다. 그것을 발견할
수만 있다면 어떤 대가든 지불할 용의가 있습니다."

목적과 성취의식은 의미를 향한 추구에서 자연스럽게 파생
되는 가장 중요한 문제다. 그것은 의미를 추구하는 구도자의
안내 지도에서 최종 핵심과 연관되어 있다. 즉 의미를 향한 추
구의 마지막은 곧 믿음의 여정의 시작이라는 것 말이다. 목적
이라는 주제만큼 인생과 믿음의 전체 여정, 특히 그 여정을 제
대로 끝맺는 것에 대해 선명하게 조명해 주는 것은 없다.

**분명한 무엇**  　　　　　　우리의 간절한 바람은, 우리가
　　　　　　　　　　　　　이 땅에 존재하는 목적을 이루
어 가고 있음을 인식하는 것이다. 우리는 모두 변화를 만들어
내기를 원하고, 우리의 유산을 남기길 바란다. 랠프 월도 에머
슨의 말처럼, 우리는 "세상을 조금이라도 더 나은 곳으로 만들
어 놓고 떠나고" 싶어 한다.

이 일을 어떻게 성취하느냐에 대한 생각은 천차만별이다.
예술가, 과학자, 건축가들은 자신의 이름을 영원토록 남길 수
있는 독창적 결과물을 만들기 위해 노력한다. 정치가, 사업가,

행정가들은 일반적으로 그들이 고안하고 유지시켜 온 제도의 각도에서 생각한다. 부모, 교사, 상담가들은 상대방의 인생을 형성시키고 성숙하게 하는 일에서 자신들이 공헌하는 바를 중시한다. 이러한 모든 다양성에도 불구하고 목적에 대한 필요는 동일하다. 토머스 칼라일$^{Thomas\ Carlyle}$은 이렇게 기록했다. "목적 없는 사람은 키 없는 배와 같다. 한낱 떠돌이요, 별 볼일 없는 이도저도 아닌 사람이다."

이 깊은 열망이 충족되지 않는 한, 부, 명예, 지위, 지식, 친구관계와 같은 성공의 척도들은 시시하고 공허하게 느껴질 뿐이다. 어떤 이들의 경우에는 그 공허함이 헨리 데이비드 소로우$^{Henry\ David\ Thoreau}$가 묘사한 "조용한 자포자기의 인생"으로 이어진다. 또 어떤 이들의 경우에는 그 공허함과 목적 없음이 강렬한 절망감으로 표출되기도 한다.

도스토예프스키가 쓴 『카라마조프가의 형제들』에는, 인간이 목적을 의심하기 시작할 때 영혼에 어떤 일이 벌어지는지에 대해 대심문관이 설명하는 장면이 나온다. "왜냐하면 인간 존재의 비밀은 그저 생존하는 것뿐 아니라……무엇인가 확실한 것을 위해 사는 것이기 때문이다. 자신이 무엇을 위해 사는지 확고하게 이해하지 못한다면, 인간은 삶을 수용할 수 없고 지구상에 살아남기보다는 오히려 자신을 파괴하게 될 것이다."

그것을 최고 선,<sup>summum bonum</sup> 궁극적인 목적 등 무엇이라 불러
도 좋다. 하지만 우리 인생의 목적을 발견하고 성취하는 일은
인생의 다양한 시기에 수많은 모습으로 나타난다. 십대들은,
가정과 학교라는 울타리 너머에 존재하는 자유의 세계가 어
지러울 만큼 수많은 선택들로 유혹할 때 그 문제를 떠올린다.
대학생들은, 하나의 선택을 하게 되면 다른 모든 것을 포기해
야 하는 엄연한 현실을 자각한 후 '세상은 다 내 것'이라는 기
대가 한풀 꺾일 때 그것과 직면하게 된다. 삼십대 초반의 경우
에는, 그들의 일상이 부모의 기대, 동년배들의 통념, 연봉과 직
업적 성공 너머에 있는 잔인한 현실을 떠안게 될 때 그것을 깨
닫게 된다. 어머니들은, 자녀들이 모두 성장한 뒤에 이제 어떤
목적이 인생의 공허함을 채울 수 있을지 고민할 때 그것을 느
낀다. 어느 정도 성공을 거둔 사십대와 오십대는, 자신들의 성
취가 그 성공에 대한 사회적 책임, 인생의 목적과 관련하여 의
문을 제기할 때 문득 그것과 대면하게 된다.

사람들은 이사를 하고, 직장을 옮기고, 결혼생활이 깨어지
고, 건강의 위기를 맞는 등 인생 여정의 다양한 전환점에서 그
문제와 마주하게 된다. 이러한 변화들을 극복하는 것은 매우
길게 느껴지고, 변화 자체보다 훨씬 더 나쁜 것처럼 느껴지곤
한다. 왜냐하면 변화는 우리의 개인적 의미에 대해 의심하게
만들기 때문이다. 인생의 황혼기에 그것과 다시 직면하는 경

우도 종종 있다. 인생은 결국 무엇인가? 지금까지 이룬 성공은 진정한 의미가 있었는가? 그 성공은 다른 것들과 바꿀 만한 가치가 있는 것이었는가? 크든 작든 온 세상을 얻었지만, 대신 우리의 영혼을 헐값에 팔아넘긴 채 빗나간 인생을 살았던 것은 아닌가? 워커 퍼시가 말했듯이 "당신은 모든 과목에서 A학점을 받아도, 인생에서 낙제할 수 있다."

쇠렌 키에르케고르는 인생의 목적에 관한 질문에 평생을 매달렸다. 그가 깨달았듯이, 개인의 목적은 철학이나 이론의 문제가 아니다. 그것은 순전히 객관적인 문제도 아니고, 유산처럼 물려받을 수 있는 것도 아니다. 많은 과학자들이 세상에 대해 백과사전처럼 지식을 축적하고, 많은 철학자들이 사상의 방대한 체계를 연구하고, 많은 신학자들이 종교의 심원함을 파헤치고, 많은 저널리스트들이 불거지는 다양한 주제들에 대해 의견을 내놓지만, 그것들은 모두 이론에 불과하며 개인의 목적에 대한 인식이 없다면 그저 허망한 것이다.

더 큰 유일한 목적, 곧 우리 각자에게 강렬하게 다가오는 개인적 목적만이 스스로의 힘으로는 도달할 수 없는 높은 곳까지 이르도록 인도해 줄 것이다. 키에르케고르는 『일기』에서 이렇게 말했다. "그것은 나 자신을 이해하는 것이고, 하나님이 진정으로 **내가** 무엇을 하기 원하시는지를 아는 것이다. 그것은 **나에게 해당되는** 참된 진리를 발견하는 것이며, **내가 그것을**

위해 살기도 하고 죽을 수도 있는 사상을 발견하는 것이다."


**소유는 풍족하지만**　　　　오늘날 인생의 목적에 관한 질
**목적이 결여된 인생**　　　　문은 그 어느 때보다 긴급하다.
역사상 전례 없이, 세 가지 요인이 의미를 향한 탐구를 집중적
으로 촉구하고 있다.

　첫째, 인생의 목적을 향한 탐구는 우리가 인간으로서 경험
하는 가장 깊은 차원의 문제다. 둘째, 현대 사회가 우리의 모
든 선택과 변화에 최대한의 기회를 제공하면서, 우리 모두 의
미 있는 인생을 살 수 있다는 기대감을 한층 드높였다. 셋째,
우리의 성취는 다음과 같은 놀라운 사실로 인해 좌절되었다.
즉 인간 역사의 수많은 위대한 문명들 가운데서, 오직 현대 서
구 문명만이 인생의 목적에 관한 질문 앞에 합의된 답변을 내
놓지 못하고 있다.

　인생의 목적이라는 주제를 둘러싼 무지와 혼동과 갈망은 역
사상 그 어느 때보다 강하다. 우리 현대인들의 고민은, 소유는
풍성하지만 목적이 결여된 인생을 살고 있다는 것이다. 어떤
이들은 시간이 있지만 돈이 부족하다고 느끼고, 또 어떤 이들
은 돈은 있지만 시간이 부족하다고 느낀다. 물질적 풍요 가운
데 살고 있는 우리들 대부분은 영적 빈곤을 느끼고 있다.

모순은 여기서 끝나지 않는다. 현대 과학은 사람들을 우주의 기막힌 설계로 더 가까이 이끌어 가지만, 현대인들은 개인의 인생의 목적을 발견하는 일을 꺼린다는 사실을 생각해 보라. 그리고 인간의 '인생행로'에 관해서는 거의 합의를 이루고 있지만, 각 인생행로에 맞는 인생의 목적에 관해서는 전혀 의견 일치를 보지 못하고 있다는 사실을 떠올려 보라.

혼동이 생기는 것은, 오늘날 목적에 관해 제시되고 있는 상반된 견해들에서 일부 기인한다. 동양적 신앙군은 "잊어버리라"고 말한다. 즉 목적을 향한 소망은 우리를 환상 세계에 가두는 갈망일 뿐이라는 것이다. 서구의 세속적 신앙군은 "네 방식대로 하라"고 말한다. 목적은 발견되는 것이 아니라 창조되는 것이라는 뜻이다. 왜냐하면 우주가 인류를 위한 특별한 계획을 가지고 있지 않듯이, 개인의 인생을 위한 특별한 계획도 가지고 있지 않기 때문이다. 성경적 신앙군은 "창조주의 부르심을 따르라"고 말한다. 하나님이 우리를 창조하시고 이 땅에 보내신 계획을 발견하고 그것에 의해 사는 것이야말로 가장 큰 목적과 성취라는 것이다.

의견 일치의 부재 가운데, 많은 사람들은 나름대로 최선의 방식으로 적당히 임시변통적 대안을 마련하고 있다.

**알려진 목적지**　　　　　여정으로서의 인생에 대한 상
　　　　　　　　　　　반된 견해들 때문에 혼동은 더
심화된다. 한쪽 극단에서는 인생에 대해 여정으로서의 묘사를
피하면서 그들이 마치 목적지에 이미 다다른 것처럼 이야기한
다. 그들은 믿음의 확실성과 승리를 강조하면서, 불확실성과
비극을 최소화한다. 모든 진리는 명쾌하고, 모든 소망은 사실
이 되고, 모든 결론은 정해져 있다. 그리고 여정의 모든 개념은
소멸된다. 그들의 인식 범위에는 외관상 아무런 우려와 고난
과 위험과 좌절과 불행이 없다. 슬프게도 그들은 인생이 순례
자의 길임을 망각하고 있다. 저명한 랍비인 코츠커Kotzker는 "끝
났다고 생각하는 사람이야말로 끝난 것이다"라고 말했다.

　다른 한쪽 극단에서는 끝없는 여정이 삶의 열정과 방식에
어울린다고 생각한다. 그들에게는 도착한다는 것이 상상할 수
없는 일이며, 길을 발견했고 결론에 다다랐다고 주장하는 것
이야말로 가장 서투른 행위다. 그저 여정 자체가 전부인 것이
다. 질문, 탐구, 탐색, 극복에 이르는 과정이 그 자체로 목적이
다. 모호함이야말로 참된 가치다. 슬프게도 그들은 자신들이
찾고 있는 것을 발견하기를 거부한다. 미국 의회 도서관장인
대니얼 부어스틴Daniel Boorstin은 다음과 같이 말했다. "우리는 의
미를 추구하는 데서 시작하여 추구 자체에서 의미를 발견하게
되었다."

현대 사회의 사색하는 사람들은 두 번째 극단에 쉽게 경도되는 경향이 있다. 파우스트와 같이 만족할 줄 모르는 탐구자들은 언제나 있었지만, 오늘날처럼 끊임없이 이동하는 것이 빈번한 때는 없었던 것 같다. 우리는 활동할 때 휴식을 꿈꾸고, 휴식할 때 또다시 활동하는 것을 꿈꾼다. 우리는 적게 소유하고 있을 때 많이 소유하는 것을 꿈꾸고, 많이 소유하고 있을 때는 더 많이 소유하는 것을 꿈꾼다. '공격적 전진의 열망'이라는 현대인의 어법에는 마침표나 단락의 끝도 없고, 다만 쉼표와 끊임없이 이어지는 '그러나'와 '다른 한편'만이 존재할 뿐이다.

현대의 소비자들 못지않게, 현대 소비 사회의 사상가들에게는 갈망을 원하는 갈망만이 허용될 뿐이다. 그들의 시스템이 지속되기 위해서, 갈망은 만족을 제외한 어떤 것이든 갈망하도록 부추겨진다. 앞으로 다가올 수많은 선택들에 비해, 현재의 것들은 빙산의 일각일 뿐이다. 그러므로 지금 무언가를 선택하는 것은 어리석인 일이다. 이러한 관점에서 인생은 갈림길이 아닌 무수한 선택들의 카페테리아다.

전통적인 사회들은 종종 과거에 묶여 정체 상태를 계속 유지시킨다. 반면 우리 현대인들은 미래에 현혹되어 끊임없이 이동하는 갈망에 백기를 든다. 플라잉 더치맨(신과의 맹세를 저버린 한 네덜란드 선장이 저주를 받아 유령선을 탄 채 영원히 바다를 떠돌게 되었다는 전설—옮긴이)$^{Flying\ Dutchman}$의 이야기와 같이, 우리는 스스로 자초한 저주로 인해 영원히 바다를 떠돌고 있다. 우리는 자유로운 질문과 제한 없는 사고를 찬양하지만, 방향의 상실, 키의 상실, 지도의 상실, 그리고 가장 중요한 집의 상실이라는 문제들에 떠내려가고 있다.

기독교 신앙은 이 양극단의 매력 사이에서 놀라운 균형을 이룬다. 우리는 여정 가운데 있으며, 그에 수반되는 희생과 위험과 위협을 감수하는 진정한 나그네들이다. 우리는 이 세상에서 결코 도착했다고 말하지 않는다. 하지만 우리는 왜 본래의 집을 잃었는지 알고 있고, 더 중요한 것은 우리가 어떤 집으로 가고 있는지, 거기서 누가 우리를 기다리고 있는지, 그리고 우리가 이 여정을 누구와 함께하고 있는지에 대해 알고 있다.

예수를 따르는 자들은 "추구는 그 자체로 보상이다" 혹은 "도착하는 것보다 희망을 가지고 여행하는 편이 더 낫다"고 말하는 사람들을 향해, 여행은 목적지가 있을 때만 의미 있는 것이며, 집을 향해 여행하고 있을 때만 희망을 품는 것이 가능하다고 대답한다. 즉 예수를 따르는 모든 이들은 방랑자가 아닌 나그네다. 그들은 아직 도착하지 않았으나 길을 발견한 이들이다. 이 여행을 처음으로 했던 사람이 누구인지 알며, 바로 그가 길이요 진리요 생명인 것을 발견한 사람들이다. 오랜 세월에 걸쳐 그리고 전 대륙에 걸쳐 존재하는 그들은, 성 아우구스티누스의 표현을 빌리면 "모든 언어권의 순례자 집단"이다.


**가치를 더하는 비전의 사람**　　그렇다면 우리가 목적 있는 여
　　　　　　　　　　　　　　　정을 떠나고 이를 잘 끝맺을
수 있는 방법은 무엇일까? 인생과 믿음의 여정을 가장 올바르
게 가는 방법은 창조주의 부르심에 응답하는 것이며, 그렇게
함으로써 우리가 창조되고 부르심을 입은 목적을 발견하는 것
이다. 위대한 창조주만이 무로부터 완전하게, 그리고 풍성하
고 무성하게 창조를 이루실 수 있다. 그분만이 우리의 존재 이
유를 아시며, 그것으로 인해 우리를 목적 있는 인생으로 부르
신다. 창조주의 부르심에 반응할 때, 우리는 그분의 형상을 따
라 빚어진 작은 창조자들이 되며, 우리 자신의 창조성, 예술성,
기업가 정신을 이해하게 된다. 그래서 이 땅에서 사는 동안 우
주의 비옥한 풍요를 더 풍요롭게 할 수 있게 된다. 그 때문에
창조주의 부르심에 응답하는 것은 여정에서 목적을 얻는 최고
의 원천이 된다. 그것은 집으로 가는 긴 여정에서 우리를 인생
의 기업가로 변화시킨다.

　오늘날 '창조자'라는 표현은 흔히 예술가에 한해 사용되고,
'기업가'는 사업하는 사람들에게 주로 사용된다. 하지만 우리
가 믿음으로 인생을 살아갈 때, 우리는 모두 창조자이자 예술

가이자 기업가다. 이것이 바로 인간으로서 우리가 지닌 소명의 핵심이다.

최소한 우리 시대에는, 인간의 존재 이유가 수단이 아닌 목적에서만 발견될 수 있다는 사실이 점점 더 분명해지고 있다. 자본주의는 그 창조성과 풍요로움에도 불구하고, '왜?'라는 질문에 답해야 한다는 도전 앞에서는 부족하기만 하다. 자본주의는 의미의 원천이 아닌 구조에 불과하기 때문에 그 자체로는 무의미하다. 정치, 과학, 심리학, 경영, 자기수양 요법, 그 밖의 다양한 현대 이론들도 마찬가지다. 톨스토이가 과학에 대해 썼던 글은 이 모든 것에 적용될 수 있다. "과학은 우리에게 가장 중요한 단 하나의 질문, '우리는 무엇을 해야 하고 어떻게 살아야 하는가?'에 답을 줄 수 없기 때문에 무의미하다." 믿음을 향한 더 깊은 추구의 바깥에는 답이 존재하지 않는다. 그리고 부르심에 응답하는 것만이 가장 깊고 만족스러운 믿음의 참뜻이다.

'부르심'이란 무엇을 의미하는가? 이는 하나님이 우리를 그분께로 확고히 부르셨으므로, 우리의 모든 존재와 일과 소유 가운데 그분의 요구와 돌보심에 응답하는 특별한 헌신과 활력이 있어야 한다는 뜻이다.

'인생의 기업가'란 무엇을 의미하는가? 인생의 기업가는 창조적인 일에 대한 책임을 자신에게 부여된 역할, 일상적인 직분, 상속된 의무라고 생각하지 않는다. 그들에게 창조란, 세상에 새로운 것을 가져오고 인류에게 유익한 것을 창조해 내기 위해 위험과 위협을 감수하는 믿음의 모험이다. 그것이 바로 그들의 부르심이다. 이러한 부르심에 응답하고 믿음으로 그 부르심에 반응함으로써, 인생의 기업가들은 여정을 지속해 가며 세상을 풍요롭게 하고 세상에 가치를 더하는 일에 자신들의 재능과 자원을 사용한다. 그들은 보이지 않는 것을 보이는 것으로, 미래를 현재로, 이상을 현실로, 불가능을 달성으로, 소망을 경험으로, 현상 유지를 활력으로, 꿈을 실현으로 만들어 내는 사람들이다.

분명한 것은, 인생에는 우리가 선택하지 못했던 것들과 바꿀 수 없는 것들이 수없이 존재한다는 사실이다. 인생을 시작하는 순간 그 누구도 태어날 날과 눈 색깔과 가문을 선택하지 못한다. 인생이 끝날 무렵에도 우리는 죽는 날과 우리가 남긴 것들의 해석을 결정할 수 없다. 탄생과 죽음 사이에서도 우리는 통제할 수 없는 수만 가지의 상황들과 대면한다. 하지만 우리는 여전히 중요한 사람들이다. 지배권을 사용하고 영향력을 발휘하고 풍성함을 증대시키는 기업가의 능력을 가진 이들은, 인간됨의 핵심과 인생의 여정을 최대한 잘 활용하는 비밀을 가진 자들이다.

기업가 정신을 강조하는 것에 대해서 생산적인 사람만을 가치 있게 여기는 무정한 태도와 혼동해서는 안 된다. 달라스 윌라드가 말했듯이, 기업가 정신은 우리 모두가 "하나님의 커다란 우주 가운데서 영원히 감당해야 할 변함없는 독특한 부르심"을 지니고 있음을 상기시킨다.

이 진리, 곧 기업가의 비전과 능력을 가지고 그 길을 따라야 한다는 부르심은 역사 가운데 있었던 위대한 '도약들'의 원동력이었다. 몇 가지 예를 들면, 시내 산에서의 유대 민족 형성, 갈릴리에서의 기독교 운동의 태동, 16세기의 종교개혁과 그로 인한 근대 세계의 발흥, 서구의 노예 제도와 노예 무역 폐지 등이 있다. 목적을 향한 수많은 현대 구도자들의 열망을 충족시키기 위해, 오늘날 부르심을 재발견하는 일이 시급하다는 데는 의심의 여지가 없다.

**일생의 동기**　　　당신은 헌신된 신앙을 토대로 삼아 목적의식을 발견하고, 기업가적 삶의 여정에 인생을 바치기 원하는가? 그렇다면 소명의식은 이 사명을 위한 핵심 동기가 될 수 있다. T. S. 엘리엇은 "과연 우리의 일생에는 하나의 동기만 존재하는가?"라고 질문했다. 만일 그 유일한 동기가 우리 자신의 것이라면, 그 대답은 분명 '아니다'이다. 우리는 일생에 걸친 여정에서 하나의 동기만을 추구하고 지속시킬 만큼 현명하거나 순수하거나 강하지 못하다. 그러한 길에는 맹신 혹은 실패가 도사리고 있다.

하지만 그 유일한 동기가 하나님의 부르심이라는 탁월한 동기라면, 그 대답은 '그렇다'이다. 현재와 미래의 길 위에 존재하는 모든 상황 속에서, 하나님의 부르심은 우리의 변하지 않는 궁극적 목적과 이유, 그리고 방향이 된다.

신앙의 시대를 살았던 토크빌Alexis de Tocqueville은 "인생의 최종 목표는 인생 저편에 있다"고 말했다. 이는 여정과 부르심의 관계에도 적용되는 말이다. 예수님도 2천 년 전 "나를 따르라"는 말씀으로 역사의 방향을 바꾸지 않으셨던가. 이것이 바로, 부르심이 아르키메데스의 점으로 기능하는 이유다(아르키메데스는 중심축이 되는 하나의 점을 찾는다면 지렛대의 원리를 이용하여 지구의 무게도 들어 올릴 수 있다고 주장했다—옮긴이). 이러한 부르심을 찾는다면, 우리의 신앙은 세상을 움직일 것이다. 그런 의미에서, 부르심은 인간 여정의 진로를 전면적으로 재설정하고 그것에 심오한 동기를 부여한다고 할 수 있다. 부르심에 답하는 것은 집으로 가는 여정에서 핵심적이며, 기업가적 인생의 목적을 발견하고 실현하는 방법이다.

빈센트 반 고흐는 한 편지에서 존 버니언의 『천로역정』을 묘사한 어떤 그림에 대해 설명한 적이 있다. 모래로 뒤덮인 길은 언덕을 지나, 꼭대기에 천성Heavenly City이 있는 산까지 이어진다. 길 위에는 그 도성으로 가기 원하는 순례자가 서 있다. 하지만 몹시 피곤했던 그는 길가에 서 있는 한 여성에게 가서 이렇게 묻는다.

"이 길을 따라가면 끝까지 올라갈 수 있나요?"

"네, 끝까지 갈 수 있어요."

"하루 종일 걸릴까요?"

"아침부터 밤까지 걸리지요."

반 고흐는 이렇게 결론을 내렸다. "이것은 그림이 아니라 하나의 영감이다." 길은 종종 구부러져 있고, 그 길이 때로 무척 거칠지라도, 여정의 끝에는 집이 기다리고 있다. 이것이 바로 귀향이다. 쉼이 필요한 모든 영혼은 이 길로 초대받고 있다. 아우구스티누스는 『하나님의 도성』에서 "그곳에서 우리는 쉼을 얻고 바라보며, 바라보고 사랑하며, 사랑하고 찬양할 것이다"라고 썼다. "이것은 마침내 우리가 영원히 갖춰야 할 모습이다. 멸망이 없는 왕국에 도달하는 것 말고, 과연 우리가 어떤 목적을 지향할 수 있겠는가?"

그것은 목표이자 또한 추구에 대한 보상이다. 지금은 그 길을 발견하고 따라가야 할 때가 아닐까? 그래서 언젠가는 집으로 가는 긴 여정을 잘 마쳐야 하지 않을까?

# 감사의 말

가끔씩 책을 펴내는 작가로서 갖는 한 가지 혜택이 있다면, 그것은 바로 감사의 빚을 생생히 깨달을 수 있다는 것이다. 그들이 없었다면 글을 쓰는 일이 불가능했을 것이다. 이 책은 다음과 같은 분들에게 큰 빚을 지고 있다.

성 아우구스티누스, 블레즈 파스칼, 표도르 도스토예프스키, G. K. 체스터턴, C. S. 루이스, 프랜시스 쉐퍼, 피터 버거의 사상과 글들은 집으로 가는 나의 여정에 주요한 이정표가 되어 주었다.

듀크 대학의 피터 피버 교수와 미시건, 버클리, 스탠포드, 플로리다, 펜실베니아, UCLA, 산타 바바라 대학이 참여한 베리타스 포럼 위원회의 친절한 초대는, 이 책에 소개한 내용을 전개할 수 있는 상세한 자료를 마련해 주었다.

폴 클라센과 트리니티 포럼 이사회 그리고 나의 훌륭한 동료들인 스티브 하스, 조나단 부처, 아모스 굿, 진저 콜로직, 그레타 리젠펠트, 마이크 메츠거, 보이드 무어, 존과 캐롤 노스왱, 캐리 스미스, 제프 라이트가 없었다면 바쁜 일정 가운데이 책을 쓸 수 있는 시간과 공간을 찾아내는 것이 불가능했을 것이다.

엉망진창인 나의 필체를 판독해 준 데비 실러의 능력은 가히 전설적이며, 그녀의 열정과 유쾌함은 주위 사람들에게 전염되는 특별함이 있다.

어려운 일이었지만 나의 첫 번째 원고를 흔쾌히 읽어 준 랠프 크로스비와 빌 에드거는 나를 수많은 실수에서 구해 주었고, 그들 덕분에 지금의 책이 나올 수 있었다.

워터브룩 출판사의 댄 리치와 토머스 워맥, 더블데이 출판사의 에릭 메이저 그리고 그 외의 출판사 직원들의 경험과 기술 덕에, 모든 출판 과정이 놀라움과 즐거움의 연속이었다.